《交通与数据科学丛书》编委会

主　　编：范维澄　高自友

执行主编：张　鹏

副 主 编：姜　锐　葛颖恩

编　　委：(按姓氏拼音排序)

程　晋　郭仁拥　黄海军　黄仕进　贾　斌

李志纯　刘　辉　刘志远　龙建成　卢兆明

马　剑　牛惠民　曲小波　盛万成　司徒惠源

孙　剑　田钧方　王　炜　王帅安　文　超

翁文国　吴建军　闫小勇　杨　超　杨立兴

张小宁　镇　璐　朱文兴

交通与数据科学丛书 8

城市交通精细化建模与控制

朱文兴 著

科 学 出 版 社
北 京

内 容 简 介

智能交通系统集合了先进的自动控制、通信、智能计算技术，被认为是缓解交通拥堵、降低能源消耗、提高运输效率的有效途径。本书在智能交通系统的框架下，介绍了一些解决城市交通问题的技术成果和建设性方案。全书共 5 章，第 1 章围绕城市交通系统面临的突出问题，阐述了智能交通系统及其包含的交通控制技术的发展历程和现状；第 2~5 章介绍了基于智能交通系统所研究的相关技术和应用，包括交通数据分析填补和短时交通流预测、城市微观交通流排放优化控制、城市交通子区边界优化控制策略、城市交通溢流预防和控制策略等。

本书可作为高等院校交通运输工程、控制科学与工程、系统工程等相关专业研究生和高年级本科生的教材，同时可以为智能交通、智慧城市、交通规划管理等领域的研究人员提供参考。

图书在版编目(CIP)数据

城市交通精细化建模与控制 / 朱文兴著. —北京：科学出版社，2024.3
(交通与数据科学丛书；8)
ISBN 978-7-03-078056-0

Ⅰ. ①城⋯ Ⅱ. ①朱⋯ Ⅲ. ①城市交通系统–智能系统 Ⅳ. ①U491.2

中国国家版本馆CIP数据核字(2024)第038763号

责任编辑：牛宇锋　赵微微 / 责任校对：任苗苗
责任印制：肖　兴 / 封面设计：蓝正设计

科学出版社 出版
北京东黄城根北街 16 号
邮政编码：100717
http://www.sciencep.com

北京中石油彩色印刷有限责任公司印刷
科学出版社发行　各地新华书店经销
*
2024 年 3 月第 一 版　开本：720×1000 1/16
2024 年 3 月第一次印刷　印张：14 1/2
字数：292 000
定价：120.00 元
(如有印装质量问题，我社负责调换)

丛 书 序

交通科学在近 70 年来发展突飞猛进，不断拓展其外延并丰富其内涵；尤其是近 20 年来，智能交通、车联网、车路协同、自动驾驶等概念成为学者研究的热点问题的同时，也已成为媒体关注的热点；应用领域的专家及实践者则更加关注交通规划、土地利用、出行行为、交通控制和管理、交通政策和交通流仿真等问题的最近研究进展及对实践的潜在推动力。信息科学和大数据技术的飞速发展更以磅礴之势推动着交通科学和工程实践的发展。可以预见在不远的将来，车路协同、车联网和自动驾驶等技术的应用将根本改变人类的出行方式和对交通概念的认知。

多方式交通及支撑其运行的设施及运行管理构成了城市交通巨系统，并与时空分布极广的出行者之间形成了极其复杂的供需网络/链条。城市间的公路、航空、铁路和地铁等日益网络化、智能化，让出行日益快捷。有关城市或城市群的规划则呈现"住"从属于"行"的趋势。如此庞杂的交通系统激发了人们的想象力，使交通问题涉及面极广，吸引了来自不同学科和应用领域的学者和工程技术专家。

因此，为顺应学科发展需求，由科学出版社推出的这套《交通与数据科学丛书》将首先是"兼收并蓄"的，以反映交通科学的强交叉性及其各分支和方向的强相关性。其次，"'数''理'结合"，我们推动将数据科学与传统针对交通机理性的研究有机结合。此外，该丛书更是"面向未来"的，将与日新月异的科学和技术同步发展。"兼收并蓄"、"'数''理'结合"和"面向未来"，将使该丛书顺应当代交通科学的发展趋势，促进立足于实际需求和工程应用的实际问题开展科研攻关与创新，进而持续推动交通科学研究成果的"顶天立地"。

该丛书内容将首先是对交通科学理论和工程实践的经典总结，同时强调经典理论和实践与大数据和现代信息技术的结合，更期待据此提出的新理论、新模型和新方法；研究对象可为道路交通、行人流、轨道交通和水运交通等，可涵盖车车和车路联网技术、自动驾驶技术、交通视频技术、交通物联网和交通规划及管理等。书稿形式可为专著、编著、译著和专题等，中英文不限。该丛书主要面向从事交通科学研究和工程应用的学者、技术专家和在读研究生等。

该丛书编委会聚集了我国一批优秀的交通科学学者和工程应用专家，基于他们的治学态度和敬业精神，相信能够实现丛书的目标并保证书稿质量。最后，上海麓通信息科技有限公司长期以来为丛书的策划和宣传做了大量工作，在此表示由衷的感谢！

张　鹏
2019 年 3 月

前　　言

随着经济的发展，城市化进程不断加快，现代城市交通系统正面临着复杂多变的问题和挑战，特别是由于人口和机动车保有量不断增长，交通拥堵有增无减，能源消耗不断增多，环境污染日益严重。针对城市发展面临的上述问题，作者带领科研团队不断探索创新方法、揭示城市交通系统运行规律、研发交通管理和排放控制技术、优化交通信号控制策略，提高交通流运行效率、减少交通碳排放、提升城市管理水平。本书涵盖了交通数据分析和预测技术、交通流碳排放控制策略、交通溢流预防控制和路径优化技术等内容，深入探究现代城市交通领域前沿技术，实现城市交通系统精细化建模和控制。

第 1 章为绪论，介绍整个城市交通精细化建模与控制研究的背景和意义，描述智能交通系统、交通信号控制技术、交通溢流控制技术及交通排放控制技术的发展历程和现状。第 2 章为交通数据分析填补和短时交通流预测，对交通数据的时空性质进行分析，提出两种交通数据填补方法，即基于时空特征和面向图结构的交通数据填补方法；提出两种短时交通流预测方法，即基于时空特征融合的短时交通流预测方法和深度卷积门循环网络数据预测方法。第 3 章为城市微观交通流排放优化控制，提出考虑排放的城市三级微观交通流优化控制算法，建立以额外排放最小为目标的单路口、主干线信控排放优化模型，提出一种改进的模拟退火遗传算法，实现城市交通流排放最小的交叉口信号灯最优配时。第 4 章为城市交通子区边界优化控制策略，利用相邻交叉口关联度模型实现路网交通受制子区的有效划分；在宏观基本图的理论基础上，设计离散边界反馈控制系统，提出针对交通子区边界交通信号的优化控制方案。第 5 章为城市交通溢流预防和控制策略，利用车辆排队模型预测交通溢流的扩散范围，基于宏观基本图建立交通溢流的预防模型，分析发生交通溢流状态下的车辆路径选择问题，为运行车辆提供合理的路径诱导方案。

在本书的撰写过程中，实验室的吉中昶、李钦正、赵军、宋泽睿、李硕、赵叶云、董晓刚等参与了部分研究工作，对本书做出了贡献。另外，本书还得到了国家自然科学基金（No.61773243, No.61174175）等项目的资助，在此一并表示衷心的感谢。

由于作者水平有限，书中难免存在不妥之处，恳请广大读者批评指正。

朱文兴

2023 年 7 月 7 日于山东大学千佛山校区

目　　录

丛书序
前言
第1章　绪论 ··· 1
　1.1　引言 ··· 1
　1.2　研究背景和意义 ··· 1
　1.3　智能交通系统发展 ··· 1
　1.4　交通信号控制技术发展 ··· 3
　　1.4.1　交通信号控制的发展历史 ··· 3
　　1.4.2　典型交通信号控制系统 ··· 4
　　1.4.3　我国交通信号控制技术发展 ··· 5
　1.5　城市交通溢流控制技术发展 ··· 6
　1.6　城市交通排放控制技术发展 ··· 7
　　1.6.1　交通排放模型研究现状 ··· 7
　　1.6.2　交通排放控制研究现状 ··· 7
　1.7　本章小结 ··· 8
第2章　交通数据分析填补与短时交通流预测 ····································· 9
　2.1　引言 ··· 9
　2.2　交通数据时空性质分析 ·· 13
　　2.2.1　交通流数据 ·· 13
　　2.2.2　时空特性分析 ·· 15
　　2.2.3　非线性特征 ·· 20
　2.3　基于时空特征的交通数据填补 ·· 25
　　2.3.1　问题定义 ·· 25
　　2.3.2　面向时空数据的神经网络 ·· 26
　　2.3.3　注意力机制 ·· 32
　　2.3.4　基于时空相关性的填补模型 ·· 34
　　2.3.5　实验分析 ·· 38
　2.4　面向图结构的交通数据填补 ·· 44
　　2.4.1　图卷积神经网络 ·· 45
　　2.4.2　门控循环单元 ·· 50
　　2.4.3　图结构交通数据填补模型 ·· 52

  2.4.4 实验分析 ··· 56
 2.5 基于时空特征融合的短时交通流预测 ··· 59
  2.5.1 短时交通流预测的时空特征分析 ·· 59
  2.5.2 基于改进注意力机制的交通流预测 ·· 61
  2.5.3 算法设计与实验分析 ·· 68
 2.6 深度卷积门循环网络数据预测 ··· 71
  2.6.1 数据集选择 ·· 71
  2.6.2 基于门控循环单元的时间特征提取 ·· 71
  2.6.3 基于3D卷积网络的时空特征提取 ·· 73
  2.6.4 时空特征融合的交通流预测模型 ··· 75
  2.6.5 实验分析 ··· 78
 2.7 本章小结 ··· 81
第3章 城市微观交通流排放优化控制 ·· 82
 3.1 引言 ·· 82
 3.2 信控微观交通流模型研究 ·· 84
  3.2.1 交通流控制概述 ··· 84
  3.2.2 信控微观交通流模型 ··· 87
  3.2.3 微观交通流排放模型 ··· 90
 3.3 单路口信控排放优化 ·· 93
  3.3.1 单路口交通流排放优化模型 ·· 93
  3.3.2 单路口模拟退火信号灯配时优化 ·· 94
  3.3.3 单路口经典遗传信号灯配时优化 ·· 97
 3.4 主干线信控排放优化 ··· 101
  3.4.1 主干线交通排放优化模型 ·· 101
  3.4.2 改进的模拟退火遗传算法研究 ·· 102
  3.4.3 主干线信号灯配时优化 ··· 109
  3.4.4 实验分析 ·· 111
 3.5 路网信控排放优化 ·· 115
  3.5.1 VISSIM城市路网建立 ·· 115
  3.5.2 路网交通排放优化模型 ··· 116
  3.5.3 路网信号灯配时优化 ·· 117
  3.5.4 实验分析 ·· 117
 3.6 本章小结 ··· 121
第4章 城市交通子区边界优化控制策略 ··· 123
 4.1 引言 ·· 123

目　录

4.2 城市路网子区划分 ·· 126
 4.2.1 交通子区概述 ··· 126
 4.2.2 交通子区划分方法 ··· 128
 4.2.3 交通子区划分案例分析 ··· 131
4.3 城市路网 MFD 的拟合分析 ·· 133
 4.3.1 MFD 的基本特征 ··· 133
 4.3.2 MFD 的数学模型 ··· 134
 4.3.3 MFD 拟合的案例分析 ··· 135
4.4 非对称交通信号灯离散边界反馈控制策略 ·· 139
 4.4.1 控制系统的状态方程及离散化方法 ··· 139
 4.4.2 边界反馈控制系统设计 ··· 142
 4.4.3 非对称交通信号控制 ··· 143
 4.4.4 限制条件 ·· 146
 4.4.5 实验分析 ·· 148
4.5 考虑车辆排队长度的子区边界控制策略 ·· 150
 4.5.1 控制策略简述 ··· 150
 4.5.2 交通子区的交通流模型 ··· 152
 4.5.3 子区边界信号灯配时优化 ·· 154
 4.5.4 实验分析 ·· 160
4.6 本章小结 ··· 161

第 5 章　城市交通溢流预防和控制策略

5.1 引言 ··· 162
5.2 交通溢流的形成和扩散机理 ··· 164
 5.2.1 交通溢流概述 ··· 164
 5.2.2 交通流理论 ·· 168
 5.2.3 交通溢流传播范围预测 ··· 171
5.3 交通溢流预测方法 ··· 176
 5.3.1 单子区反馈控制 ·· 176
 5.3.2 相邻子区协调控制 ··· 182
5.4 交通溢流控制策略 ·· 185
 5.4.1 交通事故的发生及处理 ··· 185
 5.4.2 交通溢流车辆排队模型应用 ··· 186
 5.4.3 交通溢流子区的溢流消散控制 ·· 189
5.5 交通溢流条件下的路径诱导算法 ··· 189
 5.5.1 常用的路径选择算法介绍 ·· 189
 5.5.2 交通溢流状态下的路径优化 ··· 190

  5.5.3 交通流诱导子区路径选择 …………………………………… 195
 5.6 本章小结 …………………………………………………………… 200
参考文献 ……………………………………………………………………… 201
《交通与数据科学丛书》书目 ……………………………………………… 219

第1章 绪　　论

1.1 引　　言

随着社会经济的发展，人民生活水平日益提高，人均汽车保有量逐年攀升，随之而来的交通拥堵不仅导致经济社会诸项功能衰退，而且引发城市生存环境持续恶化，成为阻碍城市可持续发展的"顽疾""毒瘤"。交通拥堵对社会生活影响巨大，不仅增加了居民的出行时间和成本，影响了工作效率，而且抑制了人们的日常活动，使城市活力大打折扣，居民的生活质量随之下降。此外，交通拥堵导致道路上高峰时段出行的机动车排放增加，对环境的污染加剧。

1.2　研究背景和意义

解决城市交通问题的根本途径有两条：一是硬件设施建设，即加快城市交通基础设施扩增；二是软件设施建设，即加强城市交通管理。城市交通基础设施建设主要包括：新建、改建、加快道路(包括主干路、次干路和支路)的建设，疏通堵塞点；大力建设轨道交通系统(地铁和城铁线路)；加强各种交通硬件的建设(停车场地，公共交通设施、信号和指示系统)等。这些措施统称为交通硬件设施建设。加强城市交通管理主要是引进或自主开发智能交通管理系统，以实现交通管理现代化、管理数字化、信息网络化和办公自动化，主要包括：为提高交通信息的共享效率而建立综合的交通信息平台、为完善交通控制和管理而建立智能交通管理和控制系统、建立智能公交指挥系统和车辆导航系统等，这些措施统称为交通软件设施建设。交通硬件设施建设的不断扩展，使城市管理部门需要付出的成本不断上升，而高额成本必将成为其面临的更大问题，而软件设施建设，在投入上要明显少于硬件设施建设，而且见效快。因此，在现有城市硬件设施的基础上，加强交通管理和控制，自主开发和引进先进的智能交通管理系统是解决目前交通问题的有效途径之一。

1.3　智能交通系统发展

智能交通系统(intelligent transportation system，ITS)是指将先进的信息技术、电子通信技术、自动控制技术、计算机技术和网络技术等有机地运用于整个交通运输管理体系而建立起的一种实时、准确、高效的交通运输综合管理和控制系统。日本、美国、澳大利亚等都建立了相应的组织机构从事相关方面的开发应用，并取得了一些成果。我国也早已认识到智能交通的重大战略意义，采取了一系列得力举措，加大了智能交通研究投入，重点扶持潜力大的研究方向。

在 ITS 技术研究中，国内外专家学者不断引入智能控制的理论与方法。日本学者 Nakatsuyama 等[1]对交叉口的模糊控制进行了更为深入的研究，提出了有效的交通信号配时方案。国内学者东南大学陈森发等[2]提出了分层递阶多级模糊控制思想，实现对主干路交通流的控制。五邑大学刘智勇[3]提出了运用模糊神经网络和遗传算法结合的城市交通自适应控制思路。吉林大学杨兆升等[4]运用神经网络建立非线性的交通流预测模型，实现对城市交通流的诱导和控制。东南大学王炜等[5]通过分析城市交通网络的动态特性来建立交通流的分配模型。这些研究成果大大推动了城市交通智能控制的发展，为后来的研究提供了良好的思路和借鉴。综上所述，对城市交通系统的控制首先是从单个交叉口的单点控制开始，逐步发展到整条主干路的干线控制，最后扩展到在交通流预测的基础上实施动态交通分配和交通诱导控制。

国外对 ITS 的研究始于 20 世纪 60 年代，当时该研究由于信息处理技术的不发达曾一度陷入低谷。80 年代中期以后，随着信息处理技术的不断发展成熟，各国对 ITS 的研究热情又重新高涨起来，特别是进入 90 年代以后，发达国家在 ITS 研究方面投入了大量的人力、物力和财力，使 ITS 成为继航天、军事领域之后，高新技术应用最为集中的领域。

美国在 20 世纪 60 年代开展世界上领先的 ITS 技术开发和研究，集中了其国内各种优势研发力量，在政府和国会的参与下成立了 ITS 的领导和协调机构。1991 年，美国制定了《综合路面运输效率法案》(Intermodel Surface Transportation Efficiency Act，又称《冰茶法案》)，在美国交通部的指导下开展工作，每年投入 2 亿美元的 ITS 研究经费。

欧洲于 20 世纪 70~80 年代进行了汽车导航系统实验。欧洲从 80 年代后期到 1994 年进行了两个 ITS 实验：一个是以先进交通管理系统(advanced traffic management system, ATMS)和先进出行者信息系统(advanced traveler information system, ATIS)为中心的欧洲安全行车专用公路基础(dedicated road infrastructure for vehicle safety in European, DRIVE)实验研究；另一个是以先进车辆控制及安全系统(advanced vehicle control and safety system, AVCSS)为中心的具有高效和绝对安全的欧洲交通(program for a European traffic with highest efficiency and unprecedented safety, PROMETHEUS)实验研究。1989~1992 年的 DRIVE1 主要针对的是可能解决的技术促进类项目，1992~1994 年的 DRIVE2 主要以公共服务为中心，包含需求管理、旅行交通信息、城市内综合交通管理、驾驶员辅助和协调驾驶、

物流管理、公共交通管理等方面。PROMETHEUS 是 1986 年德国奔驰公司倡导的以 13 个汽车公司为中心的研究项目，研究内容包括图像识别、路面附着系数检测、车线偏离警告、障碍物回避、车队协调行驶、自动智能化车线控制、交通管理等。

我国 ITS 方面的研究工作起步较晚。20 世纪 80 年代初期，我国从治理城市交通入手，开始运用高科技手段发展交通运输系统。90 年代初，一些高校和交通研究机构开始了城市交通诱导系统技术的研究和尝试。"九五"期间，交通部提出"加强智能公路运输系统的研究与发展"，结合我国国情，分阶段地开展交通控制系统、驾驶员信息系统、车辆调度与导航系统、车辆安全系统和收费管理系统等五个领域的研究开发、工程化和系统集成。为加快我国智能交通研究步伐，北京、上海、深圳、青岛、大连等经济条件相对发达的城市先后从国外引进了一些较为先进的城市交通控制、道路监控系统，通过引进、消化、吸收三步走战略，国内的大型企业和运输管理部门加大了 ITS 方向的研究力度，创建了具有自主知识产权的智能交通控制系统。

1.4 交通信号控制技术发展

交通信号控制从最初的手动控制开始，经历了机械式控制、电动式控制和目前的计算机控制。控制范围从最初的单交叉口控制到主干线控制以及整个交通网络的区域控制，控制方式也由离线定周期控制发展到在线实时控制。

1.4.1 交通信号控制的发展历史

早在 1850 年，随着城市交叉口数量不断增长，交通问题频现，引发了人们对安全和拥堵的关注。第一次对交叉口交通的控制尝试起源于 1868 年英国伦敦，当时由警察手工轮流变换指挥用的旗帜（当时的控制指令可以称为旗语）。这种控制方式在 1908 年传到美国纽约，很快在全美国推广开来。城市电气化的发展导致了 1914 年俄亥俄州的克利夫兰市出现了第一台电力驱动的交通信号灯。1919 年，纽约市开始把手动指挥的旗子换成了电机控制的信号灯。1923 年，Garrett Morgan 申请了发明专利——Morgan 交通信号灯，后来卖给了通用电气公司。1932 年，布鲁克林 Parkside 大街上的最后一个手动控制的旗子被电机控制信号灯取代。1920~1970 年，电机驱动的信号灯占据了交通信号控制系统的主要市场。周期长度是通过安装合适的齿轮来进行保证的，通过在一个计时转盘上插入销子把周期分成不同的时间间隔。为了适应交通变化的需要，这种划分时间的方式被称为"三时段"划分法。同时为了保证相邻的交叉口能够在一个交通信号系统中以预计的信号周期、绿信比和相位差下工作，发展了一种称为"七条线缆"的连接方式，使相邻的电机驱动信号灯能够在一种系统控制的方式下工作,即使步入了 21 世纪,一些城市的某些地方仍然使用这种基于三个时段划分周期的信号控制器和七条线缆连接的系统。甚至,大部分在电机驱动的系统中发展起来的专业术语至今仍然在现代的微处理控制器中使用。

经过几十年的发展,城市交通信号控制系统先后有很多种,除交通网研究工具(traffic network study tool,TRANSYT)以外,还有绿信比、周期与相位差优化技术(split, cycle and offset optimization technique,SCOOT)、悉尼协调自适应交通控制系统(Sydney coordinated adaptive traffic system,SCATS)等,在世界上的很多城市得到广泛应用。我国的北京市在 20 世纪 80 年代末期引进的是 TRANSYT 和 SCOOT,上海、杭州、沈阳和广州引进的是 SCATS,青岛、大连引进的是 SCOOT。

1.4.2 典型交通信号控制系统

世界上最著名、应用最广泛的交通控制系统是英国的 TRANSYT、SCOOT 和澳大利亚的 SCATS。

TRANSYT 是英国道路研究所于 1966 年提出的一套离线优化交通网络信号配时的软件。TRANSYT 自问世以来,系统不断改进,到 1980 年已经修改 8 次。TRANSYT 是一种脱机操作的定时控制系统,主要由仿真模型和优化计算两部分组成。TRANSYT 将车辆延误时间和停车次数以加权和的形式折合成总运行费用,以总运行费用最小为系统的优化目标;控制参数为绿信比和相位差,通过建立数学模型采用爬山法进行离线优化计算确定,再上机进行控制;周期是通过比较选择确定的,即从事先确定的方案中,通过比较各个运行指标选出最佳周期。

TRANSYT 是最成功的静态系统,它被世界上 400 多个城市采用。但它也存在明显不足:不能适应交通流的变化;若要重新进行信号配时,需要重新进行交通调查,费用较高;信号周期未进行优化,其信号配时不能保证是全局最优的。

SCOOT 是在 TRANSYT 的基础上发展起来的一种交通网络实时协调控制的自适应控制系统,于 1979 年投入使用。SCOOT 系统的模型和优化原理与 TRANSYT 相仿,不同的是 SCOOT 为方案生成式的控制系统,通过安装在上游的车辆检测器所采集的车辆到达信息,联机处理,形成控制方案,连续实时调整周期、绿信比和相位差以适应不同的交通流。SCOOT 采用小步长寻优方法,无需大的计算。

由于采用实时控制,SCOOT 的控制效果明显优于 TRANSYT,也被很多国家所采用。然而,该系统的不足也是很明显的:相位不能自动增减,相序不能自动改变,需要大量的检测器,单个检测器的失效又可能导致系统崩溃,饱和流率的校核未实现自动化,使现场调试安装非常烦琐。

SCATS 是澳大利亚在 20 世纪 70 年代末期开发的，80 年代初投入使用。SCATS 采用分层递阶的控制结构，其控制中心配备一台监控计算机和一台管理计算机，通过串行数据通信线连接。地区级的计算机自动把数据送到管理计算机，监控计算机连续监视所有路口的信号运行、检测器工作状况。地区主控制器用于分析路口控制器送来的车流数据，确定控制策略，并对本区域各路口进行实时控制，同时还要把收集到的所有数据送到控制中心作为运行记录并用于脱机分析。路口控制器主要是采集分析检测器提供的交通数据，并传送到地区级主控制器，同时接收地区控制器的指令，控制本路口信号。

SCATS 采用地区级联机控制，中央级联机与脱机同时进行的控制模式，以类饱和度(车流有效利用绿灯时间与绿灯显示时间之比)综合流量最大为目标；无实时交通模型，控制参数为绿信比、相位差和周期。该系统是一种先进的交通控制系统，在许多城市的交通控制中起着重要作用，但它也存在下面的缺点：没有实时交通模型；选择相位差方案时，无车流实时反馈信息，可靠性低；无法检测到排队长度，无法消除拥堵。

上述三种系统已推广到世界范围内各个国家的大中城市，在实际应用中取得了较好的效果。

1.4.3 我国交通信号控制技术发展

从 20 世纪 80 年代开始，我国大多数城市通过引进国外先进技术，先消化吸收，再陆续研发交通信号控制系统。国内研发的 ITS 在协调和控制城市区域交通流应用中，发挥了均衡路网内交通分布，减少停车次数、延误时间及环境污染等作用。

1984 年，上海、广州分别引进了我国第一条线控的丹麦"爱立信"JCC-JCF 交通信号控制系统，并将其应用于交通市区干道 5 个路口中的绿波带控制。广州的 JCC-JCF 交通信号控制系统在东风路 5 个路口实现了交通信号绿波带控制，直到 1992 年被引进的 SCATS 取代。80 年代末期，北京、上海分别引进了英国的 SCOOT、澳大利亚的 SCATS 等先进的城市交通信号控制系统。天津、沈阳、广州、济南等城市随后也引进了国外城市区域交通信号控制系统。

我国研发和建立了适合中国混合交通流特性的控制系统，较有代表性的系统为 HT-UTCS 和 Hicon 系统。HT-UTCS 是由交通运输部、公安部与南京市合作自主研发的实时自适应系统，采用三级分布式控制(区域协调、线协调和单点控制)，为方案形成+专家系统式自适应控制系统。Hicon 系统是由青岛海信网络科技股份有限公司开发的自适应系统，采用三级控制模式，包括路口级、区域级和中心级，路口级负责实时数据采集，将数据上传至上级，接收上级指令；区域级负责子区控制优化、数据采集、交通预测；中心级负责监控下级运行状态，提供人机交互平台。

由于诸多原因，21世纪初期我国主要城市的城市交通控制系统仍依赖国外引进，国外交通信号机在我国交通信号控制市场占有率为54%，国内交通信号机占比46%。其中，北京、上海、广州、武汉、杭州、沈阳等大城市皆采用SCOOT或SCATS。

实践证明，任何城市交通信号控制系统只有与当地、当时的实际交通状况结合起来，不断优化信号配时，并运用新技术，不断创新信号控制模式，才能发挥系统的控制效率，达到预定的控制目标。

1.5　城市交通溢流控制技术发展

城市交通拥堵的表现形式是多种多样的，路段溢流就是其中之一。路段溢流是指由于交叉路口的瓶颈作用，车辆驶入路段的数量大于驶出路段的数量而形成排队，当车辆排队超出路段长度的时候，就形成溢流。交通溢流的危害是巨大的，如果不加以预防和控制，整个城市会因为交叉路口处的车辆互相锁死而导致大规模的交通拥堵，最终的结果可能会使整个城市的交通处于瘫痪状态。

国外的专家学者对溢流问题研究得较为深入。以加利福尼亚大学伯克利分校的Daganzo[6,7]为代表的西方专家学者在高速公路和城市道路溢流形成的理论建模等方面进行了深入而详细的阐述，也给出了一些良好的预防和控制策略。交通溢流发生后所导致的一种极端形式是格锁，2004年，美国学者Munoz等[8]提出元胞传输模型(cell-transmission model, CTM)参数校正算法，并在美国南加利福尼亚州I-210W高速路进行了实测分析，识别交通"瓶颈"。2007年，Daganzo[9]针对交通格锁问题，建立动态集计模型，提出一种无须输入交通起止点(origin-destination, O-D)数据的控制算法。2011年，德国学者Kerner[10]为探讨信号控制路口交通过饱和现象物理特征，基于两相和三相随机交通流模型，研究了交通格锁形成过程的相变问题。2012年，巴西学者Mendes等[11]为了研究交通格锁现象，提出了电子模拟模型和基于行为驱动的群集模型两类新模型。

国内学者在此领域的典型代表成果主要有：1999年中国香港学者Lo[12]基于CTM提出一种混合交通信号控制算法来解决交通格锁问题；2001年，Lo等[13]针对交通格锁问题又提出了一种动态信号优化求解的遗传算法；2006年，台湾学者Huang等[14]针对四支路交通流，基于二维格子模型发现了全局格锁和局部格锁两类格锁模式；2010年，张勇等[15]针对城市中央商务区超饱和交通流，建立了堵塞区路网宏观交通流模型，提出Bang-Bang边界控制策略；2011年，Long等[16]基于CTM，从微观角度探讨交通拥堵产生和消散机理，提出了两种预防交通格锁的措施；2013年，朱文兴课题组[17,18]建立了城市主干路交通溢流形成机理模型，提出了交通溢流控制策略，大大推进了交通溢流控制技术的发展。

1.6 城市交通排放控制技术发展

1.6.1 交通排放模型研究现状

自 20 世纪 70 年代开始,先后出现了多种机动车尾气排放数据收集的实验方法,应用比较广泛的有台架测试法、隧道测试法、红外遥感测试法和实时车载尾气测试法[19]。在大量尾气排放实验的基础上,相关专家学者开发出多种模型用于量化尾气排放,按照模拟计算方法的不同,模型可分为基于行驶周期类模型和基于行驶工况类模型两大类,其中基于行驶周期类模型实质是对大量测试结果进行统计回归的经验模型,而基于行驶工况类模型主要是考虑机动车在道路上的实际运行工况,此类模型引入了车辆比功率(vehicle specific power, VSP)的概念,更为接近现实情况。目前,国内外应用广泛的基于行驶周期类模型主要有 MOBILE(mobile source emission factor model)、EMFAC(emission factor)和 COPERT(computer programme to calculate emission from road transport)等;基于行驶工况类的模型主要有 MOVES(motor vehicle emission simulator)、CMEM(comprehensive modal emission model)和 IVE (international vehicle emission model)等。在具体研究方面,西班牙的 Borge 等[20]根据马德里市的实际数据进行了分析,探讨了计算交通排放所适用的交通流模型。Zhang 等[21]以底特律市 2004 年的数据为基础,采用广义加性模型(generalized additive model, GAM)与仿真模型 MOBILE6.2 分别对 CO 和 $PM_{2.5}$ 值进行了分析比较。Wallace 等[22]基于爱达荷州博伊西(Boise)冬季的 CO 和 NO 排放物的实测数值,对 MOVES 和 MOBILE6.2 模型的适用性进行了对比研究。Int Panis 等[23]以基于行驶周期的仿真系统 VeTess 与宏观模型 COPERT 进行了对比分析,发现限速并不一定降低排放。Ong 等[24]以马来西亚 2007 年的排放数据为基准,利用 COPERT4 模型预测了排放的发展趋势。Lang 等[25]基于 COPERT4 模型研究了京津冀地区 1999~2010 年的机动车排放清单,为相关部门制定交通管理策略提供了技术支持。雷伟[26]利用我国的机动车道路排放实测数据对 CMEM 进行了参数标定和验证。北京交通大学的于雷教授课题组在模型的适用性等方面取得了相当数量的研究成果[27-30]。李铁柱[31]采用美国 MOBILE5 模型确定了南京市机动车综合排放因子。Zhou 等[32]将 Newell 的简化动力波模型和线性跟驰模型结合起来,提出了一种动态交通分配模型来估计交通排放。

1.6.2 交通排放控制研究现状

随着城市道路交通尾气污染的加剧,控制机动车排放污染日益成为社会关注的焦点,许多专家学者开始将交通污染控制作为发展交通管理与控制的约束条件或目标之一。1975 年,Bauer[33]认为应用 Webster 交通信号配时方法应该考虑汽车节能问题,并给出了多个具体的方法。1983 年,Robertson[34]利用离线优化的方式来获得合理的交通信号控制参数,以减少交通延误时间和停车次数,从而减少交通燃油损耗。1993 年，Tzeng 等[35]将环境因素引入交通控制中，建立了多目标交通分配模型。2000 年，Hallmark 等[36]研究了交叉口配时对尾气排放的影响。同年，Reynolds 等[37]提出了利用宏观尾气模型计算排放总量的控制算法。2009 年，Zito[38]研究了意大利巴勒莫市一条主干道的排放问题，结果表明协调控制比定时控制能更有效降低尾气的排放。Li 等[39]建立了基于电子不停车收费（electronic toll collection，ETC）设备且考虑尾气排放的交通信号控制模型，仿真结果表明其算法是有效的。De Coensel 等[40]探讨了信号配时参数对排放的影响，表明信号协调控制方案能有效降低交通排放。Lv 等[41]研究了交通信号协调控制方案对交通排放的影响。2006 年，张好智等[42]提出用双层规划方法综合优化信号灯配时方案和道路通行能力，达到了最大限度地降低交通尾气排放总量的目的。2007 年，李世武等[43]对长春市工农广场交叉口提出了以排放为主、延误为辅的优化指标，确定了最佳的信号配时优化方案。2008 年，余柳等[44]提出了综合考虑环境因素的交叉口信号配时方法，建立了以减少机动车尾气排放及交叉口平均延误时间为总目标的信号配时优化模型。2009 年，张滢滢等[45]搭建了微观交通尾气仿真平台，通过仿真评价了不同信号配时和不同交通流量两种交通控制策略下的尾气排放。2009 年，周申培[46]建立了考虑排放因素的单点两相位、单点多相位和干线信号协调控制模型。2011 年，李世武等[47]分析了信号控制对机动车排放的作用机理，建立了车辆完全停车、不完全停车以及不停车三种状态下的机动车排放计算模型。2013 年，Zhang 等[48]提出了以交通延误最小和交通排放最少为目标的优化配时模型，获得了较好的控制效果。2015 年，高云峰等[49]按照比功率法建立了一种反推估计法，定量估计信号控制交叉口前排队车辆的尾气排放总量。姚荣涵等[50]基于车辆比功率，以车辆延误时间和排放最小为目标建立了单点交叉口信号配时优化模型。

李世武等[47]以交叉口车均排放增加量最小为目标设计了优化信号控制方案，其中的"增加量"具有"额外排放"的意义。王华等[51]探讨了交通堵塞造成的"额外"能耗和污染排放问题。本书作者曾经发表了多篇分析交通流产生"额外"能耗和排放的论文[52-57]，利用数值模拟方法探讨了不同道路状况或外加控制因素对交通流"额外"能耗或排放的影响规律。特别是文献[56]，从理论上将单路口交通流的额外排放分离出来，建立了额外排放理论模型，取得了以"额外"排放最小为目标的单点优化控制、线控和面控理论模型等研究成果，并最终形成了完整的考虑排放的点、线、面控制理论体系。

1.7 本章小结

本章介绍了整个研究的背景和意义，围绕城市交通系统面临的突出矛盾，详细描述了 ITS 的发展历程和现状、交通信号控制技术的发展现状、交通溢流协调控制技术以及交通流排放精细化建模和控制技术，给出了解决城市交通系统问题的建设性方案。

第 2 章　交通数据分析填补与短时交通流预测

2.1　引　　言

现代社会各个领域都会产生大量数据，数据持久化与数据挖掘一直是人们研究的重点和热点领域[58]。近年来，大数据与人工智能技术飞速发展，在图像识别、语音辨识、生物信息、自然语言处理等领域取得巨大成绩，为生化、医药、机械、自动化等各个领域赋能。在交通领域，智慧城市、智慧交通、城市计算、数字孪生等概念的提出，旨在探索 ITS 的下一步发展。现代交通系统每天都会产生海量的交通数据，不仅有互联网公司提供的用户出行服务数据，如 O-D 数据或全球定位系统(global positioning system，GPS)数据，而且有交通政务数据，如公交营运车辆数据、道路客运班线统计信息、机动车排放维修治理相关数据，还有实时反映交通状况的路况数据，如监控道路交叉口路况的视频数据，路段上埋有地磁线圈记录交通流情况的地磁数据，利用微波技术统计的微波监测数据，利用全球定位系统获得的公交车、出租车的浮动车数据等。技术人员通过有效手段处理这些海量数据，可以挖掘和发现潜在的交通模式和交通规律，帮助管理人员设计更加合理的交通布局。但由于各种各样的现实原因，如干扰交通检测设备的建筑活动、交通检测设备失灵(包括感应线圈的硬件或局部控制器)、交通管理系统信息互联不畅、网络环境较差等原因，均会对数据信息获取造成较大影响，导致交通数据出现缺失现象。由于现代交通系统对交通数据的完备性要求较高，缺失比例越大挑战越大。在实际的数据清洗工作中，当缺失值只占很小一部分时，删除数据的缺失部分不会产生很大影响，但缺失比例较高，会导致大量的有效信息被抛弃。大家所熟知的诸多经典交通预测方法，如支持向量机、K 最近邻分类算法、深度学习等方法在对数据进行不同尺度和粒度的预测时，较高的缺失程度会导致最终结果与实际大相径庭。部分场景下一般会采用简单的均值填充，这种方法有一定的统计学思想，但简单地将均值作为缺失值，会在一定程度上破坏数据的有效性，人为更改了数据规律，对后续分析造成不良影响。

实际上，数据缺失在社会经济各个领域都会产生较为严重的问题。随着多种监控设备和传感器技术的进步，数据驱动技术支撑下的 ITS 可以获取具有较细时空粒度的交通数据。然而，当收集实际交通数据时，由通信故障和传输失真而导致的数据丢失问题不可避免。如果不加任何改进和处理，可能会进一步导致数据质量变差，使数据库存在巨大漏洞。因此，增强缺失数据的质量对于辅助 ITS 是非常重要和关键的。

　　许多研究者发现，交通数据的周期性较明显，相邻路段在交通数据也有较强的相关性，根据此性质提出基于统计学的数据填补方法，例如，Chen 等[59]利用基于相邻时段和同一时间切片历史均值的近邻插值方法来完成填补，他们应用时间插值法，根据具有完整数据的同一路段相同时间点的数据均值对缺失数据进行估计；另外，他们应用近邻插值方法把相同时间节点相邻路段的值填充至缺失点。然而，在其他日期的数据或者近邻点的数据也丢失的情况下，这种方法就可能失效。后来，有的学者建立了统计学方法来恢复缺失观察值，即假设观测数据遵循某一具体的概率分布，取最符合假设概率分布的值作为缺失点的填补值。Li 等[60]通过鲁棒主成分分析(principal component analysis，PCA)和概率主成分分析方法，分别实现了单检测器和多检测器情况下较好的数据填补效果。Tang 等[61]将模糊 C 均值法进行改进，融合了遗传算法思想，对隶属函数等进行优化，在此基础上提出了一种交通量缺失估计算法。Rodrigues 等[62]采用多输出高斯过程进行数据输入，对交通数据的复杂时空模式建模。Li 等[63]提出了一种时空混合方法来恢复缺失值，该方法通过 Prophet 模型和迭代随机森林模型捕获时间模式和空间残差信息。统计学习方法通常需要一个没有缺失值的观测数据集来建立概率分布，但在实际应用中可能很难满足这一条件。

　　部分学者从张量的角度对缺失数据进行修复。张量又被称为多维数组，是研究者在高维度组织数据的形式。张量分解起源于 Hitchcock 的研究成果，Tucker[64] 在 1966 年提出了张量分解方法，使其在数据分析中变得更加实用。直观来说，与矩阵分解相比，张量分解是一个多线性结构，并且考虑了数据的多个方面[65]。张量模型可以保留数据的多维特性，利用不同维度高阶数组之间复杂的潜在相互作用可以方便地提取每个维度上的潜在因子[66]。对于不完整数据，张量分解的目标是从部分观察到的数据中捕获潜在的多线性因子，进而可以估计缺失的数据[67]。Asif 等[68]和 de Morais Goulart 等[69]评估了各种基于矩阵和张量的方法来估计缺失的交通速度数据。Tan 等[70]改进了传统的 Tucker 分解方法，对交通流缺失数据部分进行填补。为了估计旅行时间，Wang 等[71]根据交通实体、行驶路段量、行驶时间以张量的形式进行建模，通过对交通流数据前后的相关性进行张量分解，来估计数据的缺失值。Ran 等[72]提出了一种考虑给定交通流时空信息的方法，将交通数据重构为周、日、时间点、地点四维张量，融合来自多个检测位置的交通数据，利用张量分解的方法估计缺失值。Wang 等[73]利用低秩矩阵分解重构缺失的交通数据，该过程包含了对时间演化和空间相似性的约束。Chen 等[74]提出了一个基于 Tucker 分解的张量完成框架，先将构造的张量按照不同维度展开，后通过截断奇异值分解(singular value decomposition，SVD)获得对应维度的特征矩阵，以梯度下降的方式进行迭代，去除数据噪声，捕捉不同维度的数据特征，通过从不完整数据中发现时空模式和底层结构来完成恢复任务。Zhang 等[75]开发了一个几何模型估计网络范围交通流的矩阵填补模型，该方法综合了交通流记录和交通速度信息。然而，矩阵或张量分解方法在面对越来越多的数据时需要昂贵的计算成本，硬件开销较大。

随着人工智能和机器学习算法的发展，利用机器学习进行填补的算法也逐渐被提出。Al-Helali 等[76]基于遗传算法和加权 K 近邻，利用加权 K 最近邻分类算法选择可用特征构建基于遗传算法的模型，以预测不完整特征的缺失值。近年来，深度学习技术飞速发展，在各个领域均得到了推广应用，并且取得了大量有价值的成果。在数据缺失填补方面，研究者也利用该技术进行了诸多探索，提出了各种利用神经网络进行数据补全的方法。Turabieh 等[77]提出了一种对循环神经网络进行动态层级化的方法，以一种简单快速的方式来恢复物联网中的缺失数据，该方法在不同的数据集实验中取得了较好结果。Zhuang 等[78]提出了一种基于卷积神经网络的交通数据填补方法，该方法把交通数据组织成矩阵形式，将缺失数据与掩码矩阵编码为特征图，然后将其解码为完整的图片。此方法将 AlexNet 作为编码器，有效地获取了数据特征。Che 等[79]设计了基于门控循环单元(gated recurrent unit，GRU)模型的多元时间序列数据输入的衰减机制，即 GRU-D。与 GRU-D 相似，Cao 等[80]将缺失值作为变量，构建双向循环神经网络(recurrent neural network，RNN)图，在反向传播过程中可以实现有效更新。这两项研究的目标是对不规则的采样时间序列数据进行填补，在卫生保健和金融领域经常遇到类似问题。上述基于 RNN 的模型可以循环填充在每个时间步中的缺失值，预测未来的交通状态。然而，原生 GRU 或长短期记忆(long short-term memory，LSTM)网络单元很难捕获交通网络中路段之间的空间依赖性。为了克服这一缺点，Cui 等[81]将连续时间步长的网络流量状态转换成一个图马尔可夫过程，从而推断出丢失的流量。

交通流的变化不是偶然的，交通流每一时刻的数据流量都会对下一时刻的数据起到一定的作用。因此，如何利用当前的交通流数据预测未来的交通流数据非常重要。短时交通流预测是指采用模型和算法，依据历史交通流数据预测未来时段的交通流数据，也就是在时刻 t 对下一决策时刻 $t + \Delta t$ 做出实时预测。

在大数据的时代背景下，国内外的研究人员能够十分便捷地获取交通流相关数据，并且利用这些数据对交通流预测技术开展相关研究。相比于较长的预测周期，短期的道路信息对 ITS 的影响更大，它能够更加及时地反映短时间道路拥堵状况。交通系统将这些近期变化信息反馈给即将行驶到这些道路上的驾驶员，提醒他们选择更好的出行路径，从而提高交通运输效率以及路网的通行能力。

交通流的数据信息会随着时间的推移而发生变化，形成一个时间序列数据，可以将其看成时间序列问题进行分析解决。传统的解决方案是数字统计方法，得到交通流的趋势、周期性和季节性等规律，从而预测未来交通流量的变化情况，如历史平均(historical average，HA)[82]、自回归积分滑动平均(autoregressive integrated moving average，ARIMA)[83]和向量自回归(vector autoregression，VAR)[83]等。以 ARIMA 为例，其主要思想是将时间序列数据转化为平稳时间序列，其中 AR 表示自回归模型，I 表示积分，MA 表示滑动平均，再对平稳时间序列进行 ARIMA 模型的拟合和预测。

随着人工智能的发展，机器学习方法具有处理高维数据以及从数据中学习交通流特征的能力。Leshem 等[84]从历史交通流数据中提取相关的特征，采用随机森林算法进行交通流预测，同时引入了交叉验证和自适应权重调整等技术，提高了模型的预测精度和鲁棒性。Diao 等[85]、Salinas 等[86]基于深度高斯过程模型，将多个高斯过程进行组合，同时引入了自适应核函数和噪声模型，对交通流量进行多层次建模，从而提高预测精度和泛化能力。交通流预测常常考虑多个因素的影响，如天气、时间、路段等因素，Duan 等[87]使用统一的模型，将可能影响时空相关性变化的物理因素纳入一系列参数，且参数具有物理直观的含义，使其易于修改以适应不断变化的道路和交通状况，从而大大降低了计算复杂度。

目前，深度学习方法在交通流预测中变得越来越流行，其一大难点就是如何处理和分析大量的交通数据。通常，深度学习模型将基本的可学习块或层堆叠起来，形成一个深度架构，对整个网络进行端到端的训练。目前的主要研究方法是将神经网络与其他模型相融合，利用不同模型的优点提高预测的准确率。同时，为了处理大规模和复杂的时空数据，以及对交通流时间和空间相关性的重视，模型有趋向深层的趋势。对于不同的交通流数据集，研究者通常也会采用不同的特征提取方式，以达到更好的预测效果。

针对交通数据的非线性和动态性，研究人员提出了 RNN[88]、LSTM 网络[89]等方法，其中 LSTM 网络通过引入遗忘门和输入门，可以选择性地忘记或保留输入，从而更好地处理序列数据中的噪声和异常值，而记忆单元和输出门的结构可以更好地捕捉序列数据中的重要特征，从而避免了梯度消失或梯度爆炸问题，使 LSTM 网络能够处理长序列数据。Gehring 等[90]提出了一种全新的序列到序列学习模型，利用卷积神经网络(convolutional neural network，CNN)进行序列建模和预测，能够并行化处理序列，达到更快的训练速度，为解决交通流的序列预测问题提供了一种新的思路和方法。Ma 等[91]提出了一种将交通流数据转换为图像数据的方法，将卷积引入交通流预测中，提高了交通流预测的准确性。Lu 等[92]针对路网结构的特殊性引入了图卷积的概念，鉴于道路网络具有非欧几里得特性，图卷积可以直接操作图形结构的交通流数据来捕获交通流中复杂的空间依赖，从而可以处理不规则的图形数据。Guo 等[93]使用了图拉普拉斯矩阵及其特征值的图卷积方式，分别在空间维度和时间维度借助注意力机制捕获交通流的时空特征，提高了交通流预测的精确度。

2.2 交通数据时空性质分析

2.2.1 交通流数据

1. 交通流及其特性

交通流是指道路上通行的人流和车流的总称。交通系统是一个复杂的非线性系统，由于受天气、交通事件、交通参与者行为等多种因素的干扰，交通流呈现出多种特性。目前国内外对于交通流基本特征的描述主要集中在以下几个方面。

1）随机性和不确定性

道路交通系统是由交通工具、驾驶员和交通设施等组成的系统，其不确定性和随机性主要受自然因素和人为因素的影响。一方面，交通流受到恶劣环境、天气变化等自然因素的客观影响变化巨大；另一方面，交通事故、突发事件、临时交通管制以及驾驶员的情绪波动等人为因素也造成了交通流的不确定性。

2）动态性和周期性

由于交通流的随机性和不确定性，同一路段不同时段的交通流量必然不相同，即使在同一周内，同一路段的交通流量在平时（周一到周五）和周末（周六和周日）也各不相同，这些现象都体现出交通流的动态性。与此同时，交通流也有规律可循，许多研究表明交通流量数据显示出明显的周期性和季节性趋势。例如，在上下班时间的早高峰和晚高峰，车流量都会特别大。同时随着季节的变化更替，交通流通常具有明晰的季节性变化规律。

3）自组织特性

在交通系统中，每个成员都会追求利益最大化，随着成员之间的相互协同与合作，这种相互关系最终会导致交通系统在宏观上形成有序运动的结构，并使得系统在未来的交通变化中具有自组织特性。

2. 交通流数据三要素

现代交通管理的趋势为智能化、数据化，通过感知交通状况来实时调整交通控制策略，提升路网通行能力。交通流数据是交通数据的重要组成部分，反映了主要的道路交通信息。流量、车速、密集度为交通流的基本交通参数，研究分析基本交通参数是 ITS 的重要课题之一。

1）流量

在单位时间内，道路的某一截断面通过的车辆数和行人数为交通流量 q。设 N_a 为车辆数，T_a 为统计时长，则交通流量 q 定义为

$$q = \frac{N_a}{T_a} \tag{2-1}$$

交通流量可以通过固定地点的微波检测、地磁线圈或者视频识别的方式统计得到。交通流量的特点为受时空影响较大,如城市主要干道的早晚高峰,节假日出行高峰,上下游路段互相影响。交通流量主要反映的是人们的出行规律,体现了一定的生产生活行为习惯、社会发展变化的趋势。交通流量可以直接反映道路交通的实际运行状态,因此是交通流基本参数中最重要的参数。

2) 车速

交通流参数中的平均车速有两种,分为时间平均车速(time-mean speed)和空间平均车速(space-mean speed)。时间平均车速 $\bar{v}_t$ 是指单位时间内通过某断面的车辆速度的算术平均值:

$$\bar{v}_t = \frac{1}{z}\sum_{i=1}^{z} v_i \tag{2-2}$$

其中,z 为在单位时间内通过的车辆数;v_i 为第 i 辆车的定点速度。

对于固定路段,在某一瞬时包含的所有车辆平均速度为空间平均速度,定义如下:

$$\bar{v}_s = \frac{1}{n}\sum_{j=1}^{n} v_j \tag{2-3}$$

其中,n 为固定时刻路段内所有车辆数;v_j 为第 j 辆车的瞬时车速。

另一种定义为车辆行驶一定距离 L 与所有车辆所用行驶时间算术平均值的商,如式(2-4)所示:

$$\bar{v}_s = \frac{L}{\frac{1}{n}\sum_{j=1}^{n} t_j} \tag{2-4}$$

其中,t_j 为第 j 辆车的行驶时间。

3) 密集度

密集度包含密度与占有率两种概念。交通密度 K 指车辆的空间密集度,指的是某一瞬时固定长度路段内的车辆数,如式(2-5)所示:

$$K = \frac{N_v}{L_v} \tag{2-5}$$

其中,L_v 为路段长度;N_v 为车辆数。

2.2 交通数据时空性质分析

作为交通流参数的重要指标，交通密度可以反映道路上车辆的密集程度，衡量路上车流畅通情况。

占有率分为时间占有率与空间占有率，时间占有率 o_t 指车辆通过检测点的累计时长与观测时长的比值，表达式如下：

$$o_t = \frac{1}{\Gamma} \sum_{i=1}^{n} t_i \tag{2-6}$$

其中，Γ 为观测时长；t_i 为 n 辆车中的第 i 辆车通过检测点的时长。

时间占有率受车辆行驶速度与车辆长度的影响，反映了微观层面交通流状况的变化。

空间占有率指固定长度道路中车辆长度与道路长度的比值，表达式如下：

$$o_s = \frac{1}{L} \sum_{i=1}^{n} l_i \tag{2-7}$$

其中，L 为观测路段长度；l_i 为 n 辆车中第 i 辆车的长度。

时间占有率与空间占有率分别从时间、空间两种不同角度定量描述了交通密集度。

3. 实验数据介绍

本节用于分析的实验数据来自加利福尼亚州 PeMS 平台提供的交通流数据，PeMS 为加利福尼亚州运输局所采集的综合交通数据的统一数据库。数据通过在加利福尼亚州各地的公路布置车辆检测站进行数据收集。除此之外，平台还包含了加利福尼亚州运输局及其合作机构的交通数据。从另一角度说，PeMS 是一个实时归档数据管理系统，可以在线对整个交通系统所获得的原始数据进行预处理与持久化。PeMS 最大的优势为可通过标准互联网浏览器访问，并可以利用内置分析功能对感兴趣的交通数据直接进行分析。

实验所用数据为洛杉矶地区部分主要干路数据，通过车辆检测站对各级道路进行实时监控，对每 30s 获得的数据进行汇总、检验、归档，得到以 5min 为时间间隔的流量、车速、占有率的数据，数据集收集时间为 2018 年 1 月。

2.2.2 时空特性分析

1. 频率特性分析

交通流数据受到各种主客观因素的影响，包含多种数据成分，是具有非常复杂特征的时序数据，且在不同的交通状况下时域形态大相径庭。为更明确地了解交通流数据的时频特性,通过傅里叶变换(Fourier transform,FT)的方式对交通流数据的频率特性进行定量分析。在数学中,傅里叶变换是一种将函数从时域或空间域转换到频域的时间操作,它可以将一个函数分解成不同频率的正弦波或复指数的叠加,从而揭示函数的频率特性。作为数字信号处理领域的重要方法,傅里叶变换的基本思想是通过一组特殊的正交基计算函数在不同频率分量的占比进行时域与频域的转换。时间函数的傅里叶变换是频率的复值函数,其幅值(绝对值)表示原始函数中存在的频率量,其参数是该频率中基本正弦的相位偏移。在工程实践时,由于大多数信号为离散信号,一般使用的是傅里叶变换的离散形式,离散傅里叶变换(discrete Fourier transform,DFT)与逆变换的定义如下:

$$X_k = \sum_{n=0}^{N_s-1} x_n e^{-i2\pi \frac{nk}{N_s}} \tag{2-8}$$

$$x_n = \frac{1}{N_s} \sum_{k=0}^{N_s-1} X_k e^{i2\pi \frac{nk}{N_s}} \tag{2-9}$$

其中,x_n 为数据的第 n 个取值;N_s 为数据的采样个数;X_k 为第 k 个 DFT 系数;$i^2 = -1$。

利用离散傅里叶变换对交通流车速数据进行分析。实验数据为 2018 年 1 月车速数据,频谱图像与对应的周期图像分别如图 2-1 和图 2-2 所示。

从图 2-1 和图 2-2 可以看出,有两个峰值较大的频率周期分别为 12h 与 24h。这说明交通流数据具有非常明显的天周期性,并且早高峰与晚高峰效应对交通流数据也有较大影响。除了这两个对交通流影响最大的频率分量外,还可以看到有

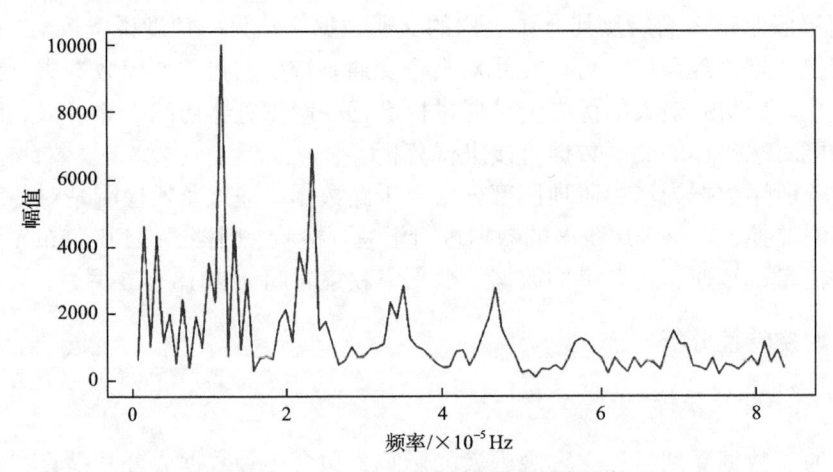

图 2-1　2018 年 1 月车速数据频谱图像

2.2 交通数据时空性质分析

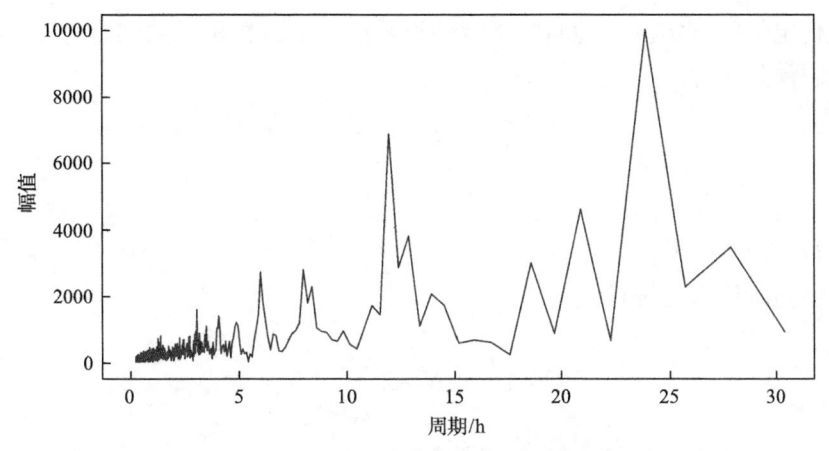

图 2-2 2018 年 1 月车速数据周期图像

很多频率较小的频率分量。这是由于车辆的动力学特性有限，车辆行为仅能在一定范围内变换，此外由于驾驶员的驾驶行为特征的影响，车辆变化较小，在高峰期会出现较多频率较小的分量，这也说明了交通流数据的复杂性。

2. 时间相关性

时间序列的自相关性指的是信号有一定的滞后性，即在不同时间点的数据互相关。如果时间序列不存在自相关，各点数据是完全的独立随机分布产生的抽样值，即纯随机数据，那便不能通过历史数据进行估计，没有研究的意义。因此，交通流数据作为一种标准的时序数据，有必要考察其在时域上的相关性。自相关性可以用自相关系数（autocorrelation coefficient，AC）进行度量。设时间序列 $\{x_i | i=1,2,\cdots,N\}$ 的均值为 $\bar{x}$，则 k 阶无偏自相关系数 ρ_k 与有偏自相关系数 $\hat{\rho}_k$ 定义分别如式(2-10)与式(2-11)所示：

$$\rho_k = \frac{N}{N-k} \times \frac{\sum_{t=k+1}^{N}(x_t-\bar{x})(x_{t-k}-\bar{x})}{\sum_{t=k+1}^{N}(x_t-\bar{x})^2} \tag{2-10}$$

$$\hat{\rho}_k = \frac{\sum_{t=k+1}^{N}(x_t-\bar{x})(x_{t-k}-\bar{x})}{\sum_{t=k+1}^{N}(x_t-\bar{x})^2} \tag{2-11}$$

自相关系数可以用来描述数据自身不同时期的相关程度，即度量历史数据对现在产生的影响。为研究交通流数据的自相关性，此处应用 LBQ（Ljung-Box Q）

检验进行定量的判定。该检验的无效假设是前 ϑ 个自相关系数同时为零，零假设与备择假设分别为

$$H_0: \rho_1 = \rho_2 = \cdots = \rho_\vartheta = 0 \tag{2-12}$$

$$H_1: \rho_i \neq 0 \tag{2-13}$$

其中，$i \in \{1, 2, \cdots, \vartheta\}$。

该检验所构造的统计量为

$$Q(\vartheta) = N(N+2) \sum_{h=1}^{\vartheta} \frac{\hat{\rho}_h^2}{N-h} \tag{2-14}$$

其中，ϑ 的取值会影响检验效果，一般取 $\vartheta \approx \ln N$。该检验值服从自由度为 ϑ 的卡方分布，当 $Q(\vartheta) > \chi_\alpha^2(\vartheta)$ 时，拒绝零假设，即可以判断时间序列中存在某些自相关。α 为给定显著性水平，其中 $\chi_\alpha^2(\vartheta)$ 是自由度为 ϑ 的卡方分布的第 $100 \times (1-\alpha)$ 百分位数。

对 2018 年 1 月的交通流数据进行检验，结果如表 2-1 所示。

表 2-1 不同延迟阶数下 LBQ 检验统计值与 P 值

延迟阶数	统计值	P 值
1	230.401	4.873×10^{-52}
2	466.097	6.141×10^{-102}
3	694.879	2.720×10^{-150}
4	914.171	1.417×10^{-240}
5	1122.721	2.930×10^{-285}
6	1334.957	0
7	1534.628	0
8	1735.228	0
9	1931.591	0
10	2120.197	0

由表 2-1 可以看出，交通流数据具有明显的自相关性，即不是纯随机数据，且历史数据的影响惯性较长。

3. 空间相关性

城市交通的状态随着时间在不断变化，行驶车辆在互相连通的路网中按照一定的动力学模式运作，使得交通流数据呈现出一定的时间性质与空间性质。同方向相邻路段、上下游道路均会在空间上产生一定的影响。传统的相关性系数大多关注线性相关，度量交通系统相关性能力有限，因此使用最大相关系数考察交通

2.2 交通数据时空性质分析

流数据空间相关性。最大信息系数（maximal information coefficient，MIC）用来衡量不同变量之间的关联程度，两者的关系可以为线性关系，也可以为非线性关系。MIC 能够捕获广泛的功能性和非功能性关联，对于功能性关联，提供的分数大致等于回归函数相关数据的确定系数。MIC 属于一大类基于最大信息的非参数勘探统计，用于对变量间的关系进行识别和分类。MIC 通过信息论中的互信息（mutual information，MI）进行计算。设两个随机变量 (X,Y) 的联合分布为 $p(x,y)$，边缘分布分别为 $p(x)$ 和 $p(y)$，则互信息 $I(X;Y)$ 的定义如下：

$$I(X;Y) = \sum_{x \in X}\sum_{y \in Y} p(x,y) \log_2 \frac{p(x,y)}{p(x)p(y)} \tag{2-15}$$

MIC 的定义如下：

$$\mathrm{MIC}(X;Y) = \max_{|X||Y|<B} \frac{I(X;Y)}{\log_2(\min(|X|,|Y|))} \tag{2-16}$$

其中，B 为数据总量的 0.6 或 0.55 次方，值域为 $[0,1]$。

这里对数据集中的前 50 个道路的流量数据计算相互间的 MIC，所得热图如图 2-3 所示。

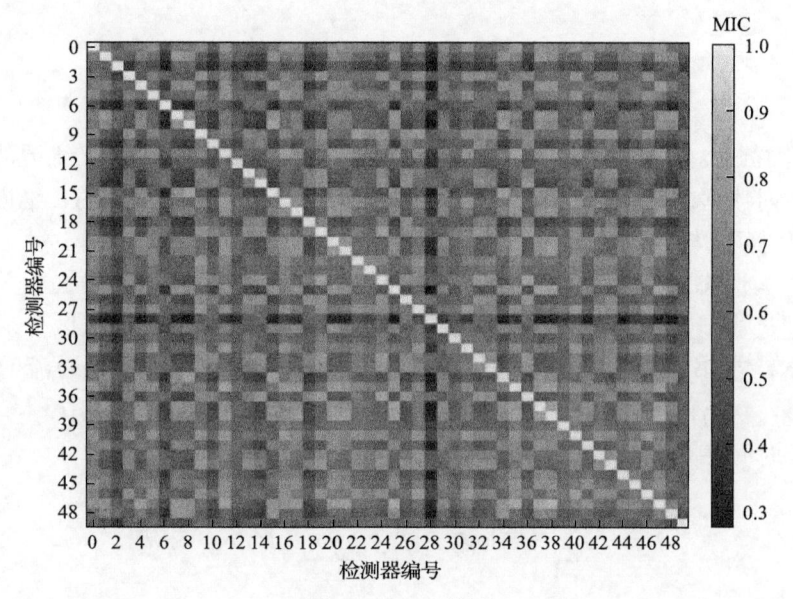

图 2-3 MIC 热图

由图 2-3 可以看出部分路段的 MIC 较高，如路段 38 与 47 的 MIC 指数达到 0.9，超过 0.8 可以认为有强相关关系，可以说明由于交通路网的复杂性，交通系统中个体驾驶习惯与驾驶目的出现巨大差别，导致交通流数据在空间上具有线性和非线性的相关性。因此，可以借助路段间空间维度的内在联系对缺失值进行填补。

2.2.3 非线性特征

1. 混沌特性检验

1）交通时序数据混沌分析

交通系统作为整个社会共同参与构成的开放的复杂系统，随时随地受到各种外在因素的影响。尽管自动驾驶发展得如火如荼，当前绝大部分交通实体依旧是人作为主体施加影响，因此驾驶员判断与车辆的机械素质就成为交通系统中的不确定因素。在这种情况下，研究交通流数据的随机性和混沌性就有着比较重要的意义。交通流数据作为时序数据，很多研究人员尝试使用传统的线性时序模型进行回归拟合。如果交通数据存在混沌性，则说明模型中有非线性因素，即使是高阶次的线性模型也很难得到不错的效果，需要考虑使用非线性模型进行拟合。

与一般的时间序列分析不同，混乱时间序列分析需要在相空间中进行，因此首先对交通流数据进行相空间重构。设长度为 w 的交通流时序数据为 $\{x_i | i=1,2,\cdots,w\}$，根据坐标延迟重构法，通过延迟时间 τ 构建 d 维时序数据的相空间矢量：

$$y_i = \{x_i, \cdots, x_{i+(d-1)\tau}\}, \quad i=1,\cdots,w-(d-1)\tau \tag{2-17}$$

根据 Takens 所提出的嵌入定理，即对于无限长而且无噪声的 d' 维混沌子的一维时间序列数据，若满足 $d \geq 2d'+1$，则总存在一个拓扑不变意义的 d 维嵌入相空间。延迟时间 τ 与关联维数 m 的选择就尤为关键，若延迟时间选择过大，之后时刻的动力学形态会发生极大变化，混沌吸引子之间的轨迹则会失去相关性。若延迟时间过小，则所构造出的任意两个矢量的值过于类似而无法区分。对于延迟时间 τ，本书采用互信息法进行计算。主要步骤为：对于交通流时序数据 $X=\{x_1,x_2,\cdots,x_l\}$ 与延迟时间为 t 的时间序列 $Y=\{y_1,y_2,\cdots,y_l\}$，其中 $x_i=y_{i+1}$，计算这两个时间序列的互信息 $I(t)$，公式如下：

$$I(t) = 2\sum_{i=1}^{m} P_i(t)\log_2 P_i(t) - \sum_{i=1}^{m}\sum_{j=1}^{n} P_{ij}(t)\log_2 P_{ij}(t) \tag{2-18}$$

其中，$P_i(t)$ 表示事件 i 发生的概率；$P_{ij}(t)$ 表示事件 i、j 同时发生的概率。

计算在延迟时间 t 取不同值时的互信息，做出延迟时间 t 与互信息 $I(t)$ 的图像，图像中互信息的第一个局部最小值所对应的时间延迟为所选定的延迟时间 τ。

合适的嵌入维数 m 能够使交通流时序数据的相空间重构前后的吸引子等价。

2.2 交通数据时空性质分析

若 m 选取过小，混沌吸引子可能发生折叠导致在局部出现自相交，以致重构出的多维空间不能完全包含原交通时序的数据特征；若 m 值过大，则会导致计算量大大增加，除此之外噪声和舍入误差对数据特征的破坏也会进一步放大。在这里使用遗传规划（genetic programming，GP）算法计算时序数据的嵌入维数。主要步骤为：首先选定一个较小的嵌入维数 $m=m_0$，按式 (2-18) 构造对应的相空间，然后对时间序列选取构造出的相空间的两个向量 y_i 和 y_j 按式 (2-19) 计算关联积分：

$$C(r) = \frac{1}{N(N-1)} \sum_{i=1, i \neq j}^{N} \sum_{j=1}^{N} H(r - \|y_i - y_j\|) \tag{2-19}$$

其中，$\|\cdot\|$ 指欧几里得范数；H 指赫维赛德函数；r 为临界阈值。

得到关联积分即可按照式 (2-20) 计算关联维数 D：

$$D = \lim_{r \to 0} \frac{\ln C(r)}{\ln r} \tag{2-20}$$

李雅普诺夫指数描述的是系统对初始值的敏感程度，表征了混沌系统在相空间中运动时相邻轨道间的发散程度。李雅普诺夫指数能够定量判断系统是否存在混沌性，当李雅普诺夫指数大于 0 时，表明系统某一矢量方向存在混沌吸引子，并且这一方向上的运动不稳定，系统存在混沌性。最大李雅普诺夫指数越小，说明发散率越小且可预测性越高。最大李雅普诺夫指数有多种计算方法，本书采用最小数据法，主要步骤如下：首先通过计算时序数据频谱中位值的倒数得到时序数据的平均周期 P，在得出最佳延迟时间 τ 与嵌入维数 m 后，按照式 (2-17) 进行相空间重构得到 y_i，找到每个相点 y_i 的初始时刻的最近邻点 $y_{\hat{i}}$，即

$$d_i(0) = \min_{y_i} \|y_i - y_{\hat{i}}\|, \quad |i - \hat{i}| > P \tag{2-21}$$

第 i 对最近邻点经过 j 步演化后的距离可以按照式 (2-22) 估计：

$$d_i(j) \approx C_i e^{\lambda_1(j\Delta t)} \tag{2-22}$$

其中，$C_i = d_i(0)$，即初始时刻两点的欧氏距离；λ_1 为所求最大李雅普诺夫指数。将近邻点对的平均距离线定义为

$$\mu(j) = \frac{1}{\Delta t} \langle \ln d_i(j) \rangle \tag{2-23}$$

其中，$\langle \cdot \rangle$ 表示 i 所有取值下 $d_i(j)$ 的平均值，$\ln d_i(j) \approx \ln C_i + \lambda_1(j\Delta t)$。

最后通过最小二乘法对曲线进行拟合，所得到的斜率即为所求的最大李雅普

诺夫指数。

2)实验分析

按照上述方法对数据集中 2018 年 1 月 1 日至 5 日第一个监测点流量的互信息进行检验。首先根据互信息法计算得到互信息趋势图，如图 2-4 所示。

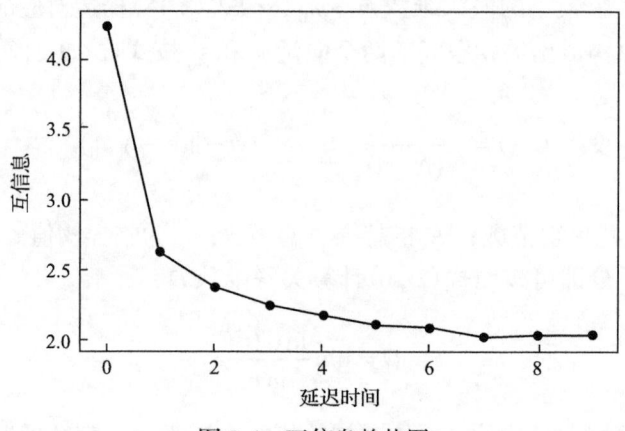

图 2-4　互信息趋势图

由图 2-4 可以看出，当选择延迟时间 τ 为 7 时，互信息达到极小值。做出关联维数和嵌入维数的图像，观察关联维数随嵌入维数的变化情况，如图 2-5 所示。

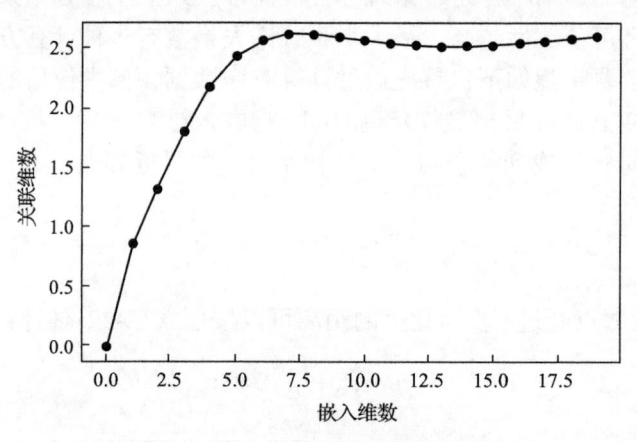

图 2-5　嵌入维数与关联维数关系图

由图 2-5 可以看出，关联维数随着嵌入维数的增加而趋于饱和，当嵌入维数增加到 5 之后，关联维数的值基本稳定，不再增加。这说明交通流数据的关联维数为一有限值，为 2.5~3。通过计算得到延迟时间与关联维数之后，对原交通流时序数据进行相空间重构，然后利用前文所述最小数据法计算最大李雅普诺夫指数。图 2-6 为通过最小二乘法对数据拟合后的回归线。

2.2 交通数据时空性质分析

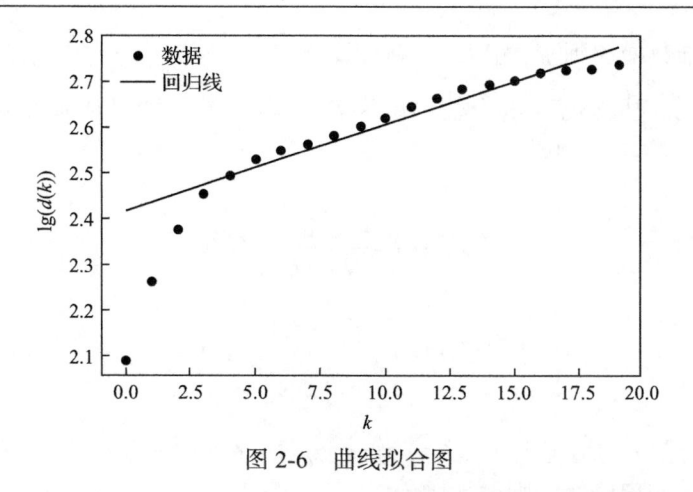

图 2-6 曲线拟合图

由图 2-6 可知，回归线的斜率大于 0，可看出交通流数据的最大李雅普诺夫指数大于 0，存在混沌性，并且数值较小，具有良好的可预测性。

2. 复杂度分析

交通系统是由各种交通实体有机组合起来的复杂的时变系统，交通流数据也具有混沌性。为准确度量交通流数据中的非线性成分，采用样本熵算法对不同尺度的交通流数据的复杂性进行定量分析。样本熵是近似熵的一种改进算法，是用来度量时序数据中非线性的动力学参数，表征了系统中出现新模式的可能性与时序数据的复杂程度。与近似熵相比，样本熵不依赖于数据长度，普适性较强。样本熵计算过程如下：对于有 N 个采样值的时序数据 $\{x_i | i=1,2,\cdots,N\}$，将其重构为一组 m 维的矢量序列 X_i^m，其值为 $X_i^m = \{x_i, x_{i+1}, \cdots, x_{i+m-1}\}$，$i=1,2,\cdots,N-m$。定义两矢量间距离 $d(X_i^m, X_j^m)$ 如下：

$$d(X_i^m, X_j^m) = \max_{k=0,\cdots,m-1}(|x_{i+k} - x_{j+k}|) \tag{2-24}$$

在给定 X_i^m 后，将 X_i^m 与 $X_j^m (j=1,2,\cdots,N-m, j\neq i)$ 中距离小于预设参数 r 的个数记为 C_i。定义 $C_i^m(r)$ 与 $C^m(r)$ 如下：

$$C_i^m(r) = \frac{1}{N-m-1} C_i \tag{2-25}$$

$$C^m(r) = \frac{1}{N-m} \sum_{i=1}^{N-m} C_i^m(r) \tag{2-26}$$

将重构维数增加到 $m+1$ 后,重新计算 X_i^{m+1} 与 $X_j^{m+1}(j=1,2,\cdots,N-m,j\neq i)$ 的距离 $d(X_i^{m+1},X_j^{m+1})$ 小于 r 的个数,记为 D_i。与 m 维的情况类似,定义 $D_i^m(r)$ 与 $D^m(r)$ 如下:

$$D_i^m(r) = \frac{1}{N-m-1}D_i \tag{2-27}$$

$$D^m(r) = \frac{1}{N-m}\sum_{i=1}^{N-m}D_i^m(r) \tag{2-28}$$

在给定容限 r 的情况下,$C^m(r)$ 为 m 个点两序列的匹配概率,$D^m(r)$ 为 $m+1$ 个点两序列的匹配概率,则样本熵为

$$\text{SampEn}(m,r) = \lim_{N\to\infty}\left\{-\ln\left[\frac{D^m(r)}{C^m(r)}\right]\right\} \tag{2-29}$$

当 N 为有限值时,样本熵为

$$\text{SampEn}(m,r,N) = -\ln\left[\frac{D^m(r)}{C^m(r)}\right] \tag{2-30}$$

实验数据为数据集中 2018 年 1 月 1 日至 5 日第一个监测点采样时间间隔在 5min、10min、15min 与 20min 时的流量数据,分别计算其样本熵,最终的实验结果如表 2-2 所示。

表 2-2 不同采样间隔下的样本熵

间隔时间/min	样本熵
5	0.8154
10	0.6836
15	0.6144
20	0.5849

由表 2-2 可以看出,样本熵随着时间间隔的增大而减小,呈现一定的负相关关系。这说明交通流的时间尺度越小,数据复杂程度越高,非线性成分越多。这是由于交通系统高度复杂,在较短的时间间隔下,交通流数据反映了更为细致的变化,携带了更多的路网信息。因此,基于交通流数据所构建的模型在面对不同的采样时间间隔的交通数据时,性能可能有较大差别。

2.3 基于时空特征的交通数据填补

2.3.1 问题定义

ITS 对路网的运行状态进行感知[94]与预测[95]，实时调控交通流，防止交通拥堵，优化路网效率[96]。然而当前大部分交通流预测技术在数据缺失的情况下预测精度会受到严重影响，因此交通数据的完整性与有效性至关重要。不可抗的现实因素，如天气状况、网络通信故障、数据持久化系统问题等，会对交通数据的采集、处理与保存等造成破坏。很多下游方法与分析在实践的时候，需要完整的数据，因此数据的填补至关重要。

由于交通流数据是时空数据，即数据在时间上有很强的关联性，在数据间也互相影响，因此考虑利用其在时空上的特征进行填补。本节提出了一种基于 RNN 的交通数据填补方法。RNN 能够处理以先后顺序输入到模型中的数据，并且利用之前输入的信息对当前数据进行处理，具有记忆性。因此，利用改进的 RNN 捕捉交通数据变化模式，感知数据的缺失信息，泛化处理多元数据时序与数据间的动态影响，对缺失数据进行填补。

为明确描述本节所述问题与算法，首先明确算法涉及的部分概念与所要解决的问题。$X \in \mathbf{R}^{I \times T}$ 为时空交通数据，其中 I 代表有 I 个检测器，即 I 个特征值，T 代表有 T 个时间点，x_t^i 即第 i 个变量在时间 t 的值。由于未知原因，如检测器故障或通信错误，数据中存在缺失情况，为表示其中的缺失值，在此引入掩膜矩阵 M，矩阵中第 i 个变量在时间 t 的值表示为

$$m_t^i = \begin{cases} 0, & x_t^i \text{缺失} \\ 1, & x_t^i \text{不缺失} \end{cases} \tag{2-31}$$

为充分捕捉数据缺失信息，描述数据缺失形式，再引入另一变量时间间隔矩阵 D，矩阵中第 i 个变量在时间 t 的值表示为

$$d_t^i = \begin{cases} 0, & \tau_t = 0 \\ \tau_t - \tau_{t-1}, & t > 1 \text{ 且 } m_{t-1}^i = 1 \\ \tau_t - \tau_{t-1} + d_{t-1}^i, & t > 1 \text{ 且 } m_{t-1}^i = 0 \end{cases} \tag{2-32}$$

其中，τ_t 为第 t 个时间节点的时间戳的值。

下面以图 2-7 为例解释上述概念。

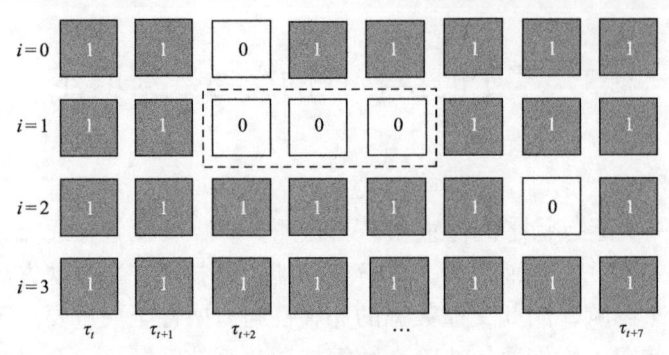

$i=0$	1	1	0	1	1	1	1	1
$i=1$	1	1	0	0	0	1	1	1
$i=2$	1	1	1	1	1	1	0	1
$i=3$	1	1	1	1	1	1	1	1
	τ_t	τ_{t+1}	τ_{t+2}		...			τ_{t+7}

图 2-7 掩膜矩阵

假设以上的 $\tau_t \sim \tau_{t+7}$ 的值分别为 0min、4min、6min、9min、15min、17min、19min、20min，则对应的时间间隔矩阵 D 如图 2-8 所示。

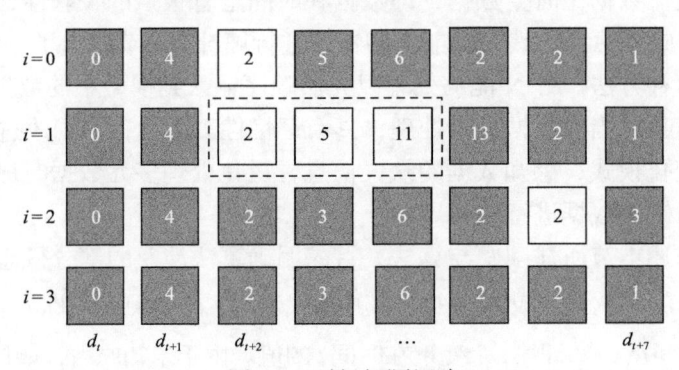

$i=0$	0	4	2	5	6	2	2	1
$i=1$	0	4	2	5	11	13	2	1
$i=2$	0	4	2	2	3	6	2	3
$i=3$	0	4	2	2	3	2	2	1
	d_t	d_{t+1}	d_{t+2}		...			d_{t+7}

图 2-8 时间间隔矩阵

其中，$d_{t+5}^1 = 17 - 4 = 13$。

我们的目标是一个能够提供对缺失数据最好的估计值的函数 Ψ，设 $\tilde{x}_t^i = \Psi(x_t^i)$，假设部分缺失的数据 X 对应的具有全部数据真实值的完整数据为 $\hat{X}$，则其数学形式可以表示为

$$\min_{\Psi} \|(1-M) \cdot (X - \hat{X})\|_1 \tag{2-33}$$

其中，$\|\cdot\|_1$ 表示矩阵的 1 范数。

2.3.2 面向时空数据的神经网络

神经网络算法是人们参照生物大脑的神经元突触的通信、结构，根据实际应用的需要设计建造的学习算法。神经网络算法依靠大量神经元节点的相互连接，对数据信息进行压缩、过滤、提取等，最终达到处理信息的目的。神经网络在计算出误差后，通过逆向传播对算法进行训练，在不需要预先构建描述变量之间关系方程的情况下，逐渐实现模型的优化。通过多次反向传播来逐渐改变模型中的

2.3 基于时空特征的交通数据填补

参数，尽量减小网络输出结果的误差。然而全连接网络与卷积神经网络面对时序数据时，由于捕捉数据前后关联的关系，显得力不从心。因此，研究人员设计出面向序列数据的神经网络，即通过在序列演变方向将核心逻辑计算单元连接起来，克服上述缺点的 RNN。

交通流数据在时间维度存在明显特点，每个时刻的交通流数据都受到上一时刻交通流数据的影响，也会对下一时刻产生影响，是很典型的时序数据。因此，采用 RNN 来处理交通流数据。

1. 经典 RNN

普通的全连接网络的所有节点与网络前一层中的所有节点相连，即可以把网络所提取到的特征进一步综合，如图 2-9 所示。由于其全部相连的特性，一般全连接层的参数也是最多的。

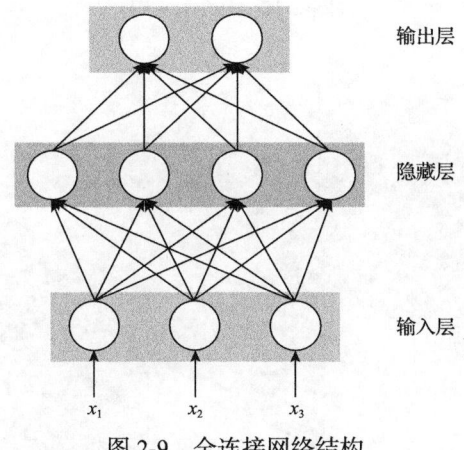

图 2-9 全连接网络结构

RNN 结构与全连接网络类似，也是以输入层、隐藏层、输出层的方式进行工作，RNN 结构如图 2-10 所示。

两者不同的是，RNN 实际上是神经网络在时间维度上的拓展。可将其视为在时间维度将同一网络结构堆叠起来，对每一时间步的数据均以同一结构进行处理。图 2-11 展示了一个简单例子。RNN 因为时间维度导致拓扑结构复杂，为易于讨论，将其结构展开后定义部分结构，如图 2-12 所示。

图 2-12 中，$X=[x_0,x_1,x_2,\cdots,x_t,\cdots,x_T]$ 代表输入数据；U_h 是输入层到隐藏层的权重矩阵；V_h 是隐藏层到输出层的权重矩阵；W_h 是上一时刻隐藏状态 H_{t-1} 到当前时刻隐藏状态 H_t 的权重矩阵。假设模型中数据输入有 T 个时间步，I 个变量，隐藏层有 L 个节点，输出层有 Q 个节点，则 $U_h \in \mathbf{R}^{I \times L}$，$W_h \in \mathbf{R}^{I \times L}$，$V_h \in \mathbf{R}^{Q \times L}$。标准 RNN 的隐藏层节点 s_t 的计算公式如下：

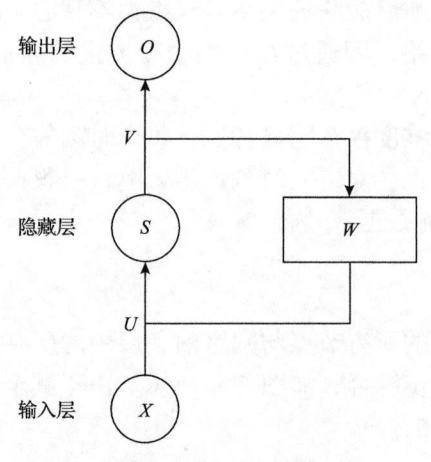

$$s_t = g(W_h \cdot s_{t-1} + U_h x_t + b_h) \tag{2-34}$$

图 2-10 RNN 结构

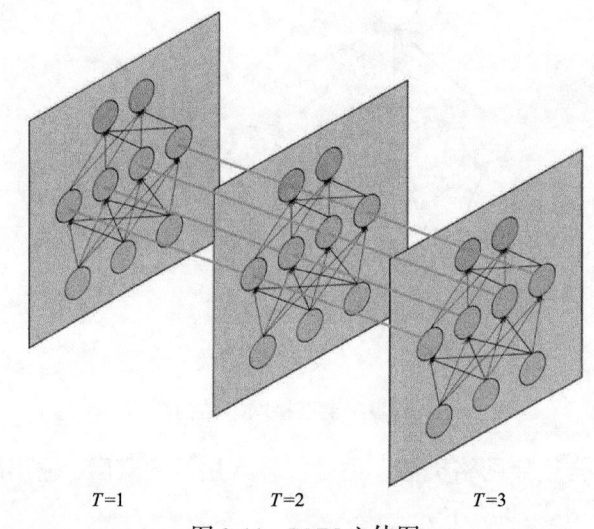

图 2-11 RNN 立体图

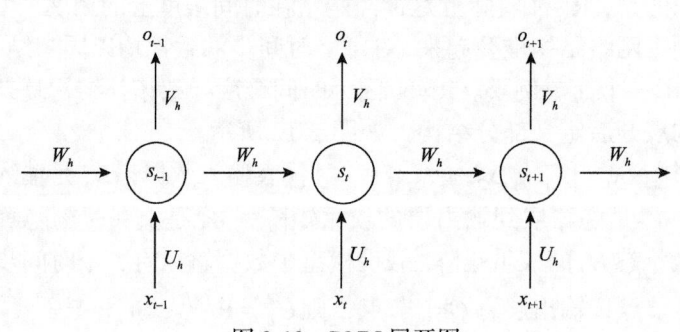

图 2-12 RNN 展开图

s_t 是一个向量，其中某一元素的计算方式为

$$a_t^l = \sum_{j=0}^{I} u_j^l x_t^j + \sum_{k=0}^{L} w_k^l s_{t-1}^k \tag{2-35}$$

$$h_t^i = g(a_t^l) \tag{2-36}$$

其中，a_t^l 是对之前信息的汇总；$g(\cdot)$ 为激活函数，一般设置为 ReLU，或者 tanh。ReLU 函数定义为

$$\text{ReLU}(x) = \begin{cases} x, & x \geqslant 0 \\ 0, & x < 0 \end{cases} \tag{2-37}$$

tanh 函数定义为

$$\tanh(x) = \frac{\sinh x}{\cosh x} = \frac{e^x - e^{-x}}{e^x + e^{-x}} \tag{2-38}$$

值得注意的是，对于第一个输入 x_0 来说，之前并没有数据输入，无法得到 s_0，实践中一般设置为 0。在反向传播过程中，RNN 与全连接网络类似，依旧使用链式法则来反向更新参数。不同的是，RNN 每个节点都公用参数，因此求参数偏导时需要累加之前的偏导数的值，RNN 的更新方式也被称为延时反向传播（back propagation through time，BPTT）算法。其实质依然是反向传播算法，只是由于 RNN 处理时序数据，需要基于时间反向传播。

2. LSTM 网络

RNN 在处理时序数据上是比较成功的，相较于普通的神经网络算法，RNN 不仅能够捕捉当前数据的信息，也能通过隐藏层利用前一时刻的信息，也就是说隐藏层的信息在时间维度上变得有连接而不是无连接，网络结构也变得有记忆性、持续性。在网络结构上，RNN 在每个时间步都使用同一套权重系数，因此也被称为权重共享。这一特性大大降低了网络参数的总量，使得模型训练成本大幅降低，同时也意味着 RNN 可以学习时间维度的特征，在序列长度各不相同时表现出一定的泛化能力。

然而，人们发现 RNN 对于长时间序列的学习能力非常有限，尽管从结构上 RNN 能够处理无限长时间跨度的数据，然而其并不能掌握长时间数据的非线性关系，即 RNN 的长期依赖现象。经研究发现，这是由于 RNN 存在梯度消失和梯度爆炸的问题。传统神经网络的梯度消失问题是由于各层间的权重系数各不相同，因此如果模型较深，距离输出层较远的参数梯度会越来越小，反向传播的过程中梯度会减小至零。而在 RNN 中每层参数是共享的，在沿着时间进行反向传播的过程中，会有多次权重矩阵的连乘，若初始化不当，连乘几次后梯度会以指数级

别迅速下降到 0 或者迅速增大，因此产生梯度消失和梯度爆炸问题。为解决上述问题，RNN 改进网络不断被提出，其中最受瞩目的便是 LSTM 网络[97]。

LSTM 网络与经典的 RNN 在结构上类似，均是链式重复连接。在内部信息处理上，添加了三个门控单元，也就意味着每个单元需要 4 个权重矩阵与激活函数进行计算，而经典 RNN 只需计算一次。LSTM 网络通过门控思想进行信息交互，规避了长期记忆依赖问题。图 2-13 展示了 LSTM 网络单元交互过程，其中矩形代表神经网络单元，由权重、偏置及激活函数组成，椭圆框代表进行元素级操作，黑点代表对数据进行拼接。

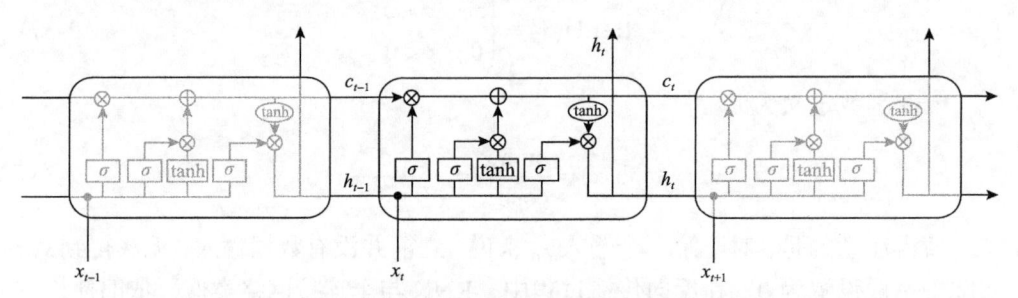

图 2-13 LSTM 网络内部结构

LSTM 网络内部具有遗忘门、记忆门和输出门，其特点在于除了隐藏层状态 h_t 外，还有一个细胞状态 c_t 一直存在于整个计算过程中。

1) 遗忘门

遗忘门 f_t 如图 2-14 所示，即模型中用于控制细胞状态 c_{t-1} 中哪些状态被用来保存到下一时刻 c_t。经过激活函数后，可以保证 f_t 的值在 [0,1]。通过实验会发现成熟的 LSTM 网络模型的遗忘门基本接近 0 或 1，很少有其他值。计算公式如下：

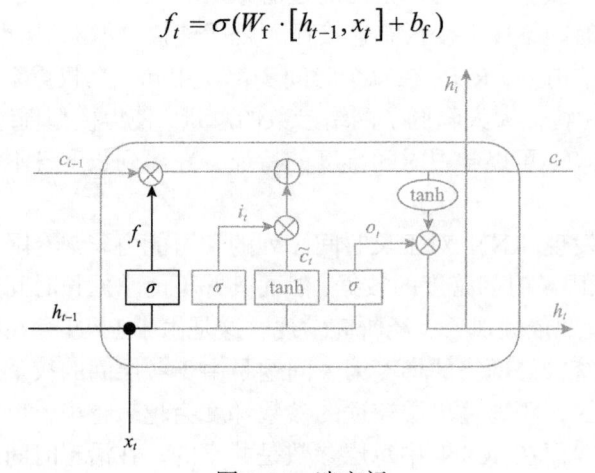

$$f_t = \sigma(W_\mathrm{f} \cdot [h_{t-1}, x_t] + b_\mathrm{f}) \tag{2-39}$$

图 2-14 遗忘门

2.3 基于时空特征的交通数据填补

2)输入门

输入门与遗忘门功能类似，用于选择 c_{t-1} 中哪些特征用于 c_t，如图 2-15 所示。i_t 与 $\tilde{c}_t$ 分别用 sigmoid 函数与 tanh 函数计算。两者的阿达玛积用于细胞状态的更新。

$$i_t = \sigma(W_i \cdot [h_{t-1}, x_t] + b_i) \tag{2-40}$$

$$\tilde{c}_t = \tanh(W_c \cdot [h_{t-1}, x_t] + b_c) \tag{2-41}$$

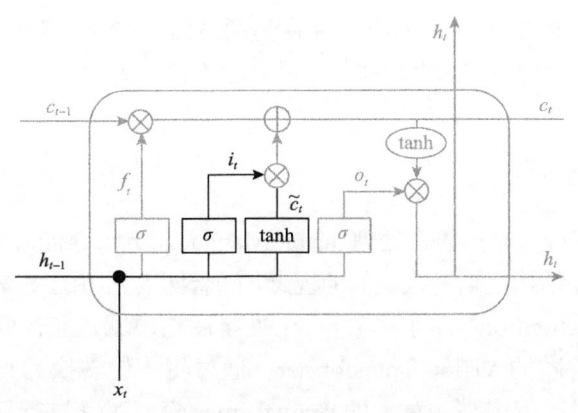

图 2-15　输入门

3)细胞状态更新

如图 2-16 所示，采用以上两者计算的结果对细胞状态进行更新。

$$c_t = f_t \circ c_{t-1} + i_t \circ \tilde{c}_t \tag{2-42}$$

其中，。是阿达玛积，即向量对应位置元素相乘。

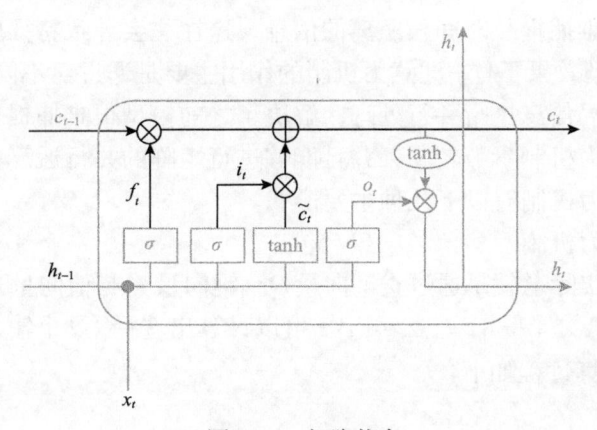

图 2-16　细胞状态

4) 输出门

当获得 c_t 之后，就可以计算出网络的隐藏状态 h_t。先通过 h_{t-1} 与 x_t 获得门控信息，然后将细胞状态经过 tanh 层映射到 $[-1,1]$ 的区间内，两者的阿达玛积即为最后输出。

$$o_t = \sigma(W_o \cdot [h_{t-1}, x_t] + b_o) \tag{2-43}$$

$$h_t = o_t \circ \tanh(c_t) \tag{2-44}$$

LSTM 网络与普通 RNN 一样，输出 y_t 往往是通过对 h_t 变换得到的，在图 2-16 中 h_t 有两个输出，其中一个为 LSTM 网络时间上的连接，另一个将要转换为当前时刻输出。

2.3.3 注意力机制

随着深度学习进入自然语言处理(natural language processing，NLP)与时序数据预测领域，seq2seq 结构逐渐进入人们的视野。随着深度学习的发展，人们在 seq2seq 中引入了注意力(attention)机制。另外，在机器视觉领域，也有很多研究尝试加入注意力机制，如谷歌的 Vision Transformer，通过将图像转换为 16×16 像素的文本信息的形式，利用基于多头注意力的 Transformer 模型对其进行编码，实现图像的分类任务，取得了非常好的效果。顾名思义，注意力机制与人类施加注意力方式类似。例如，在观看图像时，通过对不同区域的关注，获得相应的局部信息。在数学上，注意力机制就是通过加权的方式决定信息不同部分的重要程度，然后从中提取出关键特征。注意力机制最早出现在基于 RNN 的编码器解码器结构中，在 RNN 对不同时间步输入的信息进行特征提取后，注意力机制通过赋予不同时间步特征的权重进行解码。对于有前后顺序的数据，如时序数据或者文本数据，大部分模型都很难捕捉长时间长距离的信息，这往往会导致特征中缺乏长期的有效信息，使得模型效果不佳。注意力机制的作用主要是通过对不同信息赋予权重，对局部信息与全局信息进行并行处理，解决了之前模型很难捕捉长期信息影响的问题。由于注意力机制参数较少，并且能够进行矩阵的并行运算，因此计算速度大大加快。注意力机制有以下几种主要形式。

1) 软性注意力机制

注意力机制实际上就是通过查询向量 Q、键向量 K 与值向量 V 实现寻址的过程。给定输入信息 $X = \{x_i \mid i = 1, 2, \cdots, n\}$，可以计算出选择第 i 个输入信息的概率注意力分布 α_i，计算过程如下：

$$\alpha_i = \text{softmax}(s(x_i, q)) \tag{2-45}$$

其中，$s(\cdot)$ 为打分机制，主要有加性模型、点积模型、缩放点积模型与双线性模型，计算方式如下：

$$s(x_i, q) = v^T \tanh(Wx + Uq) \tag{2-46}$$

$$s(x_i, q) = x_i^T q \tag{2-47}$$

$$s(x_i, q) = \frac{x_i^T q}{\sqrt{d}} \tag{2-48}$$

$$s(x_i, q) = x_i^T W q \tag{2-49}$$

其中，v、W、U 均为可学习的权重矩阵；d 为向量维数。

注意力分布 α_i 表征了查询 q 时，第 i 个信息的受关注程度。点积模型由于是矩阵乘法，相较之下计算速度较快，但是如果向量维度较大时，注意力分布 α_i 的值容易过大。因此，缩放点积模型根据其维度进行一定的缩放，一定程度上避免了这种情况发生。通过注意力分布可以将输入信息编码为

$$\text{att}(q, X) = \sum_{i=0}^{n} \alpha_i x_i \tag{2-50}$$

2）硬性注意力机制

硬性注意力为通过某种机制选择输入数据中某一个位置的信息，例如，选择注意力分布最大的数据或者随机选择某项。相较于其他注意力机制，其问题在于在神经网络进行反向传播时，此过程不可微，导致无法使用反向传播算法。因此，一般考虑使用软性注意力机制代替。

3）自注意力机制

自注意力机制为当下大部分算法使用的注意力机制。与其他类型的神经网络相比，自注意力机制有许多优势。例如，RNN 通过门控机制使时序信息进行动态流通。尽管在 RNN 上做了很多工作，但在输入越来越长的情况下，会不可避免地导致长期依赖影响越来越小，有效信息在递归循环的过程中会不可避免地损失。为减少网络参数，卷积神经网络采用固定大小的卷积核提取某一邻域的信息，对全局信息无法兼顾。注意力机制则能够适应输入值维度大小，在全输入尺度作为观察范围对信息进行选取，对于任意两位置均有固定路径长度，能够实现清晰的损失传播。注意力机制借助的是输出端与输入端两者的隐藏层变量，捕捉了输入与输出之间的内在依赖关系。因此，注意力机制既能够捕捉输入输出自身内部的关系，也能够捕捉输入输出间的关系。

自注意力机制通过对输入信息 $X = \{x_i \mid i = 1, 2, \cdots, n\}$ 进行线性变换，得到查询向量序列 Q、键向量序列 K 和值向量序列 V，即

$$Q = W_Q X \tag{2-51}$$

$$K = W_K X \tag{2-52}$$

$$V = W_V X \tag{2-53}$$

其中，W_Q、W_K、W_V 为可训练的权重矩阵。

由式(2-51)~式(2-53)可以看出自注意力机制与传统注意力机制的区别。在传统的注意力机制中，Q 来自外部输入，而在自注意力机制中，Q 来自自身。通过查询向量序列 Q 与键向量序列 K 进行相似度计算，得到各个位置的权值。输出矩阵 H 中第 i 个输出向量 h_i 的注意力计算公式为

$$h_i = \mathrm{att}\big((K, V), q_i\big) = \sum_{j=1}^n a_{ij} v_j = \sum_{j=1}^n \mathrm{softmax}(s(k_j, q_i)) v_j \tag{2-54}$$

其中，q_i 与 k_j 均为列向量，注意力打分机制一般采用缩放点积模型。

矩阵形式的计算公式为

$$H = V \mathrm{softmax}\left(\frac{K^\mathrm{T} Q}{\sqrt{d}}\right) \tag{2-55}$$

其中，d 为输入向量维度。

2.3.4 基于时空相关性的填补模型

交通流数据在实际中受到多种因素的影响，在时间和空间两个维度均有很强的内在联系。RNN 在处理类似数据时效果较好，因此考虑组合使用针对时间维度改进的 LSTM 网络与自注意力机制实现基于时空特性的动态填补模型，以下简称为 LSTMATT。输入数据有交通流数据 $X = [x_1, x_2, \cdots, x_T]$（每个时间步数据特征均有 N 个维度）、用于表征是否缺失的掩膜矩阵 $M = [m_1, m_2, \cdots, m_T]$ 与时间间隔矩阵 $D = [d_1, d_2, \cdots, d_T]$，最终的估计值为 $\hat{X} = [\hat{x}_1, \hat{x}_2, \cdots, \hat{x}_T]$。整体架构图如图 2-17 所示。

1. 交通流数据缺失特征修正机制

RNN 可以通过输入的顺序获得数据间的相关性，并将所提取的特征保存在隐藏层变量中，利用隐藏层变量得到数据，利用交通流的时间相关性得到缺失估计值。通过在 RNN 中设置回归模块，将隐藏层变量转换成最终输出，这里使用的

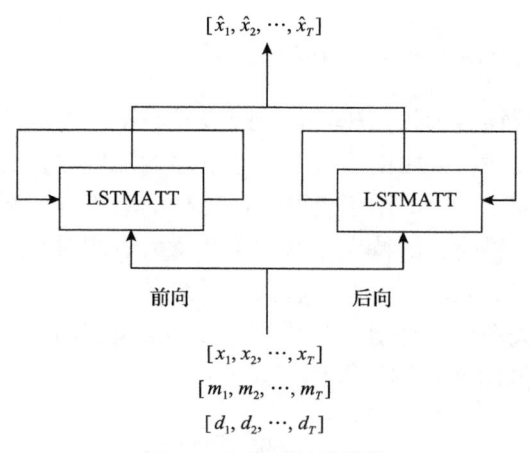

2.3 基于时空特征的交通数据填补

图 2-17 模型总体结构

是一个全连接层,输出是对下一时刻的估计值。其中 $\vec{\cdot}$ 代表前向传播时模型中的各个变量,$\overleftarrow{\cdot}$ 代表后向传播时模型中的各个变量。以 t 时间步前向传播为例,前一时间步的隐藏层变量 $\vec{h}_{t-1}$ 经过输出层得到 t 时刻变量的估计值 $\vec{\hat{x}}_t$:

$$\vec{\hat{x}}_t = W_x \vec{h}_{t-1} + b_x \tag{2-56}$$

$\vec{\hat{x}}_t$ 为利用交通流数据的时间关联性得到的估计值,但由于隐藏层变量 h_{t-1} 的计算并不是由完整数据得出的,若直接将其替换到原数据中的缺失部分,会导致填补精度大大下降。同样,在一般的 LSTM 网络中,隐藏层变量是直接输入到下一时刻的循环中的,而当有数据缺失时,需要对隐藏层变量进行修正处理,因此需要引入基于时间间隔信息 $\vec{d}_t$ 的衰退因子 $\vec{\lambda}_t$ 与 $\vec{\rho}_t$ 进行衰退处理,两者分别对应输入向量与隐藏层变量。变量的时间间隔 $\vec{d}_t$ 越大,修正系数 $\vec{\lambda}_t$ 越小。计算过程如下:

$$\vec{\lambda}_t = e^{-\max\left(W_\lambda^T \cdot \vec{d}_t + b_\lambda^t, 0\right)} \tag{2-57}$$

$$\vec{\rho}_t = e^{-\max\left(W_\rho^T \cdot \vec{d}_t + b_\rho^t, 0\right)} \tag{2-58}$$

利用经过衰退修正后的数据对当前有缺失值的数据进行更新,整个计算过程如下:

$$\vec{x}_t^c = m_t \circ x_t + (1 - m_t) \circ \vec{\lambda}_t \circ \vec{\hat{x}}_t \tag{2-59}$$

其中,$\vec{x}_t^c$ 为初步填补后的数据值;$\circ$ 为阿达玛积,即向量的对应位置元素相乘。

通过门控的思想对历史信息进行修正后,能有效捕捉数据的缺失模式,充分利用数据的信息。

2. 基于交通流空间相关性的填补机制

2.2 节分析了交通流数据的空间相关性，发现在某一区域的路段获得的交通流数据在空间上有依赖性，同时由于数据采集顺序的随机性，交通流数据的依赖性并不一定在局部范围内，因此用于提取局部特征的卷积神经网络并不适用。考虑到自注意力机制全局感受野的特点，通过自注意力机制对交通流数据之间的空间依赖关系进行捕捉。$\vec{x}_t^c$ 是基于时间依赖关系得到的估计值，这里通过注意力机制得到基于空间依赖关系的估计值 $\vec{\tilde{x}}_t$，设可学习权重矩阵 W_Q、W_K、W_V，查询矩阵 $\vec{Q}$、键矩阵 $\vec{K}$ 与值矩阵 $\vec{V}$ 的计算机制如下：

$$\vec{Q} = W_Q \vec{x}_t^c \tag{2-60}$$

$$\vec{K} = W_K \vec{x}_t^c \tag{2-61}$$

$$\vec{V} = W_V \vec{x}_t^c \tag{2-62}$$

基于空间依赖的估计值计算公式如下：

$$\vec{\tilde{x}}_t = \vec{V}\text{softmax}\left(\frac{\vec{K}^{\mathrm{T}}\vec{Q}}{\sqrt{N}}\right) \tag{2-63}$$

得到基于空间依赖关系的估计值 $\vec{\tilde{x}}_t$ 与基于时间依赖关系的估计值 $\vec{x}_t^c$ 后，将两个估计值通过基于衰退因子 $\vec{\rho}_t$ 的系数进一步组合，得到最终的估计值。此时的估计值 $\vec{\bar{x}}_t$ 即为模型最终的输出值，计算公式如下：

$$\vec{\gamma}_t = \sigma\left(W_\gamma\left[\vec{\rho}_t, m_t\right] + b_\gamma\right) \tag{2-64}$$

$$\vec{\bar{x}}_t = \vec{\gamma}_t \circ \vec{\tilde{x}}_t + (1 - \vec{\gamma}_t) \circ \vec{x}_t \tag{2-65}$$

其中，$\sigma(\cdot)$ 为激活函数 sigmoid 函数。这里的 $\vec{\gamma}_t \in [0,1]^N$ 作为可学习的参数融合基于时空两个维度相关性得到的估计值，$\vec{x}_t$ 值由根据时间依赖关系得到的估计值 $\vec{x}_t^c$ 与观察到的真实数据组成，因此 $\vec{\gamma}_t$ 的计算考虑了根据时间间隔得到的衰退系数 $\vec{\rho}_t$ 与标识数据是否缺失的 m_t，从而有效地实现了交通流数据的填补。最后将估计值 $\vec{\bar{x}}_t$ 更新到当前时间步的缺失值：

$$\vec{x}_t^c = m_t \circ x_t + (1 - m_t) \circ \vec{\bar{x}}_t \tag{2-66}$$

3. 交通流数据时序位置编码

通过 2.2 节中的频域分析，交通流数据有强烈的天周期性，即不同天的同一时间间隔的交通流数据具有相似性。这是由于交通流数据是人们在社会活动实践的过程中搜集产生的，与人们的社会活动紧密相关。当大部分人每日的活动路径大致相同时，交通流数据也有类似的与之对应的现象。因此，这里使用了一种时间嵌入方法，将每个时间步编码为一个向量。具体来说，设一天有 T 个时间步。使用 one-hot 编码将每一时间步在一天中的时间位置编码为 $\mathbf{R}^T$ 的向量。之后通过全连接层将时间特征转换为 $e_t \in \mathbf{R}^{16}$，与最终的填补值共同输入到 RNN，得到隐藏层变量 h_t，计算如下：

$$\vec{i}_t = \sigma\left(W_\mathrm{i} \cdot \left[\vec{\rho}_t \circ \vec{h}_{t-1}, \vec{\bar{x}}_t^{\,\mathrm{c}}, e_t\right] + b_\mathrm{i}\right) \tag{2-67}$$

$$\vec{f}_t = \sigma\left(W_\mathrm{f} \cdot \left[\vec{\rho}_t \circ \vec{h}_{t-1}, \vec{\bar{x}}_t^{\,\mathrm{c}}, e_t\right] + b_\mathrm{f}\right) \tag{2-68}$$

$$\vec{c}_t = \tanh\left(W_\mathrm{c} \cdot \left[\vec{\rho}_t \circ \vec{h}_{t-1}, \vec{\bar{x}}_t^{\,\mathrm{c}}, e_t\right] + b_\mathrm{c}\right) \tag{2-69}$$

$$\vec{o}_t = \sigma\left(W_\mathrm{o} \cdot \left[\vec{\rho}_t \circ \vec{h}_{t-1}, \vec{\bar{x}}_t^{\,\mathrm{c}}, e_t\right] + b_\mathrm{o}\right) \tag{2-70}$$

其中，W_i、W_f、W_c、W_o 为将输入进 LSTM 网络的变量映射到隐藏层门控与细胞状态的权重矩阵；b_i、b_f、b_c、b_o 为对应的偏置向量。

经过激活函数计算后得到最终的门控值，最终输出的细胞状态与隐藏变量如下：

$$\vec{c}_t = \vec{f}_t \circ \vec{c}_{t-1} + \vec{i}_t \circ \vec{\tilde{c}}_t \tag{2-71}$$

$$\vec{h}_t = \vec{o}_t \circ \tanh(\vec{c}_t) \tag{2-72}$$

经过前向与后向两个方向的计算后，分别得到前向估计值 $\vec{X} = \left[\vec{\bar{x}}_1^{\,\mathrm{c}}, \vec{\bar{x}}_2^{\,\mathrm{c}}, \cdots, \vec{\bar{x}}_T^{\,\mathrm{c}}\right]$ 与后向估计值 $\overleftarrow{X} = \left[\overleftarrow{\bar{x}}_1^{\,\mathrm{c}}, \overleftarrow{\bar{x}}_2^{\,\mathrm{c}}, \cdots, \overleftarrow{\bar{x}}_T^{\,\mathrm{c}}\right]$。对前向计算与后向计算得到的值进行最终输出与融合，得到最终的估计值为

$$\bar{X} = \frac{\vec{X} + \overleftarrow{X}}{2} \tag{2-73}$$

4. 损失函数

当计算出数据的估计值后,即可以计算损失值。由于数据中存在缺失值,所以损失函数由观察到的数据进行构建。如果仅以最后的估计值建立损失函数,模型将难以训练,因此为加快模型的收敛速度,除了求取最终估计值的重构损失外,还需要求取中间步骤获得的估计值的重构损失。以前向计算为例,损失函数计算如下:

$$\vec{L} = \frac{\sum_{i=0}^{T}\left|\vec{\hat{x}}_t - x_i\right| \circ m_i}{\sum_{i=0}^{T} m_i} + \frac{\sum_{i=0}^{T}\left|\vec{\tilde{x}}_t - x_i\right| \circ m_i}{\sum_{i=0}^{T} m_i} + \frac{\sum_{i=0}^{T}\left|\vec{\overline{x}}_t - x_i\right| \circ m_i}{\sum_{i=0}^{T} m_i} \tag{2-74}$$

2.3.5 实验分析

1. 实验数据

本节实验数据所用数据集由西雅图地区高速公路上安装的感应线圈探测器收集。高速公路包括 I-5、I-405、I-90 和 SR-520,如图 2-18 所示。该数据集包含高速公路系统的时空速度信息。图 2-18 中,每个小方框图标在一个里程标处展示了环路检测器。里程标处的流量信息为定里程标处同一方向上主车道上的多个环路检测器所获得的平均值。数据集时间间隔为 5min。本次实验采用的是 2015 年 1~3 月交通流量数据,图 2-19 展示了 1 月 1~5 日的流量变化。

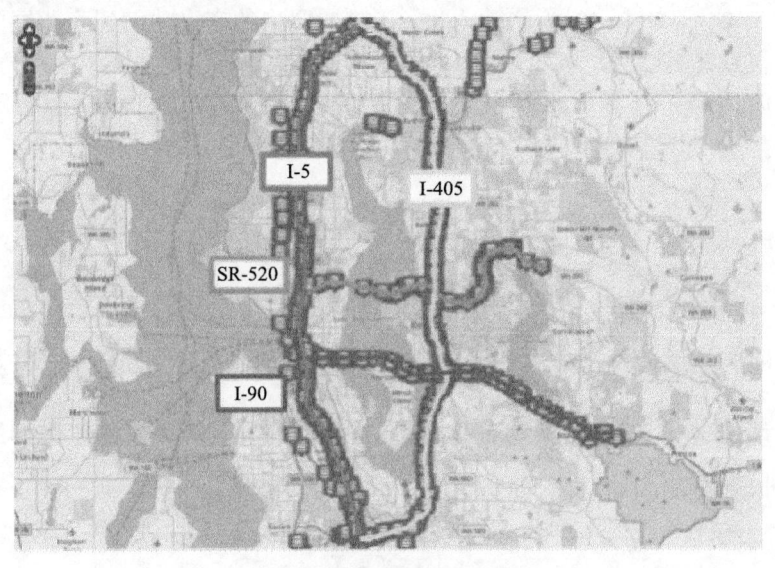

图 2-18 数据集示意图

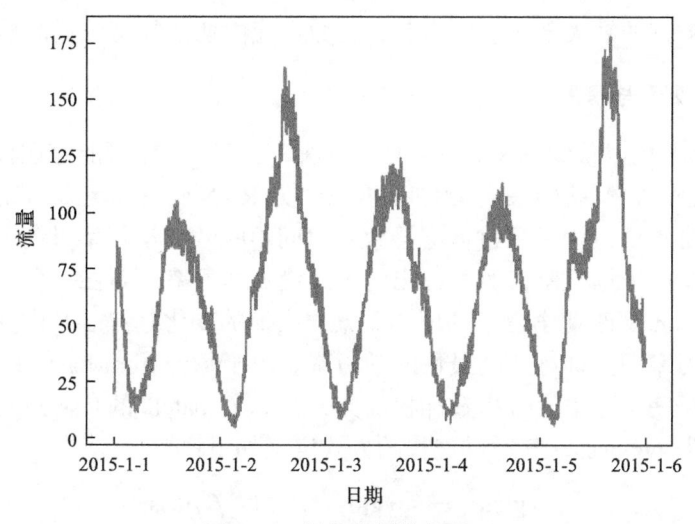

2.3 基于时空特征的交通数据填补

图 2-19 部分流量数据展示

2. 实验评价

本次实验为车速缺失数据填补实验，所采用的实验指标为平均绝对误差（mean absolute error，MAE）、均方根误差（root mean square error，RMSE）。设 T 为所填补数据的时间跨度，M 为掩膜矩阵，令 $Q=\left\{(i,t) \mid m_t^i=0, t \in T\right\}$。则 MAE 与 RMSE 的计算方法为

$$\text{MAE} = \frac{1}{\text{Card}(Q)} \sum_{(i,t) \in Q} \left| \bar{x}_t^i - x_t^i \right| \tag{2-75}$$

$$\text{RMSE} = \sqrt{\frac{1}{\text{Card}(Q)} \sum_{(i,t) \in Q} \left(\bar{x}_t^i - x_t^i \right)^2} \tag{2-76}$$

其中，$\text{Card}(\cdot)$ 为集合的基数；x_t^i 为真实值；$\bar{x}_t^i$ 为填补值。

本章的实验内容是测试本节提出的交通流数据填补模型对交通流缺失数据填补的性能，从而检验基于 LSTM 网络与自注意力在提取缺失数据的时空依赖关系的有效性。所以本章选取常用的数据填补算法与本节提出的算法（即 LSTMATT 算法）进行比较。

(1) 均值法：填充时使用所有观察到数据的平均值对缺失数据进行填充。

(2) IterativeSVD 算法：通过软阈值迭代低秩 SVD 来填充矩阵。

(3) SoftImpute 算法：迭代地用软阈值 SVD 得到的元素替换缺失的元素。通过热启动，可以使其在正则化参数值的网格上高效地计算整个正则化路径。

(4) M-RNN：基于一种新的深度学习体系结构，称为多向递归神经网络，该

神经网络将数据的缺失部分视为常数，在数据流内插值并跨数据流插补。

3. 实验设置与结果

在 2.3.2 节中以传统 RNN 为例介绍算法，由于 RNN 可能存在梯度消失或梯度爆炸等问题，在实验中采用 LSTM 网络作为 RNN 计算单元。训练过程中学习率的设置非常重要，学习率过低会导致长时间不收敛，学习率过高会导致局部最优。本次实验中依据文献[98]所提出的方法设置学习率，即在一个 epoch 中的每一个 mini-batch 都改变学习率的值，观察损失值的变化趋势。其中损失值最小值所对应的学习率即为训练速度最快的学习率。由于每个 mini-batch 的 loss 值会有比较明显的振荡，这里通过指数加权的方式对每个 batch 的 $loss_i$ 进行平滑处理，得到平均损失 $avgloss_i$，其通过迭代的方式定义如下：

$$avgloss_i = \beta avgloss_{i-1} + (1-\beta)loss_i \tag{2-77}$$

展开后得到

$$avgloss_i = (1-\beta)\sum_{k=0}^{i}\beta^{i-k}loss_k \tag{2-78}$$

由于其中各分量的权重系数之和为 $1-\beta^{i+1}$，因此最终的平滑值 $smoloss_i$ 为

$$smoloss_i = \frac{avgloss_i}{1-\beta^{i+1}} \tag{2-79}$$

在实验中设置初始学习率为 10^{-8}，最终值为 10，以指数方式递增，β 值为 0.9。图 2-20 为学习率与损失值关系图。

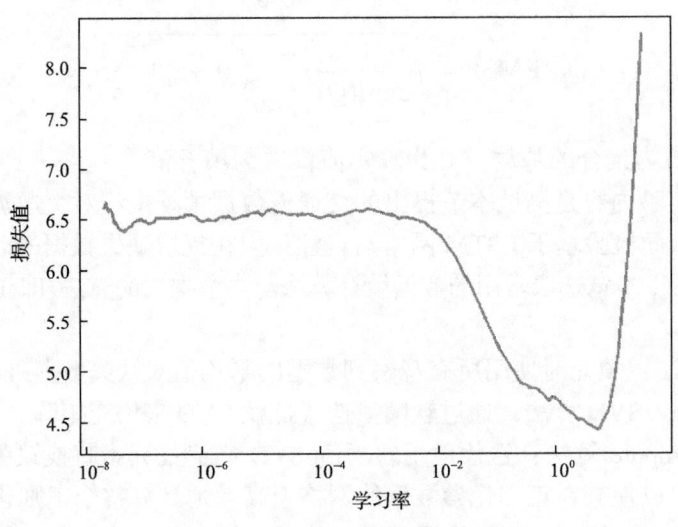

图 2-20 学习率与损失值关系图

2.3 基于时空特征的交通数据填补

为防止学习率过高导致的局部最优,此处选择小于最低点时的学习率作为实验设置,即 0.01。RNN 的隐藏层变量设置为 32,层数为 1 层。实验设置缺失率为 20%、30%、40%、50%、60%、70%,对 5min 采样间隔、10min 采样间隔、15min 采样间隔的实验数据分别进行填补实验。表 2-3～表 2-5 展示了不同采样时间间隔下各模型的填补效果,其中分别用 MAE 与 RMSE 两个指标作为方法的评价标准。

表 2-3 5min 采样间隔时不同缺失率下填补效果

评价指标	算法	缺失率					
		20%	30%	40%	50%	60%	70%
MAE	均值法	35.21	35.21	35.21	35.24	35.21	35.20
	IterativeSVD	6.27	6.30	6.35	6.44	6.61	6.90
	SoftImpute	6.05	6.08	6.13	6.19	6.29	6.48
	M-RNN	5.28	5.30	5.32	5.33	5.41	5.54
	LSTMATT	4.89	4.9	4.91	4.92	4.97	5.13
RMSE	均值法	42.54	42.53	42.52	42.56	42.51	42.50
	IterativeSVD	9.45	9.52	9.61	9.73	9.92	105.39
	SoftImpute	9.11	9.13	9.26	9.35	9.56	10.06
	M-RNN	7.89	7.92	7.95	7.98	8.11	8.32
	LSTMATT	7.17	7.19	7.25	7.30	7.53	7.84

表 2-4 10min 采样间隔时不同缺失率下填补效果

评价指标	算法	缺失率					
		20%	30%	40%	50%	60%	70%
MAE	均值法	71.66	71.67	71.61	71.70	71.65	71.65
	IterativeSVD	11.14	11.23	11.32	11.41	11.64	12.10
	SoftImpute	12.51	12.54	12.59	12.68	12.76	12.97
	M-RNN	8.55	8.61	8.68	8.77	8.89	9.32
	LSTMATT	8.03	8.09	8.17	8.24	8.36	8.78
RMSE	均值法	86.03	86.07	85.96	86.08	85.96	86.11
	IterativeSVD	17.75	17.96	18.15	18.31	18.76	20.06
	SoftImpute	19.72	19.75	19.93	19.98	20.17	20.51
	M-RNN	13.84	14.03	14.17	14.30	14.58	14.79
	LSTMATT	12.12	12.33	12.60	12.84	13.42	14.41

表 2-5　15min 采样间隔时不同缺失率下填补效果

评价指标	算法	缺失率 20%	30%	40%	50%	60%	70%
MAE	均值法	86.03	86.07	85.96	86.08	85.96	86.11
	IterativeSVD	17.75	17.96	18.15	18.31	18.76	20.06
	SoftImpute	19.72	19.75	19.93	19.98	20.17	20.51
	M-RNN	13.84	14.03	14.17	14.30	14.58	14.79
	LSTMATT	12.12	12.33	12.60	12.84	13.42	14.41
RMSE	均值法	127.52	127.32	127.43	127.33	127.44	127.57
	IterativeSVD	22.88	23.11	23.53	23.69	24.53	26.40
	SoftImpute	26.55	26.84	27.04	27.21	27.46	27.78
	M-RNN	18.85	19.30	19.44	19.91	20.31	21.40
	LSTMATT	17.16	17.65	18.47	19.10	19.52	20.01

在不同采样时间间隔的交通流数据填补实验中，本节提出的算法在 MAE 与 RMSE 两项指标中均有最好效果，且对于数据缺失率的敏感度较小，缺失率对数据填补效果的影响不大。说明本节提出的算法有效捕捉到了交通流数据中的时空依赖关系，进而能够对缺失数据进行有效填补。对于不同时间间隔的交通流数据，由于时间间隔越久，交通流量数据的值越大，因此 MAE 与 RMSE 的值也相应变大。在不同时间间隔交通流数据的实验中，随着缺失率的变大，缺失数据的填补效果所导致的 MAE 与 RMSE 指标变大的趋势基本不变。在 2.2 节中我们得到了交通流数据时间间隔越小、样本熵越大、非线性成分越多的结论。而在实验中针对时序数据所设计的基于 RNN 的填补算法都取得了较好的效果，这说明利用 RNN 对不同采样间隔的交通流数据中的非线性成分均能够进行有效识别，保持了较好的填补效果。

4. 模型分析

1) 训练损失

图 2-21 展示了不同缺失率下模型在训练过程中损失值的变化情况。在缺失率为 20% 与 30% 时，模型的训练损失值基本相同，说明在缺失率相对较低时，模型的表现非常稳定。随着缺失率逐渐增加，模型的收敛速度变慢，相同迭代轮次下的损失值明显增加。但是在 50 个迭代轮次后，损失值变化均相对平稳。说明在缺失率较高时模型训练开销相对稳定，但由于缺失值的影响，填补表现相对变差，算法对交通流数据时空关联性识别能力变弱。

2.3 基于时空特征的交通数据填补

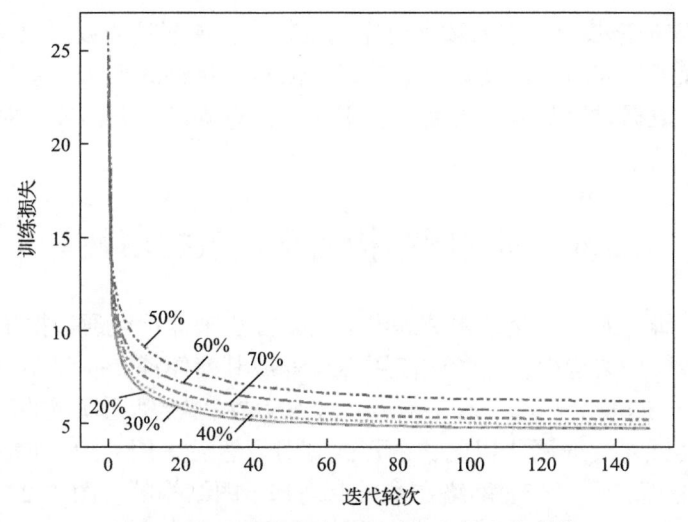

图 2-21 不同缺失率下训练损失值变化曲线

2) 时序长度

不同长度的时间序列数据包含了不同尺度的信息,输入到模型中的交通流数据的时间长度一定程度上决定了模型的填补能力。为了考察本节提出的模型受到的不同输入数据时序长度的影响,通过改变数据的时序长度测试数据的填补能力。实验中以 10min 采样间隔交通流数据作为实验数据,输入数据时序长度分别为 8、16、32、64,训练过程中的 dropout 设置为 0.25,隐藏层的变量数为 32。测试当实验数据的缺失率分别为 20%、30%、40%、50%、60%、70%时模型的填补效果,实验指标为 MAE 与 RMSE,最终的实验结果如表 2-6 所示。

表 2-6 不同时间序列长度下模型填补效果

评价指标	时序长度	缺失率					
		20%	30%	40%	50%	60%	70%
MAE	8	8.05	8.11	8.21	8.36	8.74	9.57
	16	8.04	8.09	8.166	8.26	8.51	9.03
	32	8.03	8.09	8.17	8.24	8.36	8.78
	64	8.03	8.09	8.17	8.25	8.44	8.82
RMSE	8	12.20	12.36	12.63	12.96	13.67	14.96
	16	12.19	12.33	12.58	12.83	13.44	14.54
	32	12.20	12.34	12.56	12.86	13.42	14.39
	64	12.18	12.33	12.60	12.85	13.42	14.42

当缺失率较低时,时序长度对模型的填补效果无明显影响。随着缺失率增大,输入数据时序长度较短时填补效果较差。当缺失率为 60%时,MAE 时序长度 8 相较于 32 增加了 4.55%,缺失率为 70%时,MAE 时序长度 8 相较于 32 增加了

9.00%。如果缺失率过高,输入数据时序长度较小,观察到的数据数量过少,当输入数据时序长度较大时,即使缺失率较高,依然有足够的真实信息帮助模型进行填补。当输入数据时序长度增大后,可用真实信息满足模型需要,对模型填补效果无明显影响。

2.4 面向图结构的交通数据填补

近年来,研究人员在交通领域提出了很多方法来捕捉交通数据中潜在的时空特性。在这些模型架构中,会尝试使用 RNN 或其变体捕获时间相关性。出于卷积神经网络(convolutional neural network,CNN)在机器视觉领域的广泛应用,很多研究人员尝试将交通网络以网格的形式划分,然后采用 CNN 捕捉内在的空间特征[99-104]。然而,许多交通网络在本质上是基于图结构的。图 2-22 展示了多种由交通网络抽象出的常见图结构。

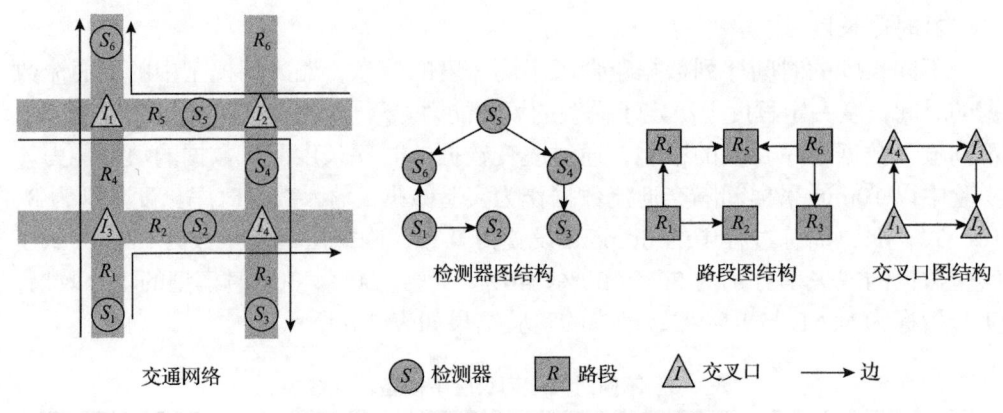

图 2-22 交通网络与对应的各种图结构

CNN 学习到的空间特征对于表示基于图的交通网络来说并不是最优的。虽然之前很多研究从图形的视角来看待交通网络,但是这些方法在处理大数据和交通网络的复杂关联方面都不够强大。因此,许多研究人员将深度学习方法扩展到图数据上,利用图结构信息[105,106],提出了一组新的神经网络,称为图神经网络(graph neural network,GNN)。GNN 已经成为许多领域最先进的方法,如计算机视觉[93]、自然语言处理[107]、生物学[108]、推荐系统[109]。由于许多交通数据是图形化的,现有的许多交通预测模型都将 GNN 纳入深度学习体系结构[110-112],以捕捉空间依赖性。近年来的研究表明,这种基于 GNN 的体系结构比基于 CNN 的体系结构具有更好的性能,因为大多数交通网络都是自然的图形结构,并且 GNN 能够更准确地提取空间依赖关系。因此,本节提出一种基于图卷积网络捕捉空间依赖关系的缺失数据填补模型,实现缺失数据的补全。

2.4.1 图卷积神经网络

1. 图数据结构

图是一种非线性的数据结构，由边和点组成。因为端点只有相对位置，与其他数据结构相比更为复杂。交通网络的图结构通常表示为 $G=(V,E)$，其中 $V(G)$ 代表图中节点的有限非空集合，$E(G)$ 代表边，即节点之间关系的集合，每条边都是由两个点、边的权值和方向组成。$V=\{v_1,v_2,\cdots,v_n\}$，$|V|$代表图 G 中顶点的个数。图可分为无向图和有向图。有向图中的边都是有方向的，即从一个点指向另一个点。无向图的边没有方向性，也可以说每条边的两个点都是相互指向，因此无向图也是一种特殊的有向图。无向图的边是顶点的无序对，设顶点 v 与顶点 w 邻接，边记为 (v,w) 或 (w,v)，点 w 与 v 互为邻接点。

无向图中的度是指与节点 v_i 相连的边的条数，记为 $\deg(v_i)$。无向图所有顶点的度之和为边数的 2 倍，因为每条边均与两个节点相连。在有向图中，度分为入度和出度。节点 v_i 的入度为以 v_i 为终点的边的条数，v_i 的出度为以 v_i 为起点的边的条数，顶点 v_i 的度为其出度与入度的和。当节点 v_i 与节点 v_j 通过一条边相连接时，就称这两个节点邻接，在无向图中，它们便互为邻居。节点 v_i 的邻居记为

$$N(v_i)=\{v_j\in V\,|\,(v_j,v_i)\in E\} \tag{2-80}$$

对于无向图来说，$\deg(v_i)=|N(v_i)|$。

矩阵 D 为一对角阵，对角线上的元素为各个节点的度，即

$$D(G)=\begin{bmatrix} \deg(v_1) & 0 & \cdots & 0 \\ 0 & \deg(v_2) & \cdots & 0 \\ \vdots & \vdots & & \vdots \\ 0 & 0 & \cdots & \deg(v_n) \end{bmatrix} \tag{2-81}$$

其中，n 表示节点数。

图由于其特殊的性质结构，存储方式与其他数据结构相比更加复杂。图中的"节点位置"或者"邻接边位置"都是相对概念，任何节点与边均不存在前后次序、上下关系，任意一对顶点都有可能存在联系，因此无法用简单的顺序结构表示图。一般来说，使用二维邻接矩阵 $A\in\mathbf{R}^{n\times n}$ 存储图对象的边信息，使用一个一维数组存储图中节点的信息，矩阵 A 中的元素 a_{ij} 定义为

$$a_{ij}=\begin{cases} 1, & (v_j,v_i)\in E \\ 0, & \text{其他} \end{cases} \tag{2-82}$$

其中，E 表示边的集合。

对于无向图来说，邻接矩阵是一个对称矩阵。邻接矩阵能够迅速判断两顶点间是否有边连接，通过邻接矩阵也可以快速计算某个节点的度和整个图结构的度矩阵。

2. 拉普拉斯矩阵

在图论的数学领域中，拉普拉斯矩阵也称为图拉普拉斯矩阵，它通过矩阵表示图结构数据。拉普拉斯矩阵在从另一个角度表现图结构的同时，也揭示了图的许多潜在特性。例如，借助基尔霍夫定理，能够得到给定图生成树的数目。它还可以用于构造低维嵌入，这对于各种机器学习方法都很有用。假定一个图 G 包含 n 个节点 $v_1, v_2, \cdots, v_n$，拉普拉斯矩阵几种常见形式定义如下。

1) 普通拉普拉斯矩阵

图 G 对应的拉普拉斯矩阵为 $L_{n \times n}$，其中的元素可以定义为

$$L_{i,j} = \begin{cases} \deg(v_i), & i = j \\ -1, & i \neq j \text{ 且 } v_i \text{ 邻接于 } v_j \\ 0, & \text{其他} \end{cases} \tag{2-83}$$

其中，$\deg(v_i)$ 表示顶点 v_i 的度。

上述拉普拉斯矩阵还可以写成

$$L = D - A \tag{2-84}$$

其中，D 为图的度矩阵；A 为图的邻接矩阵。

2) 对称归一化矩阵

一个度较大的顶点，也称为重节点，结果是拉普拉斯矩阵中某个较大的对角线上的元素主要影响矩阵的性质。归一化的目的是将拉普拉斯矩阵的元素除以顶点度数，使这些顶点的影响与其他顶点的影响相等。为了避免被零除，零度的孤立顶点被排除在标准化过程之外。对称归一化矩阵 L^{sys} 定义为

$$L^{\text{sys}} = D^{-\frac{1}{2}} L D^{-\frac{1}{2}} = I - D^{-\frac{1}{2}} A D^{-\frac{1}{2}} \tag{2-85}$$

矩阵元素定义如下：

$$L_{i,j}^{\text{sys}} = \begin{cases} 1, & i = j \text{ 且 } \deg(v_i) \neq 0 \\ -\dfrac{1}{\sqrt{\deg(v_i) \deg(v_j)}}, & i \neq j \text{ 且 } v_i \text{ 邻接于 } v_j \\ 0, & \text{其他} \end{cases} \tag{2-86}$$

2.4 面向图结构的交通数据填补

3) 随机游走归一化矩阵

随机游走归一化矩阵及其矩阵元素定义如下:

$$L^{\mathrm{rw}} = D^{-1}L = I - D^{-1}A \tag{2-87}$$

$$L^{\mathrm{rw}}_{i,j} = \begin{cases} 1, & i=j \text{ 且 } \deg(v_i) \neq 0 \\ -\dfrac{1}{\deg(v_i)}, & i \neq j \text{ 且 } v_i \text{ 邻接于 } v_j \\ 0, & \text{其他} \end{cases} \tag{2-88}$$

3. 图的傅里叶变换与卷积

拉普拉斯变换是将数字信号通过一组基从时域转换到频域的过程。根据上述图结构数据拉普拉斯矩阵的定义可知,拉普拉斯矩阵为实对称矩阵,因此可以进行谱分解,给定图的拉普拉斯矩阵 L 为

$$L = Q\Lambda Q^{\mathrm{T}} = [q_1, q_2, \cdots, q_n] \begin{bmatrix} \lambda_1 & & & \\ & \lambda_2 & & \\ & & \ddots & \\ & & & \lambda_n \end{bmatrix} \begin{bmatrix} q_1^{\mathrm{T}} \\ q_2^{\mathrm{T}} \\ \vdots \\ q_n^{\mathrm{T}} \end{bmatrix} \tag{2-89}$$

其中, $Q = [q_1, q_2, \cdots, q_n]$ 为拉普拉斯矩阵 L 的 n 个特征向量; $Q \in \mathbf{R}^{n \times n}$ 为正交阵,即 $QQ^{\mathrm{T}} = E$; 矩阵 Λ 的对角线元素为矩阵 L 的特征值,按照升序 $\lambda_1 \leqslant \lambda_2 \leqslant \cdots \leqslant \lambda_n$, 对应的特征向量分别为 $q_1, q_2, \cdots, q_n$。将拉普拉斯矩阵的特征向量作为图信号 $\{x_1, x_2, \cdots, x_n\}$ 进行傅里叶变换的一组基,定义图信号矩阵的傅里叶变换 $\mathcal{F}(x)$ 如下:

$$\begin{bmatrix} \tilde{x}_1 \\ \tilde{x}_2 \\ \vdots \\ \tilde{x}_n \end{bmatrix} = \begin{bmatrix} q_{1,1} & q_{1,2} & \cdots & q_{1,n} \\ q_{2,1} & q_{2,2} & \cdots & q_{2,n} \\ \vdots & \vdots & & \vdots \\ q_{n,1} & q_{n,2} & \cdots & q_{n,n} \end{bmatrix} \begin{bmatrix} x_1 \\ x_2 \\ \vdots \\ x_n \end{bmatrix} \tag{2-90}$$

$$\mathcal{F}(x) = \tilde{x} = Q^{\mathrm{T}} x \tag{2-91}$$

其中, $\tilde{x}$ 是由信号在各频率分量的幅值所组成的向量,即信号在经过傅里叶变换后的值。

设 $\tilde{x}_l$ 为在第 l 个频率分量上的幅值大小，则其计算过程如下：

$$\tilde{x}_l = \sum_{i=1}^{n} x_i q_{l,i} \tag{2-92}$$

可以看出 $\tilde{x}_l$ 为第 l 个特征值 λ_l 对应的特征向量投影的系数值，实质上为图信号在傅里叶变换向量上的投影，可以描述两者之间的相似度。由于 Q 为正交阵，根据正交阵的性质，式(2-91)可变换为

$$Q\tilde{x} = QQ^T x = Ix = x \tag{2-93}$$

因此图信号矩阵的傅里叶逆变换可定义为

$$\begin{bmatrix} x_1 \\ x_2 \\ \vdots \\ x_n \end{bmatrix} = \begin{bmatrix} q_{1,1} & q_{2,1} & \cdots & q_{n,1} \\ q_{1,2} & q_{2,2} & \cdots & q_{n,2} \\ \vdots & \vdots & & \vdots \\ q_{1,n} & q_{2,n} & \cdots & q_{n,n} \end{bmatrix} \begin{bmatrix} \tilde{x}_1 \\ \tilde{x}_2 \\ \vdots \\ \tilde{x}_n \end{bmatrix} \tag{2-94}$$

$$x = Q\tilde{x} = [q_1, q_2, \cdots, q_n]\tilde{x} \tag{2-95}$$

具体到图信号中第 k 个特征的计算过程如下：

$$x_k = \sum_{i=1}^{n} q_{k,i} \tilde{x}_i \tag{2-96}$$

在图上进行傅里叶变换时，拉普拉斯矩阵是对称矩阵，必定可以进行谱分解，所以有 n 个线性无关的正交特征向量，能够将图上的任意向量均表示成拉普拉斯矩阵特征向量的线性组合。因此，可以构成傅里叶变换的一组基，而其对应的特征值就是傅里叶变换的频率，通过特征向量进行内积运算得到的加权系数为图数据信号的傅里叶系数。

根据数字信号关于卷积的定理，函数卷积的傅里叶变换是函数傅里叶变换的乘积，即求两函数的卷积可先通过傅里叶变换将两者转换到频域进行相乘，再通过傅里叶逆变换将两者之积转换到时域，所得函数即为两函数的卷积。所以函数 x_1 与 x_2 的卷积可以写成

$$x_1 * x_2 = \mathcal{F}^{-1}\left(\mathcal{F}(x_1) \cdot \mathcal{F}(x_2)\right) \tag{2-97}$$

其中，$*$ 为卷积符号。

将这一定理推广到图上，可得信号 x 与卷积核 g 在图 G 上的卷积，定义如下：

2.4 面向图结构的交通数据填补

$$(x * g)_G = U\left(\left(U^T g\right) \circ \left(U^T x\right)\right) \tag{2-98}$$

由于 x 是输入值，卷积核 g 是需要学习的变量，因此可以将 $U^T g$ 的整体看成需要学习的参数。一般将 $U^T g$ 写成对角阵的形式，即定义滤波器如下：

$$g_\theta = \text{diag}\left(U^T g\right) \tag{2-99}$$

图卷积的公式因此也变为

$$(x * g)_G = f * g_\theta = U g_\theta U^T x = U \begin{bmatrix} \hat{g}_1 & & & \\ & \hat{g}_2 & & \\ & & \ddots & \\ & & & \hat{g}_n \end{bmatrix} U^T x \tag{2-100}$$

由于拉普拉斯矩阵 $L = U \Lambda U^T$，g_θ 是对角阵，因此图卷积过程可以写成

$$(x * g)_G = f * g_\theta = U g_\theta(\Lambda) U^T x = g_\theta(L) x \tag{2-101}$$

g_θ 可以看成关于特征值的函数，记作 $g_\theta(\Lambda)$，θ 是函数的参数。由于整个过程涉及拉普拉斯矩阵 L 的谱分解，并且每一次前向传播都需要进行大量矩阵乘法，尤其对于大规模的图，计算开销相当大。因此，需要对卷积核 g_θ 做进一步近似处理：

$$g_\theta(L) \approx \sum_{k=0}^{K} \theta_k T_k\left(\tilde{L}\right) \tag{2-102}$$

其中，θ_k 为多项式对应的系数；$T_k(\cdot)$ 为 k 阶 Chebyshev 多项式函数，由于 Chebyshev 多项式通过递归定义，因此大大减少了计算开销，具体定义为

$$T_k(x) = 2x T_{k-1}(x) - T_{k-2}(x) \tag{2-103}$$

递归基为 $T_0(x) = 1$，$T_1(x) = x$。具体计算过程如下：

$$\tilde{L} = \frac{2L}{\lambda_{\max}} - I_N \tag{2-104}$$

其中，$\lambda_{\max}$ 为拉普拉斯矩阵 L 的最大特征值，也称为谱半径；I_N 为 n 阶单位矩阵。Chebyshev 函数为多项式函数，因此可以得到

$$g_\theta(\Lambda) \approx \sum_{k=0}^{K} \theta_k T_k\left(\tilde{L}\right) \tag{2-105}$$

给定 $K=1$，$\lambda_{\max}=2$，则卷积公式可写为

$$g_\theta * x \approx \theta_0 x - \theta_1 D^{-\frac{1}{2}} A D^{-\frac{1}{2}} x \tag{2-106}$$

其中，D 为图的度矩阵；A 为图的邻接矩阵。

设 $\theta = \theta_0 = \theta_1$，则式(2-106)可变换为

$$g_\theta * x \approx \theta \left(I_N + D^{-\frac{1}{2}} A D^{-\frac{1}{2}} x \right) \tag{2-107}$$

对式(2-106)进行进一步归一化，令

$$\tilde{A} = A + I_N, \quad \tilde{D}_{ii} = \sum_j \tilde{A}_{ij} \tag{2-108}$$

即对图结构加上自环，则最终的卷积公式如下：

$$g_\theta * x \approx \theta \left(\tilde{D}^{-\frac{1}{2}} \tilde{A} \tilde{D}^{-\frac{1}{2}} x \right) \tag{2-109}$$

设图卷积网络第 l 层的输出特征为 H_l，$\sigma(\cdot)$ 为激活函数，第 l 层参数 θ 的权重矩阵为 W_l，则图卷积网络中的下一层特征 H_{l+1} 如下：

$$H_{l+1} = \sigma \left(\tilde{D}^{-\frac{1}{2}} \tilde{A} \tilde{D}^{-\frac{1}{2}} H_l W_l \right) \tag{2-110}$$

设 $\tilde{L} = \tilde{D}^{-\frac{1}{2}} \tilde{A} \tilde{D}^{-\frac{1}{2}}$ 为图 G 的归一化自环拉普拉斯矩阵。

卷积神经网络在图数据上发挥了很好的作用，能够适用于各种形态的输入数据，共享参数计算量也大大减少，对中心像素点以及相邻像素点通过卷积核进行加权求和。由于二维数据为规则数据，卷积很容易在欧几里得域实现，但图结构数据为不规则数据，邻接节点数量不一致且节点之间无固定顺序，无法设计能够适应图结构不规则形的固定的卷积核，因此很难在图这种非欧几里得空间中直接使用卷积。图卷积网络通过傅里叶变换使卷积具有非规则空间的图结构。图卷积网络通过借助图谱的相关理论，实现拓扑图的卷积。由于傅里叶域中的卷积较为简单，利用图的拉普拉斯矩阵的特征值与特征向量实现图上的傅里叶变换与傅里叶逆变换，进而实现图结构数据的卷积。图卷积网络既考虑了节点信息，也考虑了边与边之间的结构关联信息，实现了信息聚合与节点更新。

2.4.2 门控循环单元

GRU 是 LSTM 网络的一种变体，其内部结构如图 2-23 所示。相较 RNN 和

2.4 面向图结构的交通数据填补

LSTM 网络，GRU 既能解决长期依赖问题，又具有相对简单的结构和较少的参数。与 LSTM 网络不同，GRU 中只有两个门控，分别是更新门与重置门，并且取消了细胞状态 c_t 的设置，与标准 RNN 一样，只有隐藏状态 h_t。

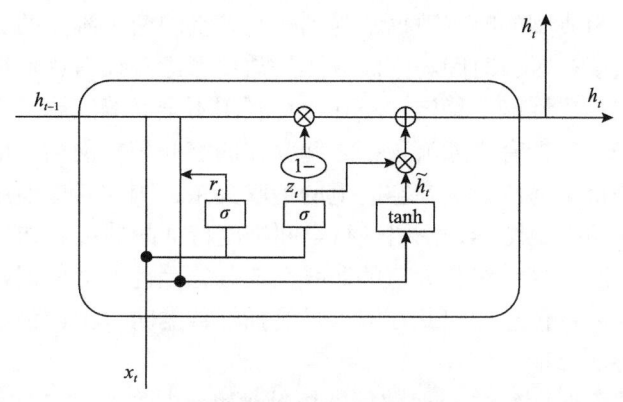

图 2-23　GRU 内部结构

1. 更新门

$$z_t = \sigma\left(W_z \cdot [h_{t-1}, x_t] + b_z\right) \tag{2-111}$$

更新门的作用类似于 LSTM 网络中的遗忘门和输入门，它决定了要忘记哪些信息以及哪些新信息需要被添加。

2. 重置门

重置门用于决定遗忘先前信息（上一时刻的隐藏状态 h_{t-1}）中的那些对当前时刻计算不重要的部分。

$$r_t = \sigma\left(W_r \cdot [h_{t-1}, x_t] + b_r\right) \tag{2-112}$$

之后便可计算得到当前时间步的隐藏状态，如下：

$$\tilde{h}_t = \tanh\left(W_h \cdot [r_t \circ h_{t-1}, x_t]\right) \tag{2-113}$$

$$h_t = z_t \circ \tilde{h}_t + (1 - z_t) \circ h_{t-1} \tag{2-114}$$

计算重置门得到的门控变量 r_t 与上一时间步的隐藏层变量的阿达玛积的目的在于利用重置门的门控变量控制上一时间步的隐藏层变量如何传递到下一时刻。重置门变量的值域在 0 到 1 之间，通过计算阿达玛积可以得出，门控值越小，当前时间步所传递的信息越少，门控值越大，当前时间步得到的信息越多。通过激活函数 tanh 便可将计算所得的值缩放到 –1 到 1 之间。

2.4.3 图结构交通数据填补模型

1. 模型概述

交通数据作为典型的时空数据，受到时间和空间两个维度的影响，因此在对数据进行缺失值填补时，时间与空间变化均需要考虑。仅考虑数据的时间或空间的影响，会存在算法性能不稳定、潜在信息利用不全面等问题。交通网络结构可视为图结构数据，当拥有交通流数据之间存在的空间拓扑网络的信息时，可以通过图卷积网络获得交通流数据在空间上的关联关系，因此考虑使用时序循环网络进行时间维度的捕捉，图卷积网络进行空间维度特征的捕捉。如 2.2 节证明，交通流数据复杂程度较高，包含大量的非线性成分，因此普通的回归层很难捕捉提取出数据特征的内在信息，因此在输入最终插补数据时，考虑借助注意力机制处理交通流数据特征向量。

本节提出的面向图结构交通数据的填补模型结构如图 2-24 所示，图中变量上的箭头、波浪线、角标与 2.3 节中含义相同，GCNGRU 表示图卷积门控循环单元（graph convolutional network gated recurrent unit）。与 2.3 节中的填补方法相比，最大的不同之处在于，本节所提方法利用了交通流数据对应路段的图结构信息，通常以邻接矩阵的形式表示。图结构信息表示了特定的空间范围内不同交通元素的拓扑信息，一定程度上暗含了交通流在空间维度上变化的规律。本节方法借助这一信息构建交通流数据的填补模型，相比 2.3 节方法能够更好地填补数据。而当某些不可抗原因导致无法获得具体的拓扑结构信息时，如部分区域路网信息保密或历

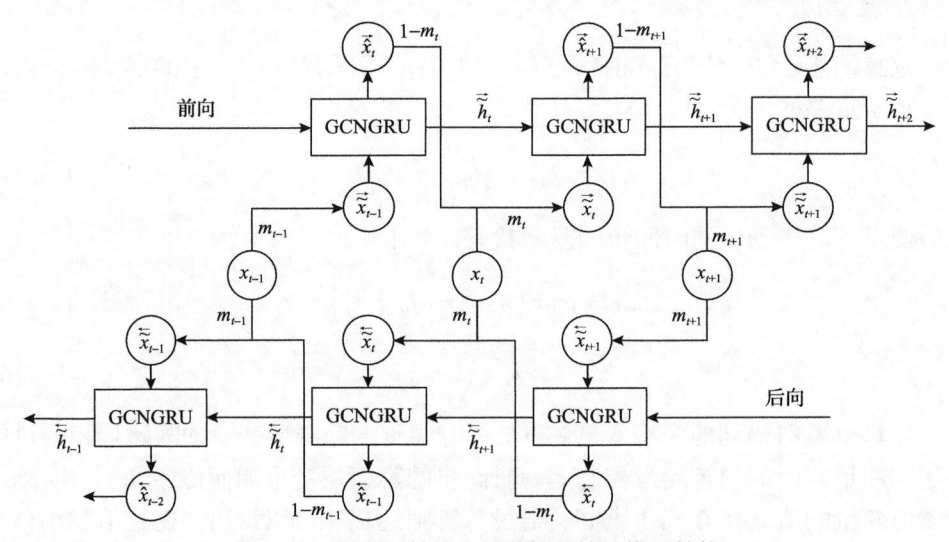

图 2-24　面向图结构交通数据的填补模型结构

2.4 面向图结构的交通数据填补

史交通信息无法获取当时的路网结构,便无法利用本节提出的方法,因此 2.3 节提出的方法具有更强的普适性。

2. 时空特征填补机制

在图 2-24 所示结构中,利用缺失数据的时间间隔矩阵对隐藏状态与估计值进行衰退处理。定义包含缺失值的原始数据 $X = \{x_t | t = 1, 2, \cdots, n\}$,表示缺失情况的掩膜矩阵 $M = \{m_t | t = 1, 2, \cdots, n\}$,时间间隔矩阵 D。GCNGRU 在每个时间步都实现了对缺失数据的估计与隐藏层变量的计算,图 2-25 展示了 GCNGRU 内部的计算逻辑。

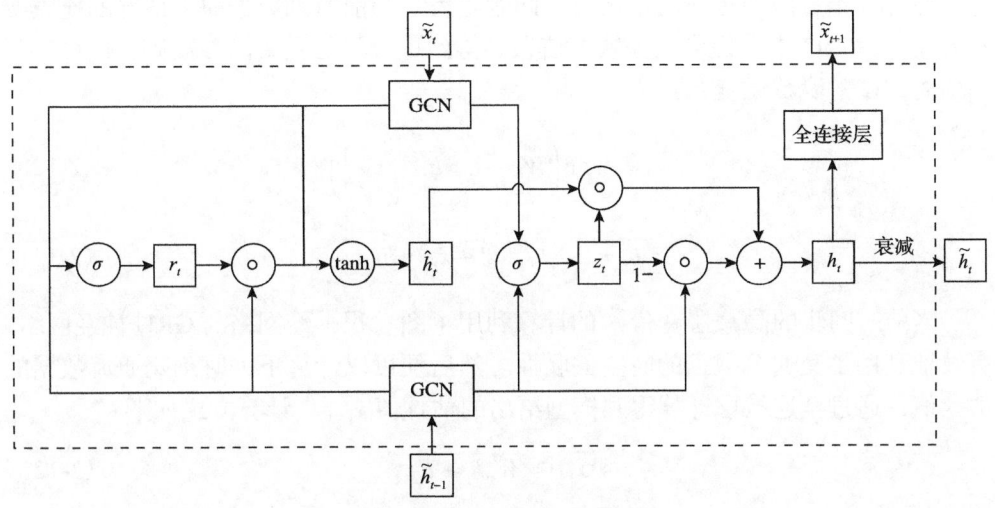

图 2-25 GCNGRU 结构

图 2-25 中的变量表示为模型前向计算与后向计算时的通用形式。下面以前向计算为例,描述算法的填补机制。首先利用上一时刻输出的估计值 $\vec{\tilde{x}}_t$ 对当前时间步 t 的输入向量 x_t 中的缺失变量进行更新,更新机制如下:

$$\vec{x}_t = m_t \circ x_t + (1 - m_t) \circ \vec{\tilde{x}}_t \tag{2-115}$$

然后将填补后的变量 $\vec{x}_t$ 和前一时刻的模型输出的隐藏层变量 $\vec{\tilde{h}}_{t-1}$ 输入到 GCNGRU 中进行处理。首先对上述两者进行图卷积提取变量中的空间相关性,计算公式如下:

$$\vec{x}_t^{\,\text{g}} = \tilde{L} \vec{x}_t W_{\text{gc}}^x \tag{2-116}$$

$$\vec{h}_{t-1}^{\,\text{g}} = \tilde{L} \vec{h}_{t-1} W_{\text{gc}}^h \tag{2-117}$$

其中，W_{gc}^x 与 W_{gc}^h 为可学习图卷积参数矩阵，通过数据驱动的方式区分基础路网信息中潜在的空间影响，将图卷积后的时空变量 $\vec{x}_t^g$ 与 $\vec{h}_{t-1}^g$ 输入 GRU 中的重置门与更新门，重置门更新机制如下：

$$\vec{z}_t = \sigma\left(W_z \cdot \left[\vec{h}_{t-1}^g, \vec{x}_t^g, m_t\right] + b_z\right) \tag{2-118}$$

$$\vec{r}_t = \sigma\left(W_r \cdot \left[\vec{h}_{t-1}^g, \vec{x}_t^g, m_t\right] + b_r\right) \tag{2-119}$$

在计算重置门与更新门系数时，同时将表示当前时刻数据缺失情况的掩膜变量 m_t 输入 GRU 中，提供数据缺失信息。得到重置门与更新门参数后，便可得到当前时间步的隐藏层变量：

$$\vec{\tilde{h}}_t = \tanh\left(W_h \cdot \left[\vec{r}_t \circ \vec{h}_{t-1}, \vec{x}_t^g\right]\right) \tag{2-120}$$

$$\vec{h}_t = \vec{z}_t \circ \vec{\tilde{h}}_t + (1 - \vec{z}_t) \circ \vec{h}_{t-1} \tag{2-121}$$

当前时间步的隐藏层变量 $\vec{h}_t$ 的计算利用了图卷积神经网络与 GRU 神经网络，有效地利用了交通流数据的时空关联性。然后便可以计算下一时刻交通流数据的估计值，通过全连接层计算得到模型给出的估计值 $\vec{x}_{t+1}$，计算方式如下：

$$\vec{x}_{t+1} = W_x \vec{h}_t + b_x \tag{2-122}$$

其中，W_x 与 b_x 分别为全连接层的权重矩阵与偏置系数。估计值 $\vec{x}_{t+1}$ 可以对下一时刻的输入数据 x_{t+1} 进行更新。由于缺失数据的影响，需要引入修正系数对隐藏变量 $\vec{h}_t$ 进行修正后再输出，修正系数 $\vec{\lambda}_t$ 与修正机制的计算方式如下：

$$\vec{\lambda}_t = e^{-\max(W_\lambda^t \cdot \vec{d}_t + b_\lambda^t, 0)} \tag{2-123}$$

$$\vec{h}_t = \vec{\lambda}_t \vec{h}_t \tag{2-124}$$

得到最终的隐藏层变量 $\vec{h}_t$ 后，即可进行下一时间步的 GCNGRU 重复进行上述计算过程。

3. 模型训练流程

本节模型的训练过程中，将数据集分为训练集、验证集与测试集。训练集主要用来通过梯度下降优化模型，提高填补精度。验证集的作用为验证本次迭代用

2.4 面向图结构的交通数据填补

于训练的有效性,如果验证损失过小,则认为训练无效,需要将 patience 变量加 1,若连续多次训练无效,即 patience 过大,则说明模型已经收敛,训练中止。若训练有效,则训练过程继续进行,且将 patience 变量清零。每轮的迭代训练结束后,将训练集、验证集、测试集的比例分别设置为 70%、10%、20%,patience 设置为 50。具体训练过程如图 2-26 所示。

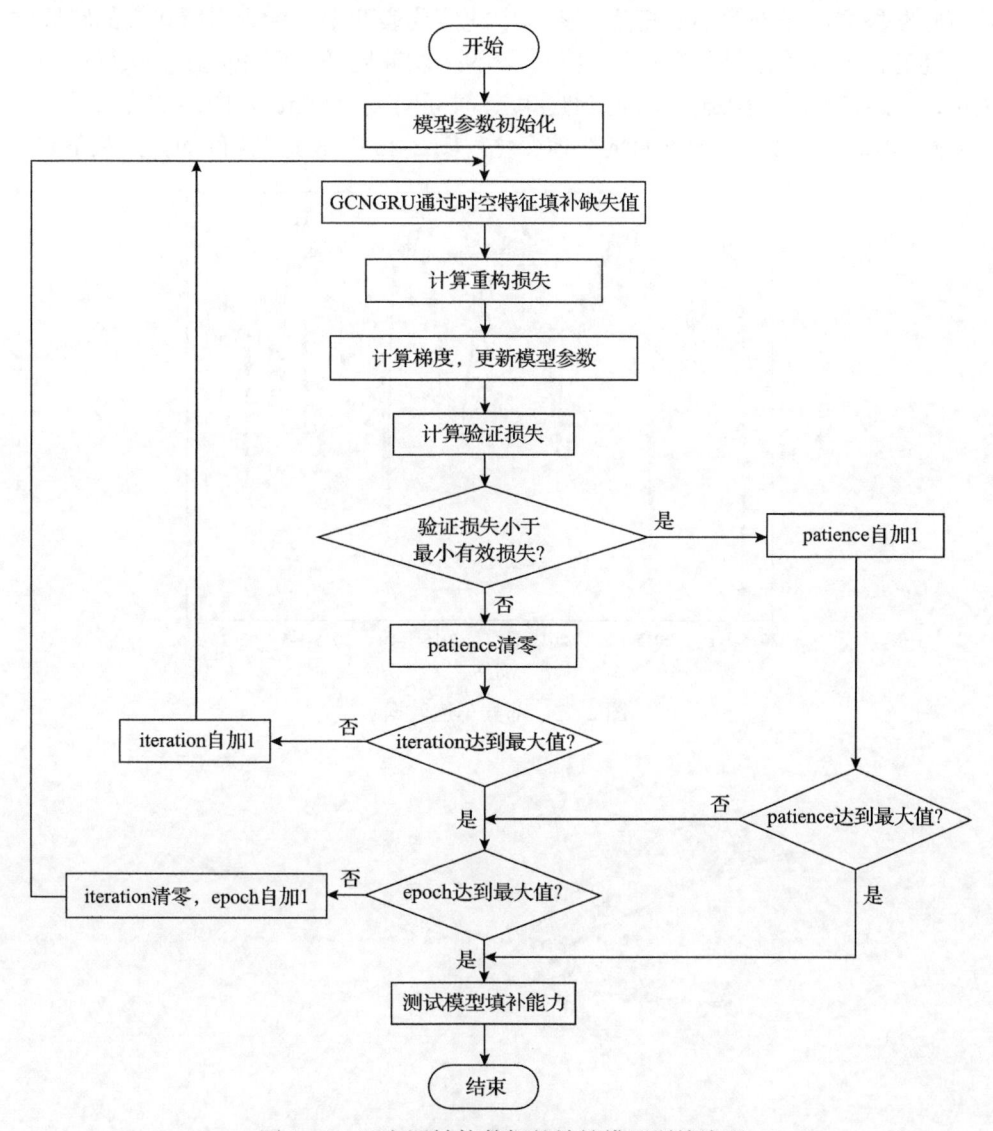

图 2-26 面向图结构数据的填补模型训练流程

epoch 为轮次,是指将训练集中所有样本全部使用一遍的训练过程;iteration 为迭代次数,是指对一个小的数据集进行一次训练的过程;patience 是指没有进步的训练轮数,如果超过该轮数仍没有改进,则停止训练

2.4.4 实验分析

1. 实验数据介绍

本节实验所用数据集是 2015 年 1 月 1 日至 31 日深圳的出租车轨迹，以罗湖区为研究区域选择了 156 条主要道路。实验数据由两部分构成：一部分为描述 156 条道路路段之间拓扑关系的矩阵，矩阵中的值代表两个下标索引所代表的路段之间的连通性；除此之外的数据描述了路段的平均速度随时间的变化，每行代表一条路，每列是不同时间道路上的交通速度，时间间隔为 15min。图 2-27 展示了第 1 个路段 2015 年 1 月 1 日至 5 日的车速变化。图 2-28 展示了节点间的拓扑关系。

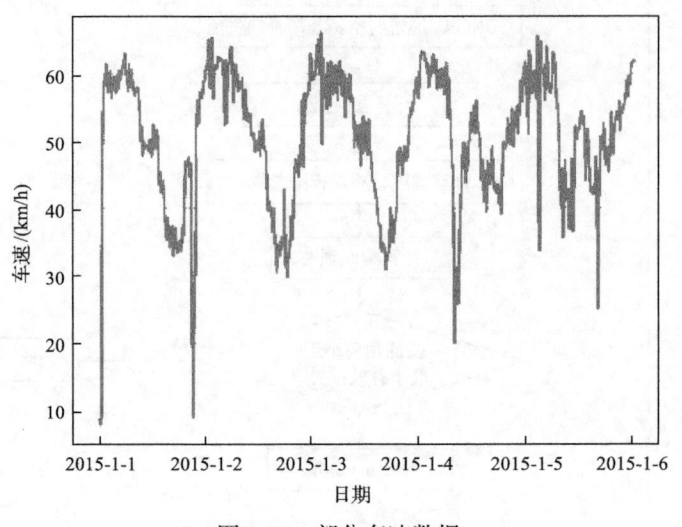

图 2-27 部分车速数据

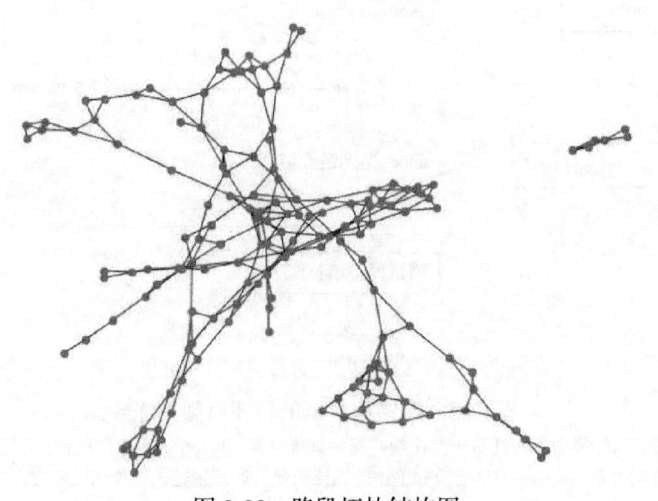

图 2-28 路段拓扑结构图

2.4 面向图结构的交通数据填补

2. 实验结果对比

为评估本节所提算法(GCNGRU 算法)对交通流数据的补全效果,选用 2.3 节中选择的基线算法以及 2.3 节算法 LSTMATT 进行对比。实验选择缺失率为 20%、30%、40%、50%、60% 与 70%。在实验中,GCNGRU 算法采用 GRU 作为 RNN 的计算单元。GRU 的隐藏层变量数为 64,时间序列长度为 32,每个 batch(batch 是指每一次模型训练时所处理的样本数量)的大小为 32。为提高模型的泛化填补能力,在训练过程中设置了 25% 的 dropout(dropout 叫做随机失活,是指在模型训练阶段的前向传播过程中,让某些神经元的激活值以一定的概率停止工作,这样可以使模型泛化性更强)。按照模型训练流程,在每个代际训练结束后,会利用验证集数据对模型的填补能力进行验证,判断训练效果以及是否提前终止训练。

表 2-7 和表 2-8 展示了上述几种算法在不同缺失率下车速数据填补的 MAE 值与 RMSE 值。

表 2-7 不同缺失率下车速数据填补 MAE 值

模型	缺失率					
	20%	30%	40%	50%	60%	70%
均值法	10.08	10.04	10.07	10.07	10.06	10.06
IterativeSVD	4.04	4.10	4.17	4.24	4.33	4.43
SoftImpute	4.3	4.34	4.41	4.48	4.6	4.85
M-RNN	3.32	3.37	3.41	3.46	3.54	3.69
LSTMATT	2.97	3.01	3.06	3.11	3.15	3.23
GCNGRU	2.75	2.83	2.88	2.94	2.97	3.04

表 2-8 不同缺失率下车速数据填补 RMSE 值

模型	缺失率					
	20%	30%	40%	50%	60%	70%
均值法	12.75	12.69	12.73	12.71	12.73	12.74
IterativeSVD	5.93	6.04	6.12	6.24	6.34	6.48
SoftImpute	6.57	6.69	6.91	7.20	7.69	8.14
M-RNN	5.12	5.21	5.23	5.35	5.41	5.63
LSTMATT	4.77	4.82	4.87	4.94	4.98	5.07
GCNGRU	4.45	4.51	4.67	4.75	4.79	4.86

从表 2-7 与表 2-8 中可以明显看出,相对其他算法,本节所提算法明显提高了数据填补的准确度,在 MAE 与 RMSE 两个指标均有较好表现,且数据的缺失率变化对模型效果影响较小,当缺失率较低时填补效果基本一致,说明 RNN 与 GCN 较好地捕捉了交通流数据内在的时空特性。与 2.3 节所提算法相比,本节所

提算法的填补效果也有一定的改进,说明图卷积网络能够通过交通节点间的拓扑信息更有效地捕捉到数据间空间关联性,从而对缺失值进行有效填补。

3. 模型分析

1) RNN 模块对比

RNN、LSTM、GRU 为当前使用较多的模型。将这三者分别作为时间填补模块中的计算单元进行实验,分析比较这三者在算法中的表现。缺失率设置从 20% 均匀增大至 70%,对数据采用同样的 min-max 归一化方法,设置相同的隐藏层变量数为 64,网络层数为 1 层。图卷积网络层数设置不变,保证实验除 RNN 模块改变外其他条件完全相同。表 2-9 和表 2-10 展示了不同 RNN 模块的算法表现。

表 2-9 不同模型下的 MAE 值

模型	缺失率					
	20%	30%	40%	50%	60%	70%
RNN	3.03	3.08	3.11	3.15	3.22	3.30
LSTM	2.77	2.85	2.88	2.96	3.01	3.06
GRU	2.75	2.83	2.88	2.94	2.97	3.04

表 2-10 不同模型下的 RMSE 值

模型	缺失率					
	20%	30%	40%	50%	60%	70%
RNN	4.96	5.06	5.15	5.19	5.28	5.39
LSTM	4.41	4.55	4.60	4.71	4.81	4.92
GRU	4.45	4.51	4.67	4.75	4.79	4.86

由表 2-9 和表 2-10 可以看出 LSTM 与 GRU 的表现大致相同,两个指标均明显好于 RNN。相比 RNN 作为计算单元,GRU 在缺失率由低到高的 MAE 分别减少了 9.24%、8.12%、7.40%、6.67%、7.76%、7.88%,较好地克服了 RNN 无法捕捉长时间依赖关系的缺点。由于 LSTM 在按照时间顺序前进的过程中,单元内储存了细胞状态与隐藏状态两个状态,模型参数大大增加,使得前向计算与反向梯度回归的计算开销略大,若计算资源相对丰富,所需训练时间的差别也会相对缩小。同时 GRU 与 LSTM 的参数与计算逻辑都多于传统 RNN,因此图中前两者的训练时间也均大于后者。在本次的填补任务中,LSTM 与 GRU 的表现基本一致,均能达到较好效果。

2) 隐藏层变量分析

RNN 中隐藏层的变量个数是非常重要的参数。在实际实验中,为分析 RNN 中隐藏层的变量个数对模型填补效果的影响,设置隐藏层变量数为 16、32、64、128、

256 进行实验，对比指标为 MAE，实验选择 GRU 作为 RNN 计算单元。实验结果如图 2-29 所示。

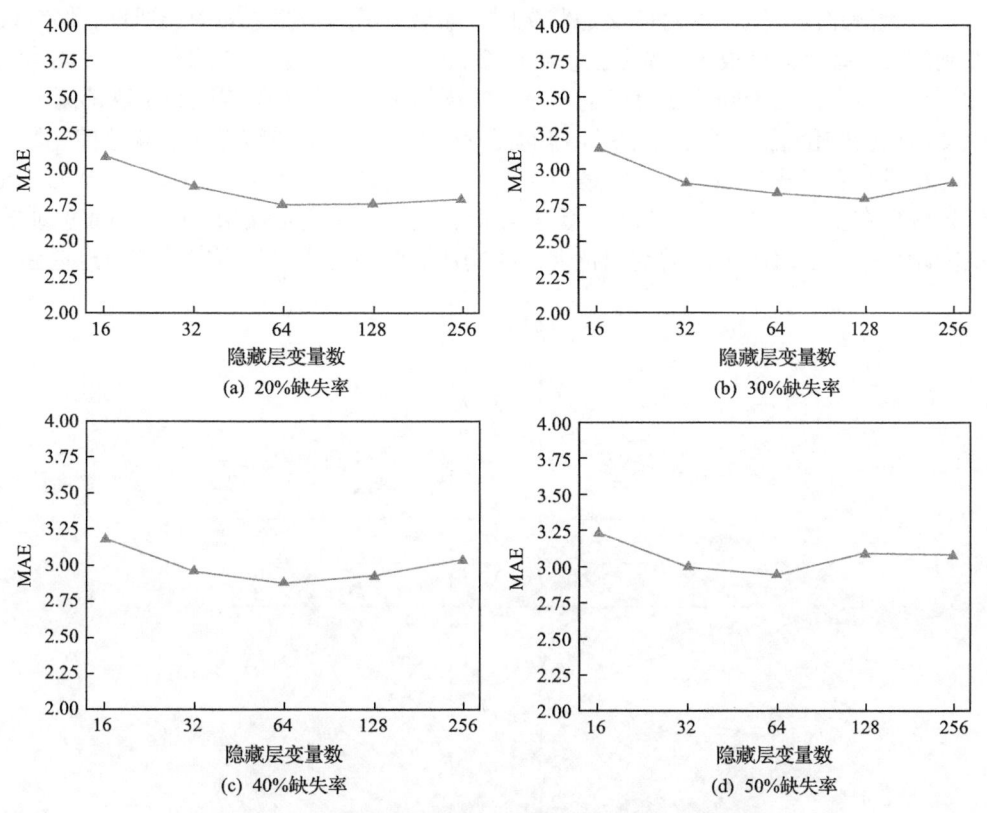

图 2-29　不同缺失率下不同隐藏层变量数的填补表现

由图 2-29 可以看出，当数据隐藏层变量数较少时，模型无法很好地对缺失进行填补，在各个缺失率下表现都比较差。随着隐藏层变量数的增加，MAE 值逐渐回落，且当隐藏层变量数大于 64 时，效果基本保持不变。这说明在交通流数据填补的任务中，隐藏层变量数设为 64 较为合适。隐藏层变量数过多会导致训练时间增加，模型难以收敛，拟合难度大大增加。当隐藏层变量数设置为 128 时影响相对较小，而当设置为 256 时，影响较为明显，模型在数据填补的表现也相对变差。

2.5　基于时空特征融合的短时交通流预测

2.5.1　短时交通流预测的时空特征分析

准确地预测交通流是一项十分复杂的任务，这是因为交通流通常具有复杂的时空特性。由于道路之间的关系是相对固定的，且道路情况会受到各种因素(如出行时间、节假日等)的影响,因此获得性能良好的模型对于交通流的时空特征提取是非常重要的。

当预测路网中某条道路的交通状况时,如果只考虑道路之间的连通性,那么获取到的特征结果会有很大的局限性。如图 2-30 所示,点 1 和点 2 的车流量变化趋势相同,因为它们处于同一条道路上,除了转弯的车辆,点 1 所监控的车辆都流向了点 2 所监控的位置。同理,点 3 监控的位置有不少车辆会右转进入点 4 监控区域,因此也具有互相影响的性质。但是由于道路的有向性,点 2 与点 3 的区别很大,虽然这两点在空间距离上十分接近,但实际上它们并不一定是强相关的,因此单纯的空间距离并不能表示道路的空间特性,我们还需要注意道路的有向性和不连通性。

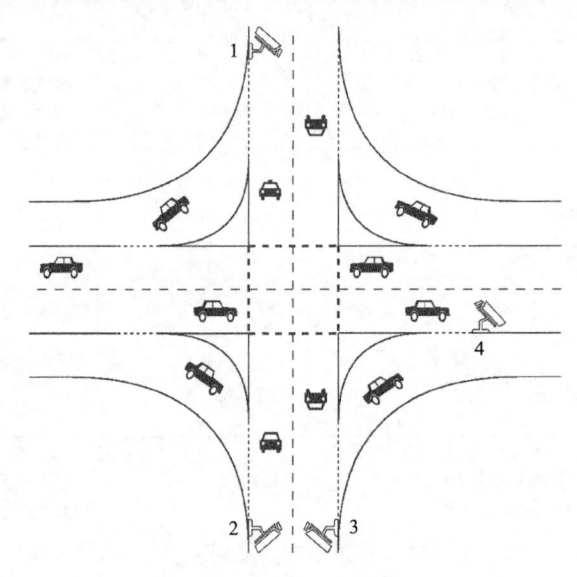

图 2-30 道路的空间特性

交通流数据也具有时间相关性的特点,它反映了交通流在不同时间段或时间点上的变化和趋势,以及不同时间间隔之间的相关性。提取时间特征可以帮助理解交通流的动态和周期性,提高交通预测的准确性和效率,同时可以为交通管理和优化提供有价值的信息和指导,促进交通需求和供给的平衡。

整体而言,交通流的时间相关性特征表现为周期性、趋势性和偶然性。一方面,某时刻的交通流数据会明显受到前几个时刻数据值的影响,即未来的交通流数据与以往的交通流数据之间存在相关性,且交通流数据在短时间内的相关程度较高,时间距离较远的数据值相关性较低,体现出强烈的趋势性。另一方面,交通流具有偶然性和非线性的特点,其中典型的如交通网络上的某一节点突发交通事故会对交通流产生较大的影响。

以图 2-31 为例,图(a)展示了约一周时间段的交通流参数变化,每天的曲线变化趋势都十分类似,体现了交通流的周期性;图(b)展示了一天半左右时间内的

2.5 基于时空特征融合的短时交通流预测

交通参数变化，体现了交通流的趋势性。但同样可以由图(a)看出，12月6日晚所检测到的速度突然从60km/h左右跌到了52km/h左右，随后突然上升到66km/h左右，体现了交通流的偶然性。

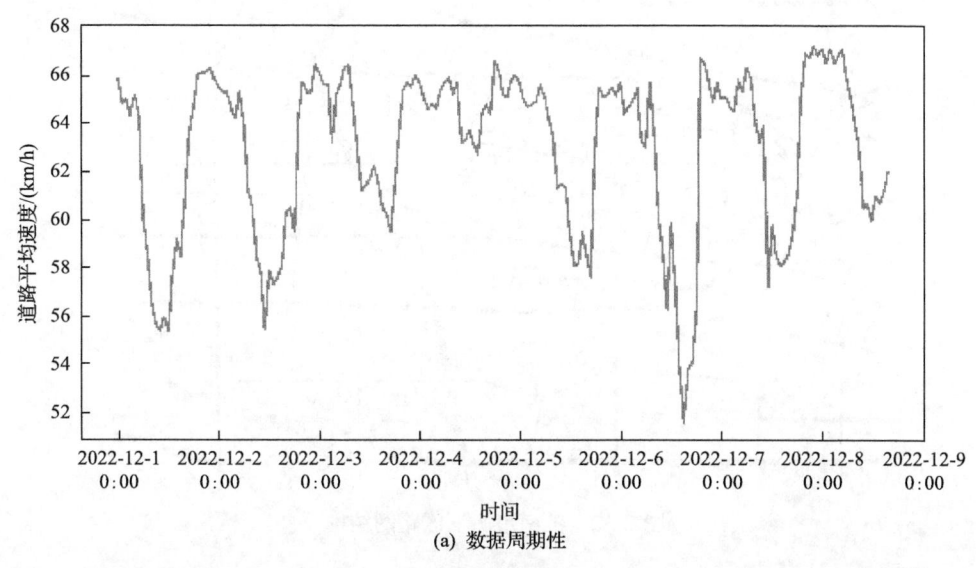

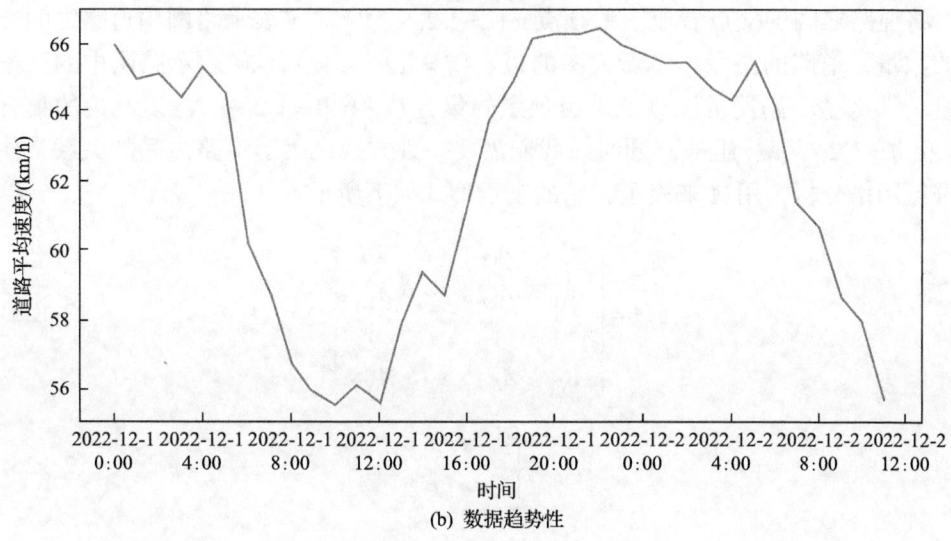

(a) 数据周期性

(b) 数据趋势性

图 2-31　道路的时间特性

2.5.2　基于改进注意力机制的交通流预测

1. 交通路网的拓扑结构

以济南市历下区路网为例，使用 ArcGIS 软件可以提取出城市的道路结构，如

图 2-32 所示，利用该结构可以提取出路网的拓扑结构，并使用有向图 $\mathcal{G}$ 的方式进行描述。

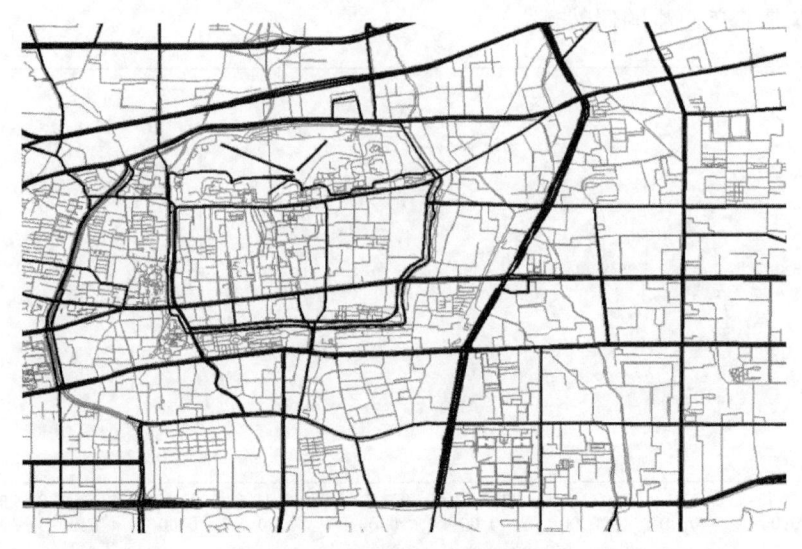

图 2-32 济南市历下区路网结构

将道路之间的交点看成图的顶点 $v_i(i=1,2,\cdots,N)$，N 表示路网中道路之间交点的数量，道路的路段本身看成图的边 $e_j(j=1,2,\cdots,M)$，M 表示路网中的路段数量，那么整个路网的图 $\mathcal{G}$ 就是由顶点的集合 $V=\{v_i|i=1,2,\cdots,N\}$ 以及边的集合 $\mathcal{E}=\{e_j|j=1,2,\cdots,M\}$ 组成。同时，我们需要一种方式来表示道路之间的关系，便于进行网络分析，用 A 来表示，它的表示形式如下所示：

$$A = \begin{bmatrix} A_{11} & A_{12} & \cdots & A_{1N} \\ A_{21} & A_{22} & \cdots & A_{2N} \\ \vdots & \vdots & & \vdots \\ A_{N1} & A_{N2} & \cdots & A_{NN} \end{bmatrix} \quad (2\text{-}125)$$

$$A_{ij} = \begin{cases} 0, & e_{ij} \notin \mathcal{E} \\ 1, & e_{ij} \in \mathcal{E} \end{cases} \quad (2\text{-}126)$$

其中，A_{ij} 表示邻接矩阵第 i 行第 j 列的元素，对应两个道路的两个顶点 v_i、v_j 之间，A_{ij} 的值由它们之间的边 e_{ij} 是否存在于道路集合 $\mathcal{E}$ 中决定，即如果顶点 v_i、v_j 有直接路段，说明相邻，用 1 来表示，不相邻则用 0 表示，通过这种方式，可以粗略地表现出道路之间是否互相影响。

然而在实际交通情况下，即使是不相邻的道路也可以被其他路段连接在一起，从而产生互相影响的关系，这种区分方式过于直接，因此本节基于道路之间的距

2.5 基于时空特征融合的短时交通流预测

离使用阈值高斯核来表示这种互相影响的关系，修改后的路网关系矩阵 A_{ij} 如下：

$$A_{ij} = \exp\left(-\text{dist}\left(v_i, v_j\right)^2 \sigma^{-2}\right) \tag{2-127}$$

其中，$\text{dist}(v_i, v_j)$ 为道路之间的距离；σ 为距离的标准偏差，通过这种方式表示的路网关系更加丰富，但是这种计算方式会使整个邻接矩阵过于稠密，致使之后的计算量剧增，因此引入了阈值 δ，如果 $\text{dist}(v_i, v_j) \leqslant \delta$，说明道路之间的距离已经足够远，它们之间的影响十分微弱，对应的值可以忽略当成 0 处理，简化计算量。

2. 模型整体设计

图 2-33 是本节预测的整体模型，模型整体由编码器及解码器构成，它们都包含了时空特征提取模块。其中，SAtt 表示使用多头注意力对空间特征进行提取，TAtt 表示对时间特征进行提取，解码器中额外添加了门控模块用来优化输出，模型的输入包含了三个周期数据的 p 个历史数据 $[X_{t_1}, X_{t_2}, \cdots, X_{t_p}]$，输出为预测的 q 个时间步的预测数据 $[X_{t_{p+1}}, X_{t_{p+2}}, \cdots, X_{t_{p+q}}]$。在编码器与解码器之间，本节的模型额外添加了转换层，这是因为交通流预测是一个多步预测过程，也就意味着如果上一步的结果出现误差，该误差就会累积到下次预测，该模块就是为了减少这种误差

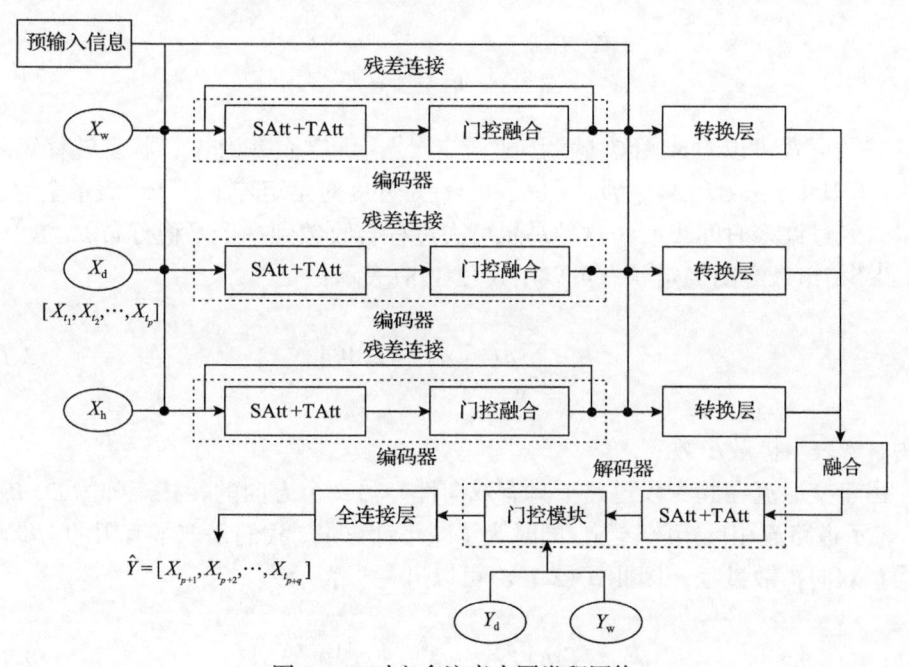

图 2-33 时空多注意力图卷积网络

传播，同时兼顾维度转换的功能。假设我们现在想要预测一段特定的时间，我们将会同时把前一周、前一天的同小时数据，以及当天的前一小时数据 X_w、X_d、X_h 作为输入，充分捕获交通流的周期性和趋势性，完善时间特征。这些数据在注意力模块中与空间特征融合，经过整个模型的拟合得到最终结果。

3. 预输入时空信息

在实践中，交通状态的演变将受到基本交通网络结构的影响，因此有必要构建网络结构并将其输入到预测模型中。如图 2-34 所示，通过将交通流与扩散过程相关联来建模空间相关性，有效地捕捉交通动态的随机性。

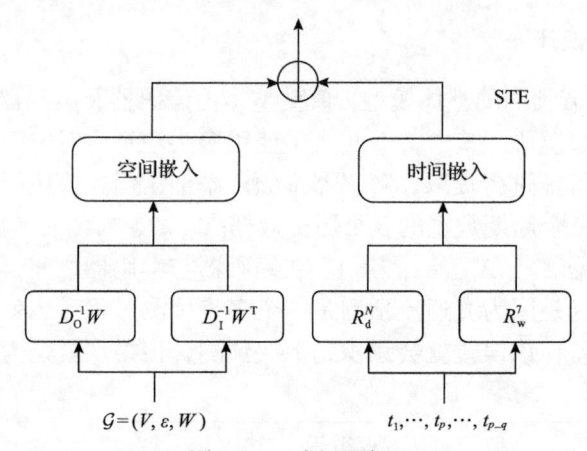

图 2-34 时空预嵌入

扩散形式可以看成图 $\mathcal{G}$ 上的随机游走[113]，重启概率为 α，状态转移矩阵为 $D_O^{-1}W$。其中，$\alpha \in (0,1)$，$D_O = \mathrm{diag}(W \cdot 1)$ 是外度对角矩阵，$1 \in \mathbf{R}^N$ 表示全为 1 的向量，经过许多时间步后，这种马尔可夫过程会收敛到一个平稳分布 $P \in \mathbf{R}^{N \times N}$。Teng[114]指出最终的稳定状态可以用式(2-128)表示：

$$P = \sum_{k=0}^{\infty} \alpha (1-\alpha)^k \left(D_O^{-1} W \right)^k \tag{2-128}$$

其中，k 表示扩散步数。

由于交通流在同一段道路上具有双向性，另一个方向的转移矩阵为 $D_I^{-1}W^T$，W^T 表示道路流相反矩阵转置，同时为了减小计算量，我们采取了有限的 k 步截断来模拟双向扩散过程，因此式(2-128)可以进一步表示为

$$e_{v_i}^S = \sum_{k=0}^{\infty} \theta_k \left(\left(D_O^{-1} W \right)^k + \left(D_I^{-1} W^T \right)^k \right) \tag{2-129}$$

2.5 基于时空特征融合的短时交通流预测

其中，$e_{v_i}^S$ 表示空间特征的结果。

以上内容只融合了静态特征，没有体现出道路网络之间的动态相关性，本节使用时间维度的特征来提取动态特征。

针对输入的历史数据，模型会根据数据的时间特征，如处于一天的哪个时刻、是一周的星期几，将其都编码成一个向量。假设一天可以分为 N 个时间步，本节使用 one-hot（热点编码）的方式按照天和周进行编码。具体来说，对于一天中的每个时刻，我们可以得到一个长度为 N 的向量 R_d^N，表示当前时刻属于哪个时间段；对于一周中的每天，我们可以得到一个长度为 7 的向量 R_w^T，表示当前时刻属于哪一天；然后将它们拼接在一起，得到长度为 $N+7$ 的时间特征向量，表示成 $e_{t_j}^T$，其中 t_j 表示第 j 个时刻。

在本节模型中，通过全连接层将这些特征维度统一成 R^D，并将其融合为一起作为预输入的信息，从而使模型对空间特征和时间特征都具有良好的提取能力。

4. 多头注意力模块

注意力机制是基于人类对视觉的研究提出的，符合人类的直觉以及正常的思维方式。当一个人睁开眼睛，接收来自外部的图像信息时，总是会聚焦于其中一个局域区域，同时会忽略其他区域；当我们有意识地改变关注点时，我们的视觉注意力就会聚焦于新的局部区域，同时降低对其他区域的关注度，这就是注意力机制。

自注意力可以根据输入项之间的相互作用来决定对每个输入项的关注程度，在交通预测模型中使用自注意力可以捕捉数据序列中不同位置之间的关系。多头注意力也属于自注意力，它可以同时计算多个不同的注意力权重，并将结果拼接起来[115]，如图 2-35 所示。

在我们输入数据 $X \in \mathbf{R}^{M \times N}$ 后，数据会乘以三个不同的权重矩阵，得到查询 Q、键 K、值 V 三个矩阵，然后我们将这三个矩阵切分成多个子矩阵，每个矩阵对应一个注意力头，接着，我们在每个子矩阵上计算注意力值，并将所有的结果拼接起来进行线性变化得到最终结果。

本章在预输入信息特征的基础上，采用多头注意力卷积网络进一步提取时空特征。对于节点 i 在时间 t 的下一个状态，我们用所有节点的对应权重之和来更新它，可以表示如下：

$$H^l = \sum \beta \cdot H^{l-1} \tag{2-130}$$

其中，β 为节点的注意力得分，表示节点的重要性；H^{l-1} 为上一次计算得出的隐藏状态；H^l 为当前的状态。

图 2-35 多头注意力

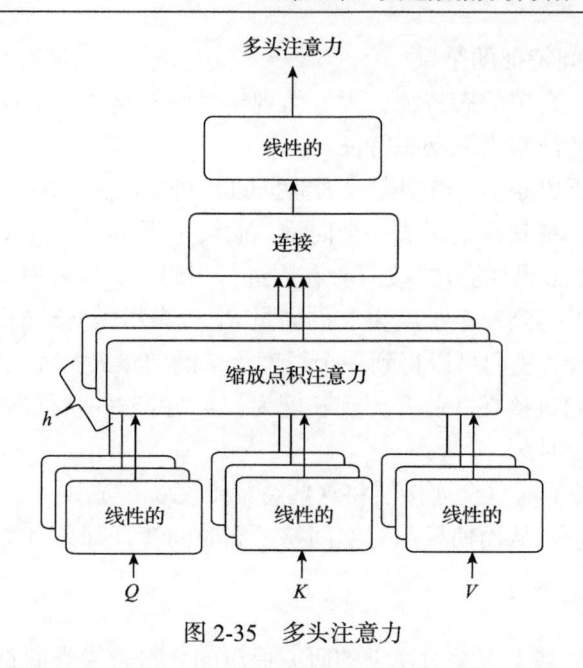

在计算注意力得分时,使用了经过缩放的点乘注意力方法:

$$\lambda^k = \frac{\left\langle f_1\left(H^{l-1} \| (e_{v_i}^S + e_{t_j}^T)\right), f_2\left(H^{l-1} \| (e_{v_i}^S + e_{t_j}^T)\right)\right\rangle}{\sqrt{d}} \quad (2\text{-}131)$$

其中,λ^k 表示拼接;$(e_{v_i}^S + e_{t_j}^T)$ 表示之前所得到的时空预嵌入向量;f_1、f_2 表示不同参数的激活函数;d 表示拼接之后统一的维度。

接着使用 softmax 对 λ^k 进行归一化处理就可以得到注意力得分 β。基于之前介绍的多头注意力,我们可以将计算分隔到 K 个注意力空间,用不同的参数学习,因此可以进一步得到

$$H^l = \|_{k=1}^K \left\{\beta \cdot f_3 H^{l-1}\right\} \quad (2\text{-}132)$$

$$\beta = \frac{\exp(\lambda^k)}{\sum_{i,j=1}^N \exp(\lambda^k)} \quad (2\text{-}133)$$

其中,f_3 是另一个不同的激活函数。至此,模型成功地使用注意力机制提取到了时空特征。

转换层将每个未来时间步和每个历史时间步之间的直接关系进行建模,将已编码的流量特征转换为生成未来表示,作为解码器的输入,在计算 λ^k 时,与前文需要考虑的隐藏层不同,转换层的计算方式如下:

2.5 基于时空特征融合的短时交通流预测

$$\lambda^k = \frac{\left\langle f_1^k(e_{v_i}^S + e_{t_j}^T), f_2^k(e_{v_i}^S + e_{t_j}^T) \right\rangle}{\sqrt{d}}$$

至此,我们成功地使用注意力机制提取到了时空特征。

5. 特征融合模块

为了进一步整合时空关系,本章设计了一种特征融合机制,使其自适应地融合空间特征和时间特征,如图 2-36 所示。

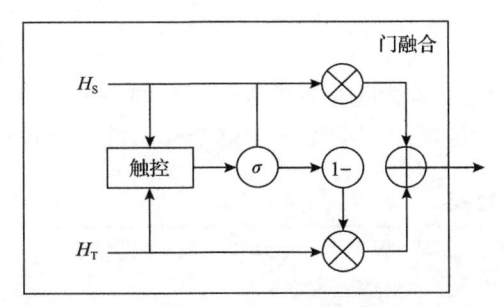

图 2-36 融合时空特征

模型输入在经过注意力机制处理后,空间和时间的输出分别为 H_S 和 H_T,特征融合模块的计算方式如下:

$$r^l = \sigma\left(W_1\left(H_S^l \| H_T^l\right) + b_1\right) \tag{2-134}$$

$$H^l = \left(1 - r^l\right)H_S^l + r^l H_T^l \tag{2-135}$$

其中,W_1 和 b_1 为需要学习的参数;σ 为 sigmoid 激活函数。

6. 门控机制模块

为了使最终结果获得长周期的特征,我们引入了门控机制来校正输出结果,从而减少预测误差,模块结构如图 2-37 所示。

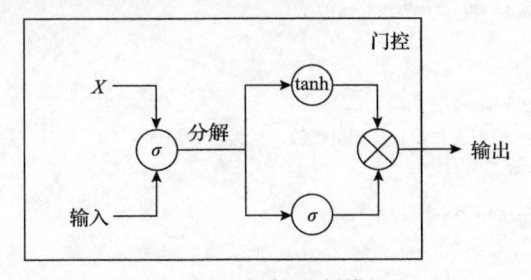

图 2-37 门控机制模块

这样,网络模型不仅可以记住过去的信息,还可以选择性地忘记一些不重要的信息，并对保留长期关系进行计算，计算过程如下：

$$z_1, z_2 = \text{split}\left(\sigma\left(W_2\left(X \parallel \text{input}\right) + b_2\right)\right) \tag{2-136}$$

$$\text{output} = \tanh(z_1) \otimes \sigma(z_2) \tag{2-137}$$

其中，split 意味着将输出的结果均分为两份，分别经过 sigmoid 函数的 tanh 函数，从而决定最终取值输出的比例以及输出的范围。

2.5.3 算法设计与实验分析

1. 模型算法设计

本节的深度学习预测模型使用路网结构的空间特征、交通流历史信息的时间特征以及融合模块、门控模块校准输出。整个模型的训练过程如算法 2-1 所示。

算法 2-1　预测模型训练过程

输入：训练集 X_{train}，验证集 X_{val}，测试集 X_{test}，学习率 λ，最大迭代次数 $\max_{\text{iteration}}$，最大耐心值 $\max_{\text{patience}}$

1： 根据路网结构 W 和切分时间得到预输入信息 STE
2： 构建训练模型，随机初始化权重 W 和偏置 b
3： 初始化耐心值 patience = 0，验证集最小损失 $\text{loss}_{\text{minval}} = \infty$
4： for iteration = 1, ⋯, $\max_{\text{iteration}}$ do
5：　　for $(\text{batch\_size}, X_{\text{w}}, X_{\text{d}}, X_{\text{h}}, y_{\text{true}}) \in X_{\text{train}}$ do
6：　　　　$y_{\text{pred}} = f(X_{\text{w}}, X_{\text{d}}, X_{\text{h}}, \text{STE})$
7：　　　　$\text{loss}_{\text{batch}} = \text{calculate\_loss}(y_{\text{pred}}, y_{\text{true}})$
8：　　　　$\text{loss}_{\text{train}} += \text{loss}_{\text{batch}} \times \text{batch\_size}$
9：　　　　backforward()　// 反向传播更新参数
10：　　for $(\text{batch\_size}, X_{\text{w}}, X_{\text{d}}, X_{\text{h}}, y_{\text{true}}) \in X_{\text{val}}$ do
11：　　　　$y_{\text{pred}} = f(X_{\text{w}}, X_{\text{d}}, X_{\text{h}}, \text{STE})$
12：　　　　$\text{loss}_{\text{batch}} \leftarrow \text{calculate\_loss}(y_{\text{pred}}, y_{\text{true}})$
13：　　　　$\text{loss}_{\text{val}} += \text{loss}_{\text{batch}} \times \text{batch\_size}$
14：　　$\text{cur}_{\text{loss}} = \text{loss}_{\text{val}} / X_{\text{val}}$　// 验证集总损失除以样本数得到平均值
15：　　if $\text{cur}_{\text{loss}} < \text{loss}_{\text{valmin}}$
16：　　　　$\text{loss}_{\text{valmin}} \leftarrow \text{cur}_{\text{loss}}$, patience ← 0
17：　　else
18：　　　　patience += 1
19：　　if patience ⩾ $\max_{\text{patience}}$
20：　　　　break　// 模型太久没有找到更优值，认为已经最优
21： $\text{array}_{\text{pred}} = \{\}$，$\text{array}_{\text{true}} = \{\}$
22： for $(\text{batch\_size}, X_{\text{w}}, X_{\text{d}}, X_{\text{h}}, y_{\text{true}}) \in X_{\text{test}}$ do
23：　　$y_{\text{pred}} = f(X_{\text{w}}, X_{\text{d}}, X_{\text{h}}, \text{STE})$
24：　$\text{array}_{\text{pred}}.\text{add}(y_{\text{pred}})$，$\text{array}_{\text{true}}.\text{add}(y_{\text{true}})$
25： 根据 $\text{array}_{\text{pred}}$ 和 $\text{array}_{\text{true}}$ 评估模型，输出模型预测结果和误差指标

2.5 基于时空特征融合的短时交通流预测

本节使用的数据集来自加利福尼亚州的高速公路的交通数据库(PeMS)，该数据库包含了加利福尼亚州高速公路大量检测器的数据，每个检测器每 30s 采集一次数据，每天产生约 1.5GB 的数据，检测的数据包括车流量、速度、占有率等指标，非常适合用来做交通流方面的研究，其数据集中的内容如表 2-11 所示。

表 2-11 PeMS 数据集中的内容

名称	说明
Timestamp	时间戳
Station	标识检测器的 ID
District	区域
Direction of Travel	方向
Lane Type	车道类型
Samples	车道接收的样本数量
Observed/%	数据百分比
Total Flow	采样间隔内的平均车流量
Avg Occupancy	采样间隔内的平均车道占用率
Avg Speed	采样间隔内的平均车速

在对此数据集进行预处理之后，数据的时间间隔为 5min。本节选择的时间是使用历史上的一小时（$P=12$）来预测下一小时（$Q=12$）的交通状况。本节使用三个普遍使用的指标来评估模型的性能，即 MAE、RMSE 和平均绝对百分比误差(MAPE)，其计算公式如下：

$$\text{MAE} = \frac{1}{n}\sum_{i=1}^{n}|\hat{y}_i - y_i| \tag{2-138}$$

$$\text{RMSE} = \sqrt{\frac{1}{n}\sum_{i=1}^{n}(\hat{y}_i - y_i)^2} \tag{2-139}$$

$$\text{MAPE} = \frac{100\%}{n}\sum_{i=1}^{n}\left|\frac{\hat{y}_i - y_i}{y_i}\right| \tag{2-140}$$

其中，$\hat{y}_i$ 为 i 时刻的真实值；y_i 为 i 时刻的预测值；n 为所有预测的时间戳个数。

2. 模型实验结果

为了充分验证本节提出的算法(STMAGN(spatio-temporal multi-attention graph network)算法)的预测性能，将其与其他算法进行比较。

(1) 自回归积分滑动平均(ARIMA)法[116]：预测未来价值的著名时间序列分

析方法。

(2) 向量自回归(VAR)[117]：一种更高级的时间序列模型，可以捕捉所有交通流序列之间的成对关系。

(3) 支持向量回归(support vector regression，SVR)[118]：使用线性支持向量机进行回归任务。

(4) 前馈神经网络(feedforward neural network，FNN)[119]：具有两个隐藏层和L2正则化的前馈神经网络。

(5) 全连接长短期记忆(full connected-long short term memory，FC-LSTM)网络[120]：一个序列到序列模型，在编码器和解码器中具有完全连接的LSTM层。

(6) 扩散卷积递归神经网络(diffusion convolutional recurrent neural network，DCRNN)[113]：将扩散卷积与序列到序列架构相结合。

(7) 时空图卷积网络(spatio-temporal graph convolutional network，STGCN)[121]：基于空间方法的时空图卷积模型。

(8) 基于注意力的时空图卷积网络(attention based spatial-temporal graph convolutional network，ASTGCN)[93]：基于注意力对交通流的三个时间特征进行建模，以生成最终预测结果。

表2-12显示了未来一小时交通流量预测性能的平均结果，分别展示了15min、30min、60min三种时长的预测结果(其中加粗表示最优结果)。可以看出，本节模型在所有评估指标方面都取得了良好的表现，特别是在长期预测阶段，它取得了远优于其他模型的结果。此外，我们可以观察到，传统时间序列分析方法(ARIMA、VAR、SVR)的预测结果通常不理想，这表明这些方法对非线性和复杂交通数据的建模能力有限，而基于深度学习的方法(FNN、FC-LSTM、DCRNN、STGCN、ASTGCN)总体上取得了良好的效果。

表2-12 实验结果对比

算法	15min MAE	15min RMSE	15min MAPE/%	30min MAE	30min RMSE	30min MAPE/%	60min MAE	60min RMSE	60min MAPE/%
ARIMA	1.62	3.30	3.50	2.33	4.76	5.40	3.38	6.50	8.30
VAR	1.74	3.16	3.60	2.32	4.25	5.00	2.93	5.44	6.50
SVR	1.85	3.59	3.80	2.48	5.18	5.50	3.28	7.08	8.00
FNN	2.20	4.42	5.19	2.30	4.63	5.43	2.46	4.98	5.89
FC-LSTM	2.05	4.19	4.80	2.20	4.55	5.20	2.37	4.96	5.70
DCRNN	1.38	**2.95**	**2.90**	1.74	3.97	**3.90**	2.07	4.74	4.90
STGCN	**1.36**	2.96	**2.90**	1.81	4.27	4.17	2.49	5.69	5.79
ASTGCN	1.52	3.13	3.22	2.01	4.27	4.48	2.61	5.42	6.00
STMAGN	1.48	3.02	3.42	**1.73**	**3.73**	4.14	**1.93**	**4.19**	**4.79**

2.6 深度卷积门循环网络数据预测

2.6.1 数据集选择

本节选取的数据是已公开的北京出租车轨迹数据集(TaxiBJ)、纽约自行车轨迹数据集(BikeNYC)[122]。北京出租车轨迹数据集包含了 34000 多辆出租车从 2013 年 7 月 1 日至 10 月 30 日、2014 年 3 月 1 日至 6 月 30 日、2015 年 3 月 1 日至 6 月 30 日、2015 年 11 月 1 日至 2016 年 4 月 10 日共四个时间段的数据,将城市交通区域划分为 32×32 的网格,每隔 30min 统计一次网格内的交通流量数据,总计 22459 条,最终对数据集清洗并保留 15072 条。纽约自行车轨迹数据集取自 2014 年 1 月 1 日至 12 月 31 日的纽约市自行车系统,将区域划分为 16×8 的网格,每隔 60min 统计一次网格内的交通流量数据,总计 4392 条。该数据集包括起讫点时刻、经纬度坐标以及自行车 ID 值。对以上两种数据集进行数据处理:通过数据判空找出缺失数据,通过箱形图分析找出异常数据;对缺失数据部分进行中位数插值补全,对异常数据进行删除操作;利用最大最小归一化将数据收缩到[0,1]范围内,以降低数值量纲和波动范围的影响。

2.6.2 基于门控循环单元的时间特征提取

在交通数据时间序列特征分析中,RNN 模型较为经典。RNN 由前馈神经网络发展而来,在隐藏层学习过程中与上一时刻隐藏层信息连接,隐藏单元接收来自先前状态的反馈至当前状态,将状态在自身网络中循环传递并依次影响下一个输出,从而学习历史数据中隐含的时序关系,但是它存在梯度消失与爆炸、长度依赖问题。LSTM 网络在 RNN 的基础上进行改进,在隐藏层上再加一个记忆状态,使长期的时序特征可以被保存下来,通过"门"来控制丢弃或者增加的信息,从而克服 RNN 模型的缺陷并实现遗忘或者记忆功能。

LSTM 模型由一个输入层、一个隐藏层和一个输出层组成,其结构图如图 2-38 所示。它包括三个门控开关,分别是遗忘门、输入门和输出门:遗忘门 f_t 决定上一时刻的单元状态 c_{t-1} 有多少保留到当前时刻 c_t,根据前一时刻输出 h_{t-1} 和当前时刻输入 x_t,通过对输入参数乘以权重 w_f 加上偏差 b_f,使用 sigmoid 激励函数后得到 f_t,见式(2-39)。

输入门 i_t 决定当前时刻网络的输入 x_t 有多少保存到单元状态 c_t,首先通过 sigmoid 激励函数对存储单元中的状态值进行更新,然后通过 tanh 层创建候选向量 $\tilde{c}_t$ 并将该向量加入单元状态中,最后结合向量 f_t、c_{t-1}、i_t 和 $\tilde{c}_t$ 创建更新值 c_t,具体计算方法见式(2-39)~式(2-42)。

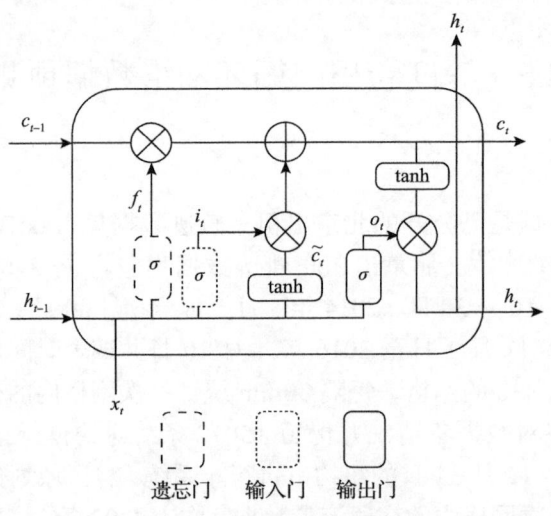

图 2-38 LSTM 模型结构图

输出门控制单元状态 c_t 有多少输出到当前输出值 h_t，首先通过 tanh 函数应用于单元状态 c_t，再通过 sigmoid 函数对单元状态进行调节得到 o_t，将以上求得的值进行相乘，获得输出 h_t，公式见式 (2-43) 和式 (2-44)。

在 t 时刻，LSTM 模型的输入有三个：当前时刻网络的输入值 x_t，上一时刻 LSTM 网络的输出值 h_{t-1}，上一时刻的单元状态 c_{t-1}；LSTM 模型的输出有两个：当前时刻 LSTM 网络的输出值 h_t，当前时刻的单元状态 c_t。

LSTM 模型作为 RNN 模型的优秀变种，继承了大部分 RNN 模型特性，同时解决了梯度反转过程中由逐步缩减而产生的梯度消失和爆炸问题，但是存在模型结构复杂、参数较多、训练时间较长等缺点。作为 LSTM 模型的改进，GRU 模型通过减少门的个数从而减少参数，在保证准确率的情况下提高模型训练速度，也能解决梯度消失和爆炸问题。图 2-39 展示了 GRU 模型结构。该结构包含一个重置门 r_t 和一个更新门 u_t，公式如下：

$$r_t = \sigma\left(W_r[x_t, h_{t-1}] + b_r\right) \tag{2-141}$$

$$u_t = \sigma\left(W_u[x_t, h_{t-1}] + b_u\right) \tag{2-142}$$

重置门决定如何将新的输入 x_t 与上一时刻的输出隐藏状态 h_{t-1} 结合；更新门决定前面的记忆信息 h_{t-1} 到当前 t 时刻需要保存的量，GRU 输出公式如下所示：

$$c_t = \tanh\left(W_c[x_t, r_t * h_{t-1}] + b_c\right) \tag{2-143}$$

$$h_t = \sigma\left(u_t * c_t + h_{t-1} * (1 - u_t)\right) \tag{2-144}$$

2.6 深度卷积门循环网络数据预测

图 2-39　GRU 模型结构图

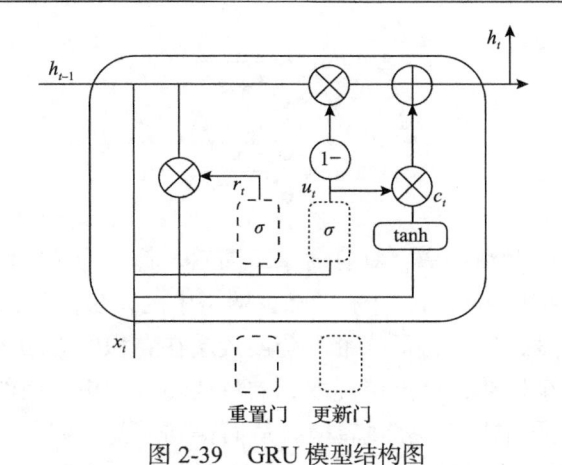

2.6.3　基于 3D 卷积网络的时空特征提取

在交通时空数据分析中，交通数据具有较强的空间相关性，某一位置的交通流量对其附近位置的流量具有较大影响。为充分提取交通数据中的空间特征，本节对栅格型交通流数据采用 3D 卷积网络进行特征提取。借鉴图像处理对像素处理的方法，将交通数据栅格化处理后，利用卷积神经网络的权值共享机制提升模型的特征表示能力，通过滑动窗口的感受野提取交通数据隐含的空间依赖关系。3D 卷积网络主要有输入层、卷积层、池化层、全连接层、输出层，卷积结构如图 2-40 所示，具有局部连接、权值共享、层次化结构等特点。输入层负责对输入的原始数据进行预处理，如归一化操作。3D 卷积层本质是一个权值矩阵，由卷积运算和激活函数组成，卷积公式如式(2-145)所示：

$$X^{l+1} = f\left(W^l * X^l + b^l\right) \tag{2-145}$$

其中，$*$ 代表卷积操作；f 是激活函数；l 是当前卷积所在层数；输入特征值 X^l 具有四个维度，分别为长、宽、流入流出通道数和时间戳数量；b^l 和 W^l 是可学习参数。

将输入特征与相同的卷积核进行矩阵运算实现权值共享，在减小学习参数量的同时使学到的特征具有抽象代表性。常见的激活函数有 ReLU、sigmoid 和 tanh，通过对输出特征值进行非线性映射和变换，控制输出特征值的范围，解决特征在网络中的发散问题，其公式如下：

$$\text{ReLU} = \max(0, x) \tag{2-146}$$

$$\text{sigmoid} = \frac{1}{1+e^{-z}} \tag{2-147}$$

$$\tanh = \frac{e^z - e^{-z}}{e^z + e^{-z}} \tag{2-148}$$

本节使用 ReLU 激活函数，具有简单、高效、梯度稳定等优势。池化层是对卷积层提取的图像特征进行再次采样，除去网络中的冗余信息，减少网络参数量，降低网络计算复杂度，实现特征降维。全连接层在卷积网络结构最后，通过将层间所有神经元进行全连接，将上层提取到的特征转换为更高级的特征。输出层将特征值按照输出数据格式进行张量转换，从而得到需要的结果。

为了获得足够大的感受野和增加更深层次的特征，需要增加网络层数。但是随着网络层数的增加，模型结构变得更复杂，网络训练的复杂度也会增加。为此引入残差模块以增加网络训练深度，同时使神经网络能够有效地学习对恒等映射的修改。图 2-41 为残差网络结构图。残差模块由纵向规范化、ReLU 激活函数和卷积两层叠加并进行短接操作，以保证训练结果的可靠性和稳定性，如式(2-149)所示：

$$X^{l+1} = X^l + F(X^l, \theta_c^{(l)}) \tag{2-149}$$

其中，$\theta_c^{(l)}$ 为可学习参数；F 为残差模块；X^{l+1} 为第 $l+1$ 层输出；X^l 为第 l 层输入。

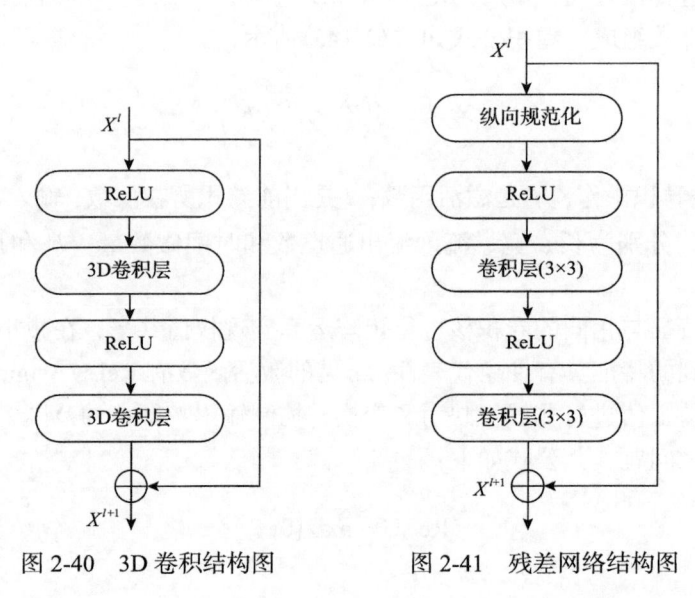

图 2-40　3D 卷积结构图　　图 2-41　残差网络结构图

2.6 深度卷积门循环网络数据预测

2.6.4 时空特征融合的交通流预测模型

首先,将北京出租车轨迹数据集(TaxiBJ)、纽约自行车轨迹数据集(BikeNYC)按照经纬度坐标将区域划分成大小为 $h\times w$ 的栅格,位置处于第 i 行、第 j 列的栅格表示为 $R(i,j)$,分别统计每个区域内车辆的流入数量和流出数量,将第 t 个时间段内的交通流图表示为张量 $x_t \in \mathbf{R}^{2\times h\times w}$,如图 2-42 所示。交通流量数据在时间序列上具有邻近性、阶段性和趋势性。邻近性以小时为单位,交通流会受到最近时间间隔的影响,例如,早上 9:00 的交通流会受到 8:00 交通流的影响。阶段性以天为单位,交通流会以天为单位呈现相似变化,例如,每天的早高峰呈现一定的相似性和规律性。趋势性以周为单位,交通流会以周为整体呈现规律变化。例如,夏天到来时太阳升起时间提前,早高峰也会以一定规律性提前。为了充分挖掘时间序列上的这三种特性,将时间信息分别按照邻近性、阶段性、趋势性进行分组[123],如图 2-43 所示。邻近性时间序列集合表示为

$$M_c = \left[X_{t-l_c}, X_{t-(l_c-1)}, \cdots, X_{t-1} \right] \quad (2\text{-}150)$$

其中,l_c 为邻近性时间片的个数,时间间隔为 1h。

阶段性序列以天为单位,时间粒度较大并且难以真实反映交通状态内部联系。例如,今天晚高峰为 17:00,但是所对应昨天晚高峰不一定在 17:00,会存在一个波动范围,可能在 16:30 至 17:30 这个范围内的某一个时刻。为此对原有阶段性进行改进,提出缩放机制,分别以阶段性序列所对应的时间片为基准,分别向前和向后伸展。周期性时间序列表示如下:

$$M_p = \left[X_{t-l_p\times p-1}, X_{t-l_p\times p}, X_{t-l_p\times p+1}, X_{t-(l_p-1)\times p-1}, \cdots, X_{t-p-1}, X_{t-p}, X_{t-p+1} \right] \quad (2\text{-}151)$$

其中,l_p 为阶段性时间片个数;p 为阶段性时间间隔。

图 2-42 交通栅格数据图

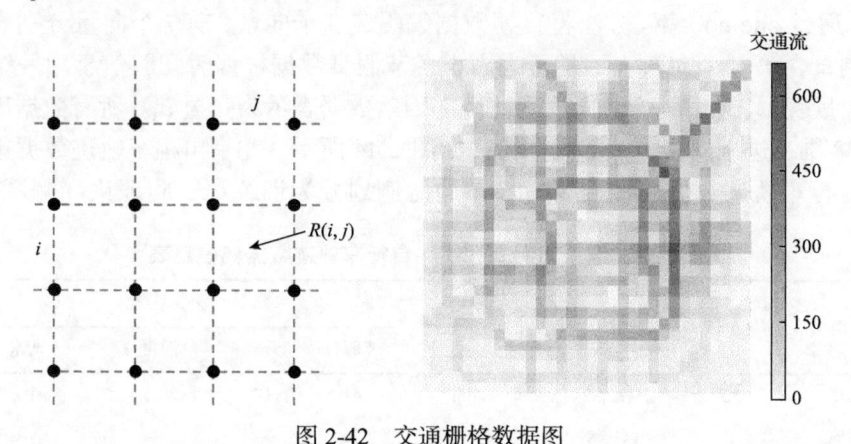

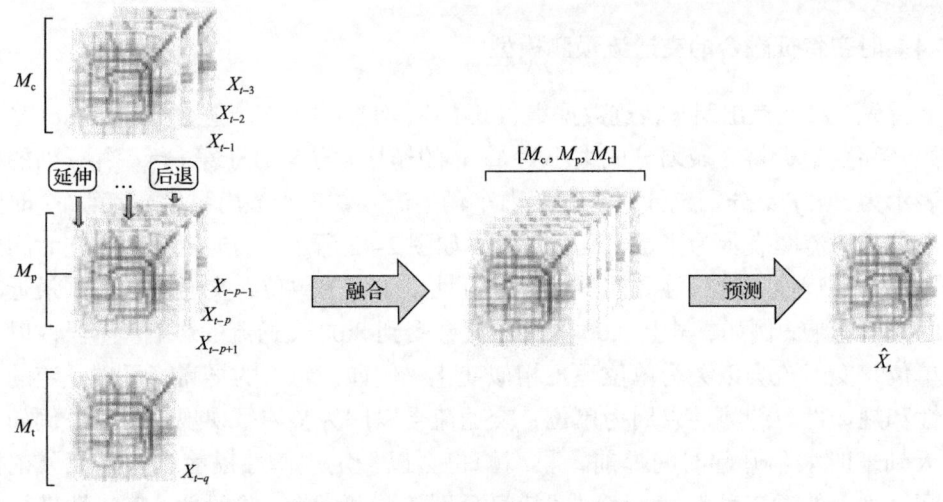

图 2-43 时空特征数据融合图

趋势性时间序列集合表示为

$$M_t = \left[X_{t-l_t \times q}, X_{t-(l_q-1) \times q}, \cdots, X_{t-q} \right] \tag{2-152}$$

其中，l_t 为趋势性时间片个数；q 为趋势性时间间隔。

此外，天气情况以及节假日、周末等因素也会影响交通状态，需将这些数据按一定格式进行转换。选取北京市 2013 年 7 月 1 日至 10 月 30 日、2014 年 3 月 1 日至 6 月 30 日、2015 年 3 月 1 日至 6 月 30 日、2015 年 11 月 1 日至 2016 年 4 月 10 日四个时间段的气象数据，如表 2-13 所示。气象数据含有天气、温度、风速信息，其中天气包含晴、雨、雪、风、多云、雾、沙尘暴等共 17 类，将这些数据通过 one-hot 编码方法[124]进行处理；温度和风速数据是连续值，通过最大最小归一化方法进行量纲转换和尺度收缩。节假日以及周末也会对流量变化产生重要影响，通过 one-hot 编码方法将日期数据编码成 9 个向量，前 7 个向量分别表示周一至周日，第 8 个向量表示是否为周末，节假日数据根据时间戳信息用一维的二进制向量表示，在第 t 个时间段内的外部因素数据表示为张量 E_t。所有数据串联拼接成 28 维二进制向量，外部数据特征如图 2-44 所示。北京出租车轨迹数据集以及纽约自行车轨迹数据集按照 8∶1∶1 的比例划分为训练集、验证集和测试集。

表 2-13 北京出租车和纽约自行车轨迹数据集信息表

数据集	时间间隔/h	栅格大小	时间戳数量	外部因素			
				节假日	天气	温度/℃	风速/(m/s)
TaxiBJ	0.5	(32,32)	22459	41	17	[−24.6,41.0]	[0,48.6]
BikeNYC	1	(16,8)	4392	20	—	—	—

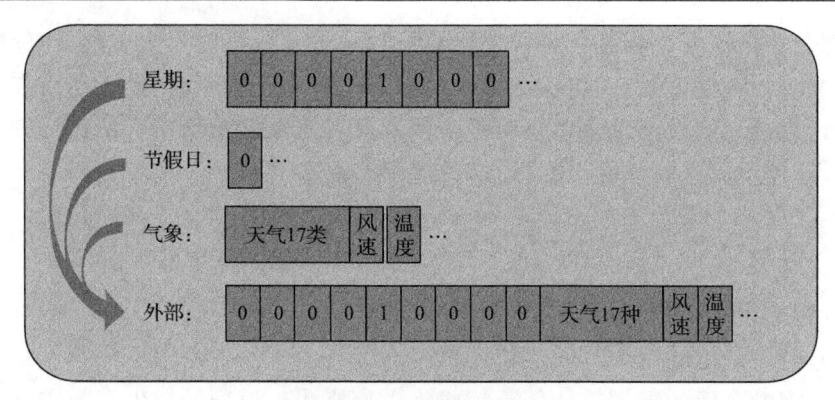

2.6 深度卷积门循环网络数据预测

图 2-44 外部数据特征图

将交通流数据按时序特性处理转换后，构建一个端到端的深度学习模型，用来挖掘交通数据中时空特征并进行流量预测，模型结构如图 2-45 所示。模型可分为四部分：数据输入、特征选择、融合机制、流量预测。首先将处理并分组好的数据按照相同张量格式输入到模型，先后通过 3D 卷积模块提取时空特征；由于

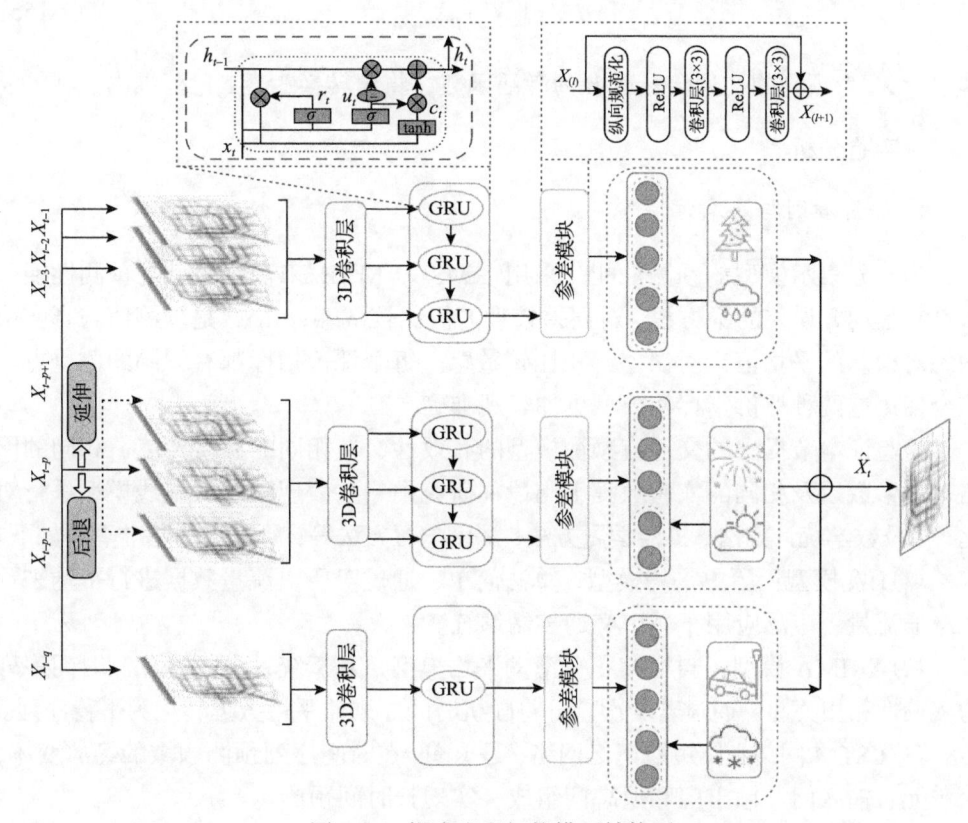

图 2-45 深度卷积门控模型结构图

3D 卷积受卷积核大小影响，难以挖掘较长时间序列特性，为此通过 GRU 模块进一步提取时间特性；受限于网络深度影响，通过残差模块 ResNet 结构增强网络训练能力；将经过处理的外部数据特征拼接到交通流数据特征中，依据三种不同划分尺度进行数据特征的加权融合，融合机制公式如下：

$$X_\mathrm{f} = W_\mathrm{c} \cdot M_\mathrm{c} + W_\mathrm{p} \cdot M_\mathrm{p} + W_\mathrm{t} \cdot M_\mathrm{t} \tag{2-153}$$

其中，$\cdot$ 为点乘运算符；W_c、W_p、W_t 分别为三个可学习参数；M_c、M_p、M_t 为经过残差模块输出的三个交通流特征矩阵。

最后将融合后的数据特征值重塑成输出流格式，模型的损失函数定义为均方误差，通过梯度反向传播和自适应矩估计（adaptive moment estimation，Adam）算法进行模型训练，得到交通流的预测结果，公式如下：

$$\hat{X}_t = \tanh(X_\mathrm{f}) \tag{2-154}$$

$$L_\theta = \| X_t - \hat{X}_t \|_2^2 \tag{2-155}$$

其中，$\hat{X}_t$ 为预测的交通流；tanh 为激活函数，将值转换为 [−1,1] 范围内。

2.6.5 实验分析

1. 评价准则与基准方法

为充分表示模型的预测性能，采用 RMSE、MAE 来衡量模型的预测性能。RMSE 是均方误差的平方根，对误差较大的值比较敏感；MAE 是预测值与真实值的绝对误差的平均值，对误差累积比较敏感。每个评价指标都有不同的侧重点，综合使用这两种评价指标使模型更加客观准确。

为验证本节提出的交通流预测模型的有效性，在相同的实验环境、相同的网络基本参数以及相同的实验数据下与以往研究中一些表现较好的基线模型进行对比，涉及数学统计方法、机器学习方法、深度学习方法等，所采用的基准算法如下。

（1）HA 模型：历史平均模型，算法简单，通过对历史流量数据进行平均来预测交通流量，广泛应用于城市交通控制系统。

（2）ARIMA 模型：自回归积分滑动平均模型，基于统计分析来预测时间序列的依赖性和相关性，通过若干次差分将随机时间序列非平稳数据转化为平稳序列。

（3）LSTM 网络：长短期记忆网络，是 RNN 在时间序列预测领域的经典变体，由单元、输入门、输出门和遗忘门组成，实现长时间预测。

（4）GRU 网络：门控循环单元网络，是 RNN 预测时间序列一种简单但有效的

2.6 深度卷积门循环网络数据预测

变体。

(5) ST-ResNet：该模型基于 2D 卷积神经网络和残差网络，通过捕捉时序粒度特征同时融合外部因素搭建深度学习网络模型以实现交通流预测。

2. 实验结果与分析

本实验使用 Python 3.7 编程语言、TensorFlow1.4 深度学习框架和 Keras2.0 机器学习库，运行环境为 Ubuntu 18.04，CPU 为 Intel(R) Core(TM) i7-10700 CPU @ 2.90GHz，GPU 为 NVIDIA GeForce RTX 2080Ti。实验参数设置如表 2-14 所示。在 TaxiBJ 数据集中，模型参数配置如下：时间戳间隔 30min，模型迭代训练 100 次，训练集 12057 条，验证集和测试集各 1507 条，批次大小为 32，学习率为 0.0002，邻近区包含 6 个时间戳，阶段区包含 2 个时间戳，趋势区包含 1 个时间戳，32 个 3D 卷积核，残差模块 4 层；BikeNYC 数据集中的模型参数配置如下：时间戳间隔 60min，模型迭代训练 200 次，训练集 3513 条，验证集和测试集各 439 条，批次大小为 32，学习率为 0.00002，邻近区包含 4 个时间戳，阶段区包含 1 个时间戳，趋势区包含 1 个时间戳，64 个 3D 卷积核，残差模块 4 层。

表 2-14 实验参数设置表

数据集	迭代次数	测试天数	批次大小	学习率	邻近性长度	阶段性长度	趋势性长度	3D 卷积核	残差模块	每天时间戳
TaxiBJ	100	28	32	0.0002	6	2	1	32	4	48
BikeNYC	200	10	32	0.00002	4	1	1	64	4	24

表 2-15 和表 2-16 给出了本节所提深度卷积 GRU 网络（简称 DCGN）算法与其他 5 个基线算法在两个数据集上的实验结果。符号 Δ 表示与预测性能较好的 ST-ResNet 相比误差 RMSE 的变化情况。实验结果从两种误差指标以及 Δ 变化情况分析，本节提出的算法预测效果优于基线算法。HA 是一个计算简单的统计方法，它在 TaxiBJ 上的 RMSE 比 ST-ResNet 高出 165.50%。ARIMA、LSTM 和 GRU 没有考虑空间依赖性，在两个数据集上的 RMSE 都比 ST-ResNet 高 18%～50%。

表 2-15 TaxiBJ 数据集实验结果

算法	MAE	RMSE	Δ/%
HA	23.70	46.41	165.50
ARIMA	16.31	22.80	30.43
LSTM	11.98	20.79	18.94
GRU	12.97	22.46	28.49
ST-ResNet	10.06	17.48	0
DCGN	9.86	16.63	−4.86

表 2-16　BikeNYC 数据集实验结果

算法	MAE	RMSE	Δ/%
HA	5.84	10.73	60.15
ARIMA	6.02	9.98	48.96
LSTM	5.94	9.66	44.18
GRU	5.79	9.16	36.72
ST-ResNet	3.91	6.70	0
DCGN	2.89	6.09	−9.10

本节提出的算法与 ST-ResNet 相比，在两个数据集上 RMSE 误差分别降低了 4.86% 和 9.10%，原因是 ST-ResNet 使用 2D 卷积来捕获时空特征，难以充分捕捉和提取具有长期依赖性的时序数据特征。本节提出的算法通过 3D 卷积模块同时提取时空特征，并通过 GRU 进一步提取长时间依赖性。在 TaxiBJ 数据集上，本节所提算法的 MAE 误差为 9.86，RMSE 误差为 16.63；在 BikeNYC 数据集上，本节所提算法的 MAE 误差为 2.89，RMSE 误差为 6.09，均比五个基线算法低，显示了本节所提算法的优越性。

为探究不同模块对于网络模型的影响，进行消融实验设计。图 2-46(a)反映了 TaxiBJ 数据集上外部因素对模型预测性能的影响。结果表明，当添加外部因素数据后，模型的 RMSE 误差比未添加时的误差值小，从而验证外部因素数据对于提高模型预测性能的重要作用。图 2-46(b)中，在两个数据集上使用 LSTM 代替 GRU 模块，结果显示采用 GRU 的模型均具有较低的预测误差，在一定程度上优于 LSTM。

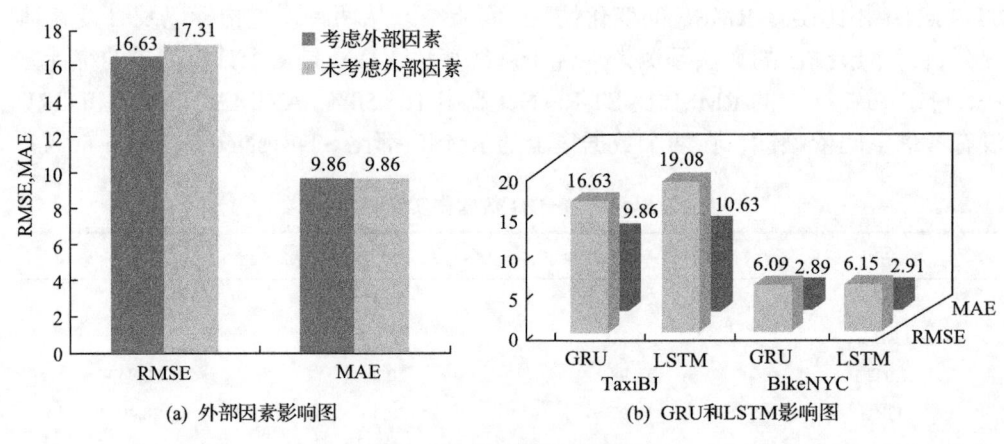

(a) 外部因素影响图

(b) GRU和LSTM影响图

图 2-46　模型结构影响图

2.7 本章小结

随着大数据时代的到来，交通系统每天都会产生海量数据，这些数据包含了丰富的信息和知识。采集设备或数据传输等问题可能会造成数据不完整或出现偏差，进而使数据可用性变低。针对这一问题本章提出了交通流数据填补的解决方法，通过 RNN 捕捉数据间的时间依赖性，利用衰退机制捕捉缺失特征，然后通过注意力机制利用交通数据间的空间相关性对数据进行进一步估计，面向图结构数据则进一步利用图卷积网络实现了通过交通路网拓扑信息对邻域内节点的信息聚合，得到最终的填补值。实验结果表明本章的数据填补明显提高了数据准确度，提升了数据质量和可用性。

挖掘交通流大数据的内在信息并将其应用于交通规划与管理对于 ITS 具有重要意义。本章通过分析数据潜在特征，分别针对图数据和栅格数据两种不同的数据类型提出了两种交通流预测模型。对于图数据，本章使用路网结构和时间特征作为预输入信息，采取图卷积和多头注意力机制提取节点之间的潜在关系，以获取更具抽象性质的特征表示，同时设计了门控模块和转换模块避免长期误差的累积。在栅格数据方面，本章分别使用 3D 卷积神经网络和 GRU 提取空间特征和时间特征并融合，将多模型的结果加权并输出，提高了预测模型的性能。实验结果表明本章所提出的预测模型在精确程度上均有一定程度的提高。

第3章 城市微观交通流排放优化控制

3.1 引 言

随着时代的进步，汽车总量上升，城市交通拥堵的现象不断恶化。而交通拥堵产生的交通排放量远大于交通密度较小时的情况，并且严重影响出行效率，加剧尾气排放对环境的污染。目前我国对于交通拥堵的治理和改善已经取得了较大的进展，但是城市交通状况仍然存在很大的问题。由此可见，对于城市交通排放的优化控制研究仍然需要进一步探索。

城市交通系统的发展趋势是智能化和集成化，在现有的道路状况下，车道不可能无限制增加且道路无法一直拓宽，只有研究智能化交通控制系统才能进一步改善当前国内交通路况。智能化交通信号控制意味着采用一些先进的智能化算法，面向实际道路情况去优化信号灯控制策略，来解决交通拥堵等一系列问题。本章在已有的智能控制算法上提出一种改进的优化控制算法，使得城市交通的优化控制更加完善有效。智能化算法的研究与改善，对智能城市交通系统的发展有重要意义。

在城市路网区域范围内，各交叉口信号灯的控制都是相互关联和影响的，单一信号交叉口的控制效果往往不够理想，而主干线信号交叉口的协调控制之间也有联系。在主干线信号交叉口优化控制的基础上分析城市路网区域范围内的优化控制策略，通过交叉口处的信号协调控制，可以更加有效地提高整体路网的通行能力并减少区域范围内的交通排放，这对于我国当前亟须解决的城市交通问题具有重大的指导意义。

众多学者密切关注城市交通流建模领域，Reuschel[125]和Pipes[126]分别于1950年和1953年提出最初的车辆跟驰模型，首次通过建模分析研究了车辆运动方程。随后，Bando等[127]于1995年根据经典跟驰模型的研究结果，提出最优速度模型(optimal velocity model, OVM)，奠定了交通流模型研究的基础。之后的学者在Bando提出的OVM的基础上进行改进和探讨。1999年，Nagatani[128]通过研究得到OVM的差分形式。Helbing等[129]通过实际路况测试，对OVM的参数进行标定，并提出广义力模型(generalized force model, GFM)来更精确地模拟仿真车辆跟驰行为。国内学者也对城市交通流进行大量研究。Jiang等[130]改进了GFM并提出全速度差模型(full velocity difference model, FVDM)来改善跟驰车辆之间的负速度行为，更好地模拟实际车辆运行。朱文兴等[131-134]对OVM进行改进，基

3.1 引　言

于驾驶员灵敏度系数、坡度系数等参数提出改进的 OVM，并且针对弯道交通流提出全速差模型来研究弯道交通流的管控。Tang 等[135]考虑到驾驶员的特征，提出了一种宏观交通流模型，平滑交通波并提高交通流的稳定性。Xin 等[136]考虑到自适应巡航控制系统的重要性，采用可变间隙策略研究和改进全速度差模型，提出了两种新的车辆跟驰模型。此外，Yu 等[137]和 Wu 等[138]还考虑到网联车辆之间可获得的交通信息，针对混合交通场景下信号交叉口内网联车辆的能量经济性和安全性问题，提出了一种一致性 OVM，并考虑到预测的相对速度，改善了自适应巡航控制系统内交通流的跟驰模型，更好地模拟交通流运行的动态特性。安树科等[139]考虑到信号灯对于交通流的阻隔作用以及实际交通路况，基于车辆协同技术改进车辆跟驰模型，缓解信号交叉口的排队现象并更为平滑地通过交叉口，提高了跟驰模型的有效性。Zhu 等[140,141]采用综合最优速度函数的差分方程描述了一种新的车辆跟驰模型，该模型不依赖于加权平均车头时距，并将现代控制理论引入跟驰模型中，通过速度反馈控制理论改善交通流的运行。最近，Sun 等[142]考虑到驾驶员的记忆和前面车辆的平均速度效应，提出了一种扩展的车辆跟驰模型。Cheng 等[143]提出了一种改进的交通流模型，在真实的交通状况下，减少交通堵塞和能源消耗。随后，Cheng 等[144,145]又提出了考虑弯道时滞反馈控制的广义格子流动力模型来研究延迟反馈控制的影响。

目前，由于绿色出行的需求和生态环境的污染问题日益严峻，车辆排放模型的研究也取得了较大的进展。排放模型一般包括宏观、中观和微观三个层次，面向不同的区域，测算方法和应用范围各不相同。由于宏观模型忽略加速度的作用[146]，而在实际状况中，加速度的变化对整体影响显著，基于该模型无法精确计算排放量。因此，大多数学者在后续研究中，采用了微观排放模型作为研究基础。目前，基于运行工况的微观排放模型分为：基于 VSP 的排放模型、基于物理学原理的排放模型和基于速度-加速度的排放模型。大量研究表明，微观交通模型与瞬时微观排放模型相结合的方法可以有效地测算交通流的排放[147,148]。Stevanovic 等[149]提出了一种新的方法整合现有的测算工具来重新评估和尽量减少燃料消耗和排放，包括使用 VISSIM、CMEM 等软件来优化信号配时和最小化燃料消耗和二氧化碳排放。Ghafghazi 等[150]开发了一种微观交通仿真系统和排放建模系统，研究不同类型交通流的排放控制策略在主干路和路网控制范围内的影响。最近，Samaras 等[151]通过耦合一个动态的微观交通模型和瞬时排放模型来优化城市地区的燃料消耗和二氧化碳排放计算。Li 等[152]重点研究了车辆间隙变化对燃油性能和排放性能的影响，发现自适应巡航控制策略能够有效地降低燃油消耗及排放。目前，由于 VSP 与发动机功耗密切相关，测算排放相关性较强，国内学者对基于 VSP 的排放模型也进行了深入研究。Zhu 等[52,56]提出一个额外排放模型，研究了汽车尾气排放受信号控制的影响，以此来量化额外排放的测算过程，并进行了仿真验证机动车排放量与道路坡度、交通密度以及道路长度的关系。唐旭南[153]研究了若干个十字路口机动车辆的污染物排放，北京交通大学于雷教授和宋国华教授团队[154-160]对 VSP 特性进行聚类分析并根据车辆运行模式建立排放模型，为后续研究提供坚实的基础。

随着智能算法的改进和组合优化问题的显著优势，利用智能算法减少交通排放的研究也是层出不穷。查阅大量文献可知，改进信号配时策略以优化交通性能指标(如排放、延迟时间等)的优化方法已经广泛应用并不断完善。Cariou 等[161]提出了一种混合整数线性规划模型，并提出了一种基于遗传算法的启发式算法，在求解大规模优化问题时可以得到最优解。Nesmachnow 等[162]在快速公交系统中实现交通灯的同步，提出了一种用于公共交通优化的并行进化算法。Guo 等[163]提出了一种油耗及车辆排放测量模型，并与动态交通网络相结合改进传统的 Dijkstra 算法，有效地降低了出行过程中的油耗和排放。Lee 等[164]重点研究了基于遗传算法的实时自适应信号优化控制。龚辉波[165]结合平均排放率构建交叉口机动车尾气排放量化模型，并通过一种最优算法计算交叉口信号优化控制模型。近些年，大量研究[50,166-168]基于信号交叉口建立优化控制模型，并以排放等指标作为优化控制目标进行优化控制。Nagatani[169-171]采用元胞自动机等模型探讨了车辆交通流在一系列信号灯控制下的运行规则，揭示了交通流运行特性并提供理论研究意义。Lv 等[41]分析信号灯协调控制对排放的作用，并根据停车次数和延误时间对控制效果进行了分析。

3.2 信控微观交通流模型研究

3.2.1 交通流控制概述

1. 交通流控制参数

城市道路交叉口存在不同方向的交通流转向汇合、车辆与行人的冲突等现象，无控制作用下的城市交通流常会发生堵塞、追尾碰撞甚至交通事故，由此引入交通流控制的概念。交通流控制指的是对于城市交通流，通过交通信号的控制作用，既可以提高通行能力，又大大避免了交通事故的发生，起到维护交通秩序的作用，并且对于交通排放等通行指标都有所改善。

交通流控制参数主要包括周期时长、绿信比和相位差，通过三个参数的协调控制以及调整，可以达到改善城市交通流运行状况的目的，这也是城市交通流控制的核心参数。

1) 周期时长

机动车信号灯位于城市交叉路口处，通过不同颜色信号灯的交替出现以及不同的作用，指导交通流的运行。一个标准的交叉口处的车辆，有三种不同方向的运行行为，共包括12种运行方式。交通灯相位，是指对于某个方向的交通流通过信号作用而获取通行权。通过信号灯组的设置，产生不同的相位，而设置合理的信号灯组可以有效利用各相位通行时间，提高通行效率和实时流量。信号灯周期时长，即信号灯所有相位依次循环运行一次的全部时间，不同的周期时长对整体交通流的通行效率也有很大的影响。当周期时长过短时，各方向交通流的平均停车次数会增加；反之，驾驶员在路口滞留时间长，排队长度也会相应增加。

2) 绿信比

绿信比 λ 指在一个周期内，有效绿灯时长与信号灯周期时长之比，也可以表示为一个周期内用于车辆通过的时间占比。信号灯在状态改变时会造成部分时间的损失，包括驾驶员反应时间等，称之为损失时间。而实际绿灯时长减去损失时间，即为有效绿灯时长。绿信比如式(3-1)所示：

$$\lambda = \frac{g}{C} \tag{3-1}$$

其中，g 为有效绿灯时长；C 为信号灯周期时长。

3) 相位差

相位差分为绝对相位差和相对相位差。相对相位差是相邻两个信号灯起始时间之差；绝对相位差是选定一个基准路口，所有交叉口的起始时间相对于基准路口的起始时间的差值。相位差的存在对于提高道路通行能力具有很好的控制效果，通过合理地设置相位差，绿波控制可以有效地提高车辆平均速度和交通流通行能力。

2. 交通流控制范围

城市交通流控制范围主要在单点交叉口、主干线以及城市区域范围内，故城市交通流信号控制的种类主要分为单点交叉口交通流信号控制、主干线交通流信号控制和城市区域交通流信号控制三种。本书的研究方向，就是面向城市三级微观交通流探讨交通信号控制对于交通排放指标的优化作用。

以下对三种交通流控制方式进行简单介绍。

1) 单点交叉口交通流信号控制

各交叉口根据当前路口交通流通行情况独立设置和运行，而与其他相邻的交叉口状态无关，单点控制是最基本的控制形式，分为定时信号控制和感应式信号控制。

定时信号控制简单，信号控制设计方案步骤一般为：确定相位关系，根据实际状况确定周期，并设置绿信比。只有在需要调整参数时，才会在后期人为调整信号配时参数。此类信号控制方式虽然简单便捷，但是当参数设置不合理且在交通流通行情况多变的路况下，容易导致不同路段有效通行时间分配不合理，交叉口通行能力下降。

感应式信号控制，通过增加支路及主干路的交通流检测功能来改善定时信号控制的缺点。感应式信号控制能够在一个信号周期内实时检测各道路的交通流量，当检测到流量较小且绿灯时长仍有冗余时，削弱该路段原有的绿灯时长，将剩余的时长增加给其他支路的绿灯时长，提高道路的通行能力。此类信号控制可以实时调整交叉口不同相位的绿信比，在实际运行时灵活多变，也是一种有效和普遍应用的信号控制形式。

2) 主干线交通流信号控制

主干线交通流信号控制，又称线控制，指的是将主干线上相邻的多个交叉口的信号灯联动并进行组合协调控制。由于交叉口信号灯彼此作用，若单独进行单点配时控制，车流可能无法合理地疏散，通行效率大大降低。因此，基于这种情况，引入主干线协调信号控制的概念。主干线协调信号控制是基于绿波交通的理念，各相邻交叉口之间存在一定的相位差，尽量使车辆无须停车便可经过交叉口，减少延误时间并提高效率。

主干线交通流信号控制主要分为定时干线信号协调控制和干线信号感应式协调控制，定时干线信号协调控制的方式更为普遍。一般来说，定时干线信号协调控制需要具备几个条件：①信号周期相同；②所有交叉口时间基准相同；③相邻路口长度不宜过长，保证具有一定的关联性。

通过合理的参数设置，并根据实际路况进行调整，可以改善交通流的通行情况。由于涉及参数较多和交通流状况复杂，此类优化过程需要一定的算法和软件计算实现。

3) 城市区域交通流信号控制

城市区域交通流信号控制是建立在主干线交通流信号控制基础上的路网范围的扩展，简称面控。它的控制对象是整个区域范围内的各交叉口信号灯，当对某一个交叉口信号灯进行调整时，与其相邻的交叉口交通流通行情况均会受到影响。因此，将区域范围内的交叉口信号灯看成一个整体进行协调优化控制，对于整个系统的优化都有显著的作用。类似于单点和主干线交通流信号控制，面控分为定时控制和自适应控制两种方式。

3. 交通流评价指标

交通流评价指标是评估一个交通流体系的重要参数，通过评价指标进而优化整个交通流系统的运行。对于一个稳定运行的宏观交通流，除了重要的三个交通基本指标，包括速度、交通量和交通密度外，还有占有率、排队长度和排放量等评价指标。

1) 速度

速度是指车辆在单位时间通过的距离。从微观角度，每辆车都有其某一时刻

3.2 信控微观交通流模型研究

的瞬时速度以及一段时间内的平均速度；从宏观角度，可以描述为某个横截面的时间平均速度或区间平均速度。时间平均速度和区间平均速度较低，表示交通流正处于拥堵状态。

2) 交通量

交通量，指单位时间通过某一断面或路段的车辆数。交通量会随着时空的转变而发生相应的变化，该特性被称为交通流的时空分布特性，研究这一特性可以有效地改善信号控制作用。

3) 交通密度

通常，当交通量较大时，交通密度也较大；但是当车辆数超过一定阈值时，道路会发生堵塞，交通量却接近最大值。故单独使用交通密度很难反映实际道路的交通状态，由此引入占有率的概念。

4) 占有率

占有率分为空间占有率和时间占有率两种，空间占有率能体现交通密度，而时间占有率随着通行量的增加而增长，即便在交通量较大的情况下，时间占有率也因为车速下降而仍然保持较高的水平，故可以体现交通流运行的状态。

5) 排队长度

排队长度指的是车辆在交叉口前遇到红灯速度降为零时，从停车线到最后一个排队车辆的车队长度。车辆排队长度的大小，可以反映实际交通流拥堵情况，也是信号控制优化的重要指标。

6) 排放量

长期以来，节能减排一直是交通行业的热门话题，对车辆自身产生尾气的装置以及排出口的净化工作都是必不可少的。除此以外，交通信号控制作用对排放的影响作用也是不可忽视的。据研究，车辆在运行过程中频繁的加减速以及停车行为会产生高于正常情况的额外排放，因此，研究信号灯配时优化控制对减少尾气排放有着重要的意义。本章考虑排放因素的影响，进行城市交通流优化控制算法的研究。

3.2.2 信控微观交通流模型

1. 信号灯状态建模

交通流模型是研究城市交通信号控制的重要理论基础，本节主要研究在信号灯作用下的微观交通流模型。

当没有信号灯控制作用时，假设车辆之间无超车行为，则后车的运动状态主要取决于与前车之间的跟驰行为，一系列的研究重点关注了车辆之间的跟驰特性，亦称这样的交通流模型为跟驰模型。此时交通流是一个完整的整体，头车的运行状态影响整个车队的运行状态。

当考虑到信号灯的控制作用时，车辆之间的运行受到信号灯状态的约束，通过不同相位信号灯的通行权，来保证交通流的更大通行能力。主干线信号灯分布示意图如图3-1所示。

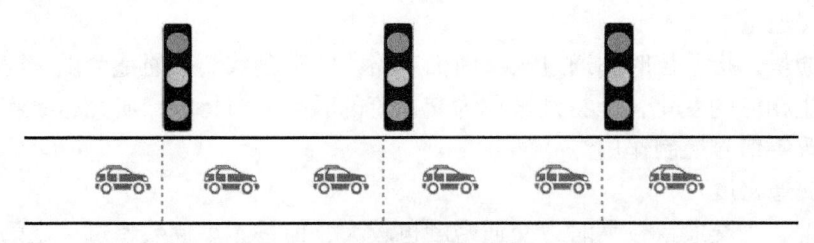

图 3-1　主干线信号灯分布示意图

假设在主干线上有若干个信号灯控制交通流运行，交通流方向自西向东。信号灯编号 0, 1, 2,···, n−1, n, n+1,···，车队的运行状态由前方最近的信号灯所控制。

对于第 n 个信号灯，当信号灯为红色时，距停车线最近的车辆会减速并依次传递至后方车队。当信号灯变为绿色时，车辆开始启动，此时运行情况等同于无信号灯控制时的状态。信号灯的作用会将交通流分为若干个车队状态运行，随着时间的变化，头车可能在某一个时刻变为前方车队的跟随车，而跟随车也会在某一时刻变为当前车队的头车。分析信号灯的状态变化，对于解析整个交通流的运行状态具有至关重要的意义。

考虑到信号灯的运行规律与正弦函数的特性类似，我们仿照正弦函数的形式建立信号灯状态模型。

对于第 n 个信号灯，规定周期为 T_n，绿信比为 λ_n，相位差为 φ_n，信号灯状态为 $S_n(t)$。对于单点交叉口的信号灯状态模型来说，无须考虑相位差 φ_n 的影响，为了对应信号灯仅有两个状态的特性，将正弦函数变化为阶跃函数，引入 Heaviside 函数 $H(t)$：当 $t>0$ 时，$H(t)=1$，当 $t\leqslant 0$ 时，$H(t)=0$。

因此，当 $\lambda_n=0.5$ 时，一个周期红绿灯时长相等，无须考虑正弦函数的平移。而当 $\lambda_n \neq 0.5$ 时，对应正弦函数的平移性，建立单点交叉口信号灯状态模型如式(3-2)所示：

$$S_n(t) = H\left\{\sin\left[2\pi t / T_n + \pi(0.5-\lambda_n)\right] - \sin\left[\pi(0.5-\lambda_n)\right]\right\} \qquad (3-2)$$

对于主干线多路口信号灯状态模型，将第一个路口看成标准路口，则其余各路口的信号灯相对标准路口来讲存在一定的相对相位差。考虑相位差的主干线信号灯状态模型如式(3-3)所示：

$$S_n(t) = H\left\{\sin\left[2\pi(t-\varphi_n)/T_n + \pi(0.5-\lambda_n)\right] - \sin\left[\pi(0.5-\lambda_n)\right]\right\} \qquad (3-3)$$

3.2 信控微观交通流模型研究

式(3-3)即为城市交通流信号灯状态模型，通过三个参数的变化可以实现多路口信号灯状态的协调控制，进而可以探讨信号灯对交通流状态的影响。

对于第 n 个路口，设置周期为120s，绿信比为0.6，相位差为20s，则信号灯状态示意图如图3-2所示。

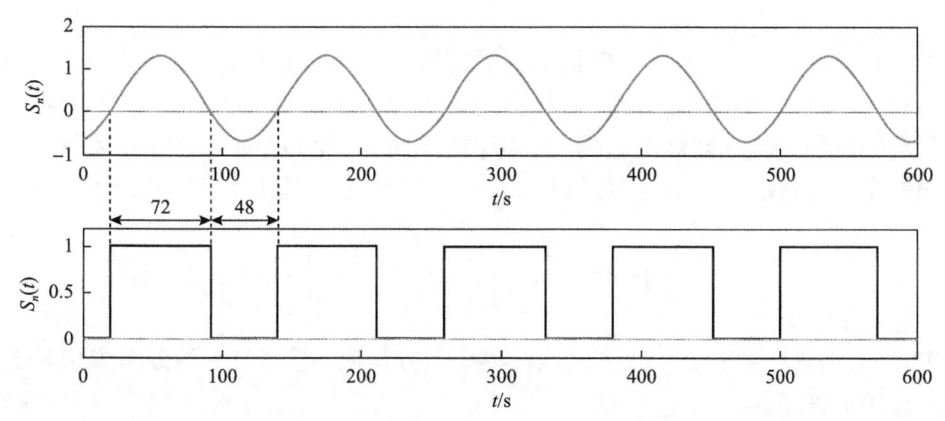

图3-2 当 T_n=120s, λ_n=0.6, φ_n=20s 时第 n 个信号灯状态示意图

2. 考虑信号灯作用的微观交通流模型

在已有的信号灯状态模型下，可以研究信号灯控制下的微观交通流模型。Bando等[127]提出的OVM表示，每辆车都有一个最优速度，当前车辆的加速度取决于最优速度，而最优速度的大小取决于当前车与前车的距离。OVM如式(3-4)所示：

$$\mathrm{d}v_i(t)/\mathrm{d}t = s\left[V(\Delta x_i(t)) - v_i(t)\right] \tag{3-4}$$

其中，$v_i(t)$ 表示第 i 辆车在 t 时刻的速度；s 表示驾驶员的敏感系数，通常取 $s=0.85\mathrm{s}^{-1}$；$\Delta x_i(t)$ 表示第 i 辆车与前车车头的间距；$V(\Delta x_i(t))$ 为第 i 辆车的最优速度函数。

随后，Helbing等[129]通过实验标定了最优速度函数，如式(3-5)所示：

$$V(\Delta x_i(t)) = v_1 + v_2 \tanh\left[c_1(\Delta x_i(t) - l_c) - c_2\right] \tag{3-5}$$

其中，标定参数 $v_1=6.75\mathrm{m/s}$，$v_2=7.91\mathrm{m/s}$，$c_1=0.13$，$c_2=1.57$；l_c 表示标准车辆长度，一般取5m。

但该OVM存在一定的缺陷，在某些特殊情况下会出现最优速度为负值，这在交通流实际运行时是不合理的。Zhu等[54]在已有的OVM[127]的基础上，提出了一种改进的微观交通流模型，此模型改进了原有的出现负最优速度的不合理之处。改进的 OVM 如式(3-6)所示：

$$V(\Delta x_i(t)) = \frac{v_{max}}{2}\left\{\tanh\left[c_1(\Delta x_i(t) - l_c) - c_2\right] + \tanh(c_1 l_c + c_2)\right\} \quad (3\text{-}6)$$

其中，$v_{max} = v_1 + v_2$，表示车辆最大行驶速度，其余参数不变。

式(3-6)表示车辆在正常行驶状态的跟驰行为模式，当考虑信号灯控制作用时，车辆可能会受到红灯的影响而不考虑已通过停车线的前车的运行状态，此时面向停车线进行停车行为。对式(3-6)进行一定优化，车辆停车模型如下所示：

$$V(\Delta x_i(t)) = \frac{v_{max}}{2}\left\{\tanh\left[c_1(l_{i,n} - x_i(t) - l_c) - c_2\right] + \tanh(c_1 l_c + c_2)\right\} \quad (3\text{-}7)$$

其中，$\Delta x_i(t) = l_{i,n} - x_i(t)$，$l_{i,n}$ 表示第 i 辆车前方最近的信号灯 n 的停车线相对于标准路口的距离。

车辆在信号灯的控制下有以下三种运行模式。

(1) 自由运行模式：前方车辆与当前车辆之间距离大于安全距离，当前车辆可根据路段允许最大速度独立运行，当车速小于最大速度时，车辆以固定加速度加速运行，当车速达到最大路段速度后匀速行驶。

(2) 跟驰运行模式：前方车辆正常行驶，且当前车辆不受信号灯状态的干扰，当与前车的距离小于安全距离时，车辆以跟驰模型进行跟车运行，当前车辆的运行状态主要取决于前车的运行状态，跟驰模型见式(3-4)和式(3-6)。

(3) 停车运行模式：前车接近停车线，且信号灯变为红色，车辆面向停车线以停车模型运行，车辆与停车线之间的距离决定当前车辆的运行状态，停车模型见式(3-4)和式(3-7)。

3.2.3 微观交通流排放模型

1. VSP

传统的机动车排放模型主要考虑车辆的运行工况、道路环境因素及车辆机动车参数等对排放的影响，但是没有考虑车辆实际运行过程中的输出功率，而功率值与排放总量密切相关，导致这些模型的量化排放过程不够准确，与实际情况有较大出入。为了准确地描述机动车功率随车辆运行时间的变化关系，麻省理工学院的 Jiménez-Palacios[172] 提出了车辆比功率概念。

VSP 指汽车发动机最大功率和汽车总质量的比值，单位为 kW/kg 或 kW/t。目前大量研究表明，VSP 和尾气排放物，如一氧化碳、氮氧化合物和碳氢化合物等

3.2 信控微观交通流模型研究

参数变化关系更为密切，已被国内外多种排放模型采用。VSP 描述机动车的功率、油耗和排放量之间的关系，定义为单位质量机动车的瞬时功率，即克服滚动阻力和空气阻力，并增加两种势能所要输出的功率。推导公式如下所示：

$$\mathrm{VSP} = \left[\mathrm{d}(\mathrm{KE}+\mathrm{PE})/\mathrm{d}t + F_{\mathrm{rolling}}v + F_{\mathrm{air}}v \right] \Big/ m \tag{3-8}$$

其中，$\mathrm{d}(\mathrm{KE}+\mathrm{PE})/\mathrm{d}t$ 表示势能和动能的输出功率；KE 表示机动车的动能，单位为 kW；PE 表示机动车的重力势能，单位为 kW；F_{rolling} 表示机动车的滚动阻力，单位为 N；F_{air} 表示机动车的空气阻力，单位为 N；v 表示车辆当前的运行速度，单位为 m/s；m 表示车辆的总质量，单位为 kg 或 t。

将式(3-8)展开，可以得到

$$\mathrm{VSP} = \left\{ \mathrm{d}\left[\frac{1}{2}m(1+\varepsilon)v^2 + mgh \right] \Big/ \mathrm{d}t + C_R mgv + \frac{1}{2}\rho_a C_D A(v+v_w)^2 v \right\} \Big/ m \tag{3-9}$$

其中，ε 表示滚动质量系数；m 表示机动车转动部分的当量质量，无量纲；g 表示重力加速度，取值为 9.8m/s²；h 表示机动车当前所处的海拔，单位为 m；C_R 表示车辆滚动阻尼系数，与轮胎、路面及压力有关，无量纲，一般取 0.0085~0.016；ρ_a 表示环境空气密度，在 20℃时取值为 1.207kg/m³；C_D 表示风阻系数，无量纲；A 表示车辆横截面面积，单位为 m²；v_w 表示车辆迎面车速，单位为 m/s。

将式(3-9)继续展开，将动能和势能部分对时间求导，得

$$\mathrm{VSP} = v\left[a(1+\varepsilon) + g\times\mathrm{grade} + gC_R\right] + \left[0.5\rho_a C_D A(v+v_w)^2 v\right] \Big/ m \tag{3-10}$$

其中，a 表示车辆加速度，单位为 m/s²；grade 表示道路坡度。

本节主要研究城市区域范围内的轻型车，故选取典型的轻型车参数 $C_D A/m = 0.0005$，$\varepsilon = 0.1$，在一般城市路况下取 $C_R = 0.0132$，$v_w = 0$，grade = 0，故得到最终 VSP 的计算公式如下：

$$\mathrm{VSP} = v(1.1a + 0.129) + 0.000302v^3 \tag{3-11}$$

由式(3-11)可知，VSP 仅与车辆的运行工况有关，已知车辆的速度和加速度便可求得车辆的瞬时 VSP 值。车辆速度与加速度的测算简单，并且 VSP 与排放量密切相关，因此通过计算 VSP 研究城市车辆排放是一个广泛应用且便捷的途径。

2. VSP 聚类分析

已知 VSP 的测算主要与当前车辆的速度和加速度有关,因此在实际运行中逐秒获取车辆驾驶行为工况,即可测算瞬时 VSP 值。通过之前的分析,VSP 值与排放量具有密切的关系,为了更加精确地测算 VSP 值与排放量的关系,Frey 等[173]提出将 VSP 聚类分析的方法。由于瞬时 VSP 值和瞬时排放率之间的离散程度较高,可进行 VSP 聚类分析。通过多个不同区间段(Bin)来研究 VSP 特性,每个 Bin 下的瞬时污染物排放率等于该区间内所有瞬时排放率的平均值。

VSP 的区间间隔划分对于排放率的测算具有关键性的影响作用,针对不同的数据样本需要有不同的划分方法。VSP 的区间划分可以包含车辆的完整运行工况,包括加速、减速、怠速及匀速行为。如式(3-11)中,当 $v>0$、VSP <0 时,表示车辆处于减速或下坡的状态;当 $v>0$、VSP >0 时,表示车辆处于加速或匀速的状态;当 $v=0$、VSP $=0$ 时,表示车辆处于怠速状态。根据逐秒的速度和加速度计算逐秒的 VSP 值,即可获得车辆整个运行阶段的 VSP 分布区间,根据运行区间选取合适的步长进行划分和聚类分析。

针对城市道路交通运行实测数据分析可得,城市小型车的 VSP 普遍分布在 [−20kW/t, 20kW/t],因此选取该区间为研究范围,间隔选取 1kW/t。VSP 的区间划分方式如式(3-12)所示:

$$\text{VSP Bin} = m, \quad \forall: \text{VSP} \in (m-0.5, m+0.5] \tag{3-12}$$

其中,m 表示划分区域内的第 m 个区间,为整数。

3. 基于 VSP 的微观排放模型

根据 VSP 的区间分布,排放量等于各区间排放率和排放时间之积。因此,选取运行时间内的排放总量,就等于每一个 VSP Bin 区间内的排放量之和。由此可得污染物排放总量的测算公式如式(3-13)所示:

$$E_p = \sum_{k=-20}^{20} n_k e_k^p \tag{3-13}$$

其中,E_p 表示污染物 p 的排放总量;k 表示 VSP Bin 的区间,取值范围为 [−20,20];n_k 表示第 k 个区间内采样点的个数;e_k^p 表示第 k 个区间内污染物 p 的瞬时排放率。

北京交通大学的于雷教授团队[30,174-176]提出了一种 VSP 分区划分方法,对北京市的城市道路交通下的小汽车运行情况进行实测观察,并进行 VSP 聚类分析,

3.3 单路口信控排放优化

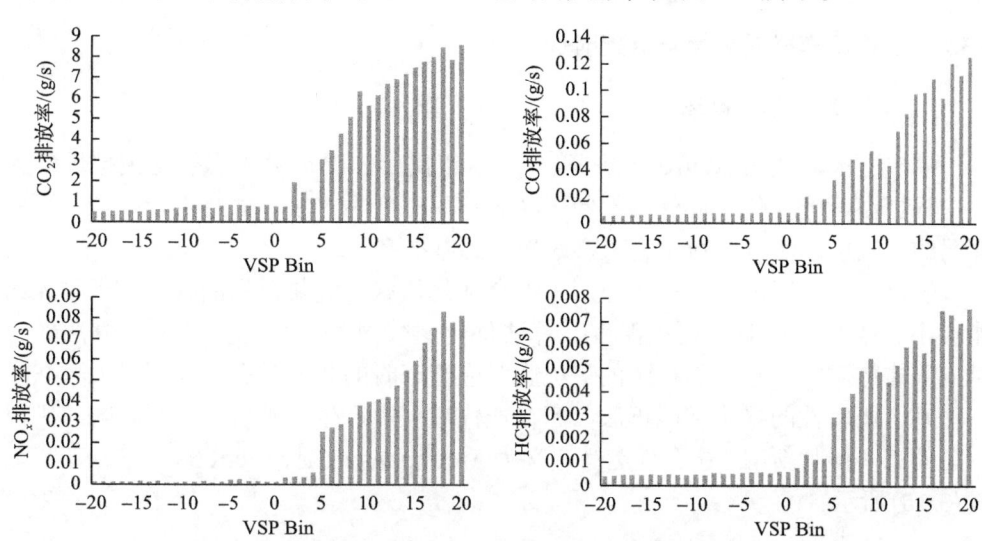

最终获得四种污染物排放率与 VSP Bin 之间的关系，如图 3-3 所示。

图 3-3 不同 VSP Bin 下的四种污染物排放率

由图 3-3 可知，通过获取 VSP，可以对整个运行期间的城市交通流的排放总量进行精确测算，并进行合理的优化和处理。

3.3 单路口信控排放优化

3.3.1 单路口交通流排放优化模型

在城市单点交叉口排放优化控制研究中，优化控制目标为单点交叉口范围内的交通排放总量，控制参数为单点交叉口信号灯的周期时长和绿信比。因此，提出城市单点交叉口交通排放优化模型如下：

$$\min E_p = \sum_{t=1}^{T} \sum_{k=-20}^{20} n_{k,T} e_{k,t}^p$$

$$\text{s.t.} \ g_{\min} \leqslant g \leqslant g_{\max}$$
$$C_{\min} \leqslant C \leqslant C_{\max}$$

(3-14)

其中，E_p 表示污染物 p 的排放总量；T 表示所有车辆在道路上的总运行时间；k 表示 VSP 值的区间号，取值范围为 $[-20, 20]$；$n_{k,T}$ 表示在总时间 T 内的瞬时 VSP 值落入 k 区间的采样点数；$e_{k,t}^p$ 表示在第 t 秒，车辆瞬时 VSP 值在第 k 区间时，污染物 p 的瞬时排放率；g 和 C 分别表示单点交叉口信号灯的有效绿灯时长和周期时长；$g_{\min}$ 和 $C_{\min}$ 分别表示有效绿灯时长和周期时长的最小临界值；$g_{\max}$ 和 $C_{\max}$ 分别表示有效绿灯时长和周期时长的最大临界值。

3.3.2 单路口模拟退火信号灯配时优化

1. 模拟退火算法概述

模拟退火算法由 Metropolis 等于 1953 年提出。退火算法思想是模拟固体退火，根据温度的变化，固体内部粒子状态从无序变为有序，并且内能降低，不断降温的方法可以使内部粒子完全有序地达到基准态。

研究学者将模拟退火算法应用于组合优化领域。优化目标函数对应于固体内能大小，控制参数对应退火温度，算法优化迭代过程对应退火过程，算法的解对应固体物质的状态，而算法的最优解对应基态时的物质状态。模拟退火算法是一种基于概率性的寻优智能算法，当在迭代过程中产生的新解劣于原解时，则以一定的概率接收新解。这个规定被定义为 Metropolis 准则，Metropolis 准则定义如式(3-15)所示：

$$p_{\mathrm{SA}} = \begin{cases} 1, & E_{\mathrm{new}} > E_{\mathrm{old}} \\ \exp\left(-\dfrac{\Delta T_{\mathrm{SA}}}{k_{\mathrm{Bol}} T_{\mathrm{SA}}}\right), & E_{\mathrm{new}} \leqslant E_{\mathrm{old}} \end{cases} \tag{3-15}$$

其中，p_{SA} 表示当前退火温度下接收新解的概率值；E_{new} 表示新解的目标函数值大小；E_{old} 表示原解的目标函数值大小；k_{Bol} 表示 Boltzmann 常数；T_{SA} 表示算法的退火温度，随迭代次数的增加而不断减小；$\Delta T_{\mathrm{SA}} = E_{\mathrm{new}} - E_{\mathrm{old}}$。

模拟退火算法会在每次降温迭代时，判断产生的新解是否劣于旧解，并以一定概率接收新解。算法运行初期，温度较高，接收新解的概率较大，算法的解有较好的跳变性，不会稳定在次优解；当算法迭代到后期时，温度接近最小退火温度，当前解接近最优解，接收新解的概率较低，避免算法舍弃较好的解。

2. 模拟退火算法流程

假定当算法找到最优解时，目标函数值最小，对应于固体退火时内能降到最低。算法基本思想流程如下。

(1) 初始化：算法迭代初期有较高的起始退火温度 T_{SA0}，一个起始解状态 S_{SA0}，并求得目标函数值 $E(S_{\mathrm{SA}})$，以及该温度下的迭代次数 L。

(2) 迭代过程：在当前温度进行 L 次迭代操作，即从第(3)步到第(6)步迭代操作 L 次。

(3) 产生新解：随机产生新解 S'_{SA}，计算新的目标函数 $E(S'_{\mathrm{SA}})$。

(4) Metropolis 选择过程：计算 $\Delta T_{\mathrm{SA}} = E(S'_{\mathrm{SA}}) - E(S_{\mathrm{SA0}})$，若 $\Delta T_{\mathrm{SA}} > 0$，则选择新解 S'_{SA}；否则，以概率 $\exp(-\Delta T_{\mathrm{SA}} / k_{\mathrm{Bol}} T_{\mathrm{SA}})$ 接收新解 S'_{SA}。

3.3 单路口信控排放优化

(5)符合终止条件时,输出最优解。一般终止条件为算法连续多代新解均被舍弃。

(6)退火温度T_{SA}逐渐减小,一般乘以一个小于1并接近1的系数,当退火温度大于最小退火温度时,继续进行第(2)步。

当模拟退火算法应用于城市交通排放优化控制中时,其目标函数为研究区域的排放量,控制参数为单点交叉口的周期时长以及各相位的绿信比,通过不同的配时方案,在单点交叉口处的排放量也大不相同,最终的控制目标是使算法目标函数值最小,排放量最低。

3. 基于模拟退火算法的单点配时优化策略

本节将模拟退火算法应用在城市交通路况环境下,进行单点交叉口的信号灯配时优化控制策略研究。在本次实验中,选取单点交叉口范围内的交通排放量作为目标函数,控制参数为交叉口信号灯的周期时长及绿信比,最终的控制目标是使单点交叉口处的交通排放量达到最低值。

基于模拟退火算法的单点交叉口配时优化策略如下。

(1)初始化:设置较高的起始退火温度T_{SA0}和初始配时方案S_{SA0},并记录初始解状态$S_{SA}(0) = S_{SA0}$及最优解$S_{best} = S_{SA0}$,设置迭代次数$N = 0$、当前退火温度下的迭代次数$L = 0$以及终止算法条件$p_{SA} = 0$。

(2)Metropolis抽样过程:设置当前温度$T_{SA} = T_{SAN}$,并调用Metropolis抽样选择算法,得到当前最优解S_{best}^N以及当前状态$S_{SA}(N)$。

(3)最优解判断过程:根据交叉口排放量的目标函数$f(x)$,判断若$f\left(S_{best}^N\right) < f(S_{best})$,则$p_{SA} = p_{SA+1}$,否则$p_{SA} = 0$。

(4)退火过程:降温得到$T_{SA} = T_{SA(N+1)}$,迭代次数$N = N+1$。

(5)终止条件:若$p_{SA} = p_{SAmax}$(最大阈值),输出最优解S_{best}并结束算法流程;否则,返回步骤(2)。

Metropolis抽样选择算法如下。

(1)保存当前温度T_{SAN}、当前解$S_{SA}(N)$和当前最优解S_{best}^N。

(2)在单点交叉口信号灯配时的约束条件下根据$S_{SA}(N)$产生新解$S'_{SA}(N)$,并计算$\Delta = f(S_{SA}(N)) - f(S'_{SA}(N))$。

(3)若$\Delta \leqslant 0$,接收新解$S'_{SA}(N)$并令$S_{SA}(N) = S'_{SA}(N)$,若$f\left(S_{best}^N\right) > f(S_{SA}(N))$,则$S_{best}^N = S_{SA}(N)$,否则$L = L+1$;若$\Delta > 0$,产生$0 \sim 1$随机数$r$,若$\exp(-\Delta/T_{SAN}) > r$,接收新解$S'_{SA}(N)$并令$S_{SA}(N) = S'_{SA}(N)$,$L = L+1$,否则进入步骤(4)。

(4)判断若 $L = L_{\max}$（最大阈值），输出当前最优解 S_{best}^{N} 和当前状态 $S_{\text{SA}}(N)$，跳出抽样选择算法；否则返回步骤(2)。

4. 仿真结果与分析

仿真实验研究了 20 辆普通车辆在包含单点交叉口信号灯的城市道路上运行的行驶工况。基于模拟退火算法流程在 VS 中编写模拟退火算法 C++程序，算法参数设置如下：初始退火温度为 2000℃，最低退火温度为 0.01℃，温度变化率为 0.98，内循环的迭代次数为 10，最大迭代次数为 200。控制参数有两个，分别为单点交叉口信号灯的周期时长和绿信比。

基于模拟退火算法的车辆排放总量如图 3-4 所示。

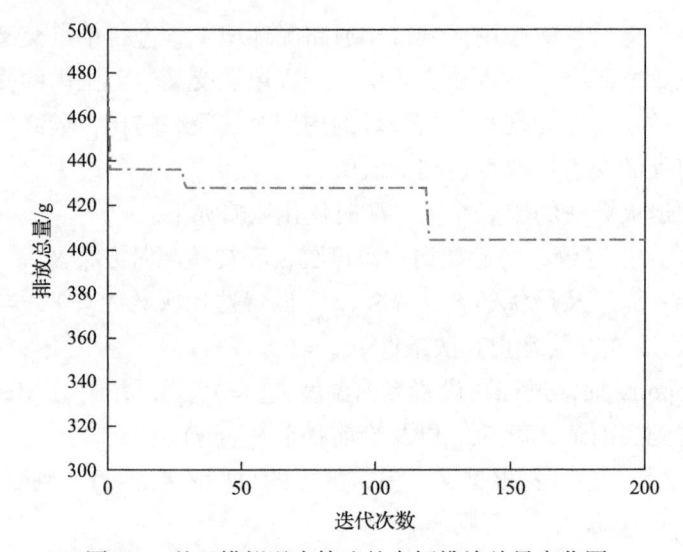

图 3-4 基于模拟退火算法的车辆排放总量变化图

算法迭代的最终目标是通过控制单点交叉口信号灯的配时使道路上的车辆排放总量达到最低。当车辆自由运行，不受信号灯的干扰且没有频繁的加减速或者制动行为时，车辆排放总量可以达到最低。由图 3-4 可知，算法在 120 代左右收敛，此时道路中的排放总量最低。

在基于模拟退火算法求解的最优配时方案控制下，单点交叉口的车辆运行时空图如图 3-5 所示。

由实验结果可知，基于模拟退火算法迭代计算的最优配时方案，可使得单点交叉口内的车辆不受信号灯的控制通过交叉口，车辆自由运行到路段终点并结束运行。道路中车辆排放总量在有限的迭代次数内达到最低，单点配时优化控制策略行之有效。

3.3 单路口信控排放优化

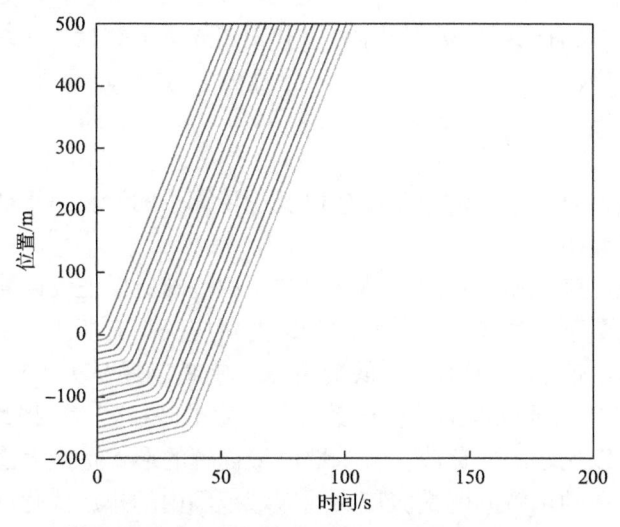

图 3-5 基于模拟退火算法的车辆运行时空图

3.3.3 单路口经典遗传信号灯配时优化

1. 经典遗传算法概述

经典遗传算法是一种仿照自然生物界进化过程的多个体寻优智能算法。遗传算法作为一种群体寻优的智能算法,包括一个起始种群,该种群具有一定的规模。每个个体由不同的染色体组成,体现为基因型的不同。而在算法实际迭代过程中,通过遗传操作染色体的基因型发生变化,相应的表现形式也各有差异,在遗传操作前后也有相应的编码解码过程。

在迭代过程中,每一代种群类似于自然生物界的进化过程,越来越适应环境,在算法中体现为种群整体适应度值呈上升趋势。最终,算法收敛并且得到理想解。

遗传算法应用场景极为广泛,目前在人工智能等组合优化领域中均有不同程度的应用,主要包括以下几点特征。

(1)算法的迭代运算是基于问题的解集,而不是单一解。传统优化算法是基于某个初始解,搜索最优解效率低。但遗传算法覆盖范围较大,从整个解空间内部搜索,利于全局寻优的过程。

(2)遗传算法无须考虑连续可微的约束。这个优点使得算法的适应性极为广泛,因为遗传算法主要依靠适应度函数进行种群评优和迭代,对于各种类型的优化问题,都可以加以处理。

(3)遗传算法是一种基于概率性的全局寻优算法,与问题域无关,具有快速随机的搜索能力,可以更好地保证算法的全局寻优过程。

(4)遗传算法具有很好的扩展性,可以和很多先进的智能算法结合优化使用并应用于多个领域中。

2. 适应度函数与遗传算子

在经典的遗传算法中,适应度函数以及遗传算子的计算是算法的核心环节,本节将分别进行介绍。

适应度函数应该在能反映问题可行解空间的基础上保证设计简单,复杂度低。在不同的应用场景下,适应度函数与原问题的对应关系有所不同,例如,有些问题是为了求得最小值(最短路径、最低费用等),有些问题是为了求得最大值(最大利润等),因此需要对原问题的目标函数进行一定的映射变换,将其转变为遗传算法所需要的能加以比较的非负值,且求取的最优解的形式是最大值的形式。

在本节中选取的求解问题是城市交通区域范围内的排放优化问题,控制目标是使得区域范围内的城市交通排放量降到尽可能低的程度。因此,在实际测算适应度函数时,对交通排放量进行反比变换,排放量越低,适应度函数值就越大。通过遗传算法的迭代优化,可以保证更多的优良个体留存。

经典遗传算法包含三种遗传算子,分别是选择算子、交叉算子和变异算子。种群中的个体之间相互繁衍产生新的个体,并淘汰一部分不适应环境的个体,在这个过程中也会突变产生新的个体。通过对三种遗传算子进行分析和研究,算法控制下的种群可以迭代进化,最终保证求解问题收敛到全局最优解或较满意解。

选择算子:遗传算法提出选择算子来对种群进行选择和淘汰操作。在选择过程中,存在一些影响算法性能的问题。例如,在算法迭代初期,会有部分异常个体影响选择的概率,因为竞争力显著而决定选择的方向,对算法进化效率影响较大。在算法迭代后期,种群间适应度值类似,基因型差别也不大,选择操作无法跳出局部最优解。因此,选择算子和适应度函数的选取也有密切的关系,适应度函数的选择对于整个算法的遗传算子影响重大。

交叉算子:根据生物界适者生存的进化准则,不同染色体之间需要进行基因重组,产生新的基因型,得到不同的新个体,交叉重组产生新的基因型是遗传进化环节中的重要部分,选择操作是通过随机选取种群中的两个个体并将染色体进行部分重合及互换,便可得到新的两条染色体,呈现不同的基因型。交叉操作是产生新个体的主要遗传方式,故选取合适的交叉算子对算法的影响较大。

变异算子:染色体在遗传过程中,会因为一些不可控因素发生基因突变,产生新的基因型。虽然这种基因突变的现象是一种低概率事件,但它在生物界的进化过程中起着至关重要的作用。遗传算法引入变异算子来产生新的随机个体,在算法中通过一个较小的随机概率值控制。

3.3 单路口信控排放优化

3. 基于经典遗传算法的单点配时优化策略

在相同的实验条件下，利用经典遗传算法求解以排放为控制目标的单点交叉口信号灯配时优化问题。经典遗传算法的具体流程如图 3-6 所示。

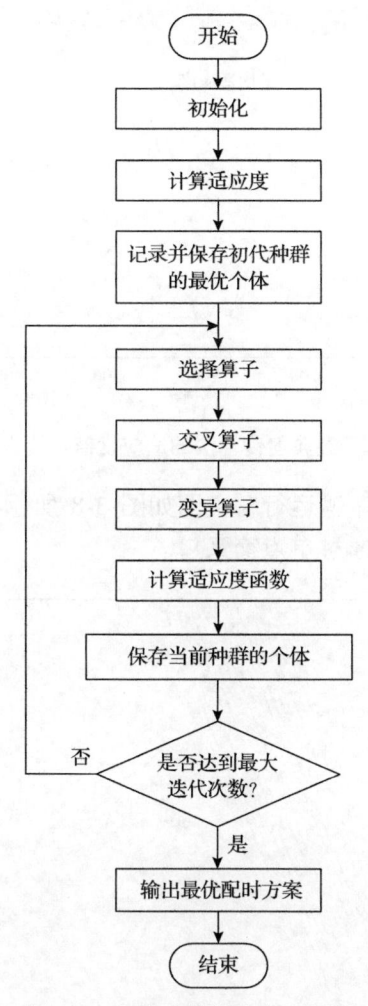

图 3-6 经典遗传算法流程框图

4. 仿真结果与分析

经典遗传算法程序中的参数设置如下：一个种群中的个体数为 50，迭代次数为 500 次，交叉率为 0.9，突变率为 0.1，种群中每个个体的染色体包含 2 个基因，代表主干线上单点交叉口信号灯的信号配时。主干线上车辆总数为 20 辆，车辆总运行时间为 500s，起始点到交叉口信号灯的距离为 250m。其他参数 g_{min} =15s,

$C_{\min}$ =30s, $g_{\max}$ =60s, $C_{\max}$ =120s。基于经典遗传算法的仿真运行结果如图 3-7 所示。

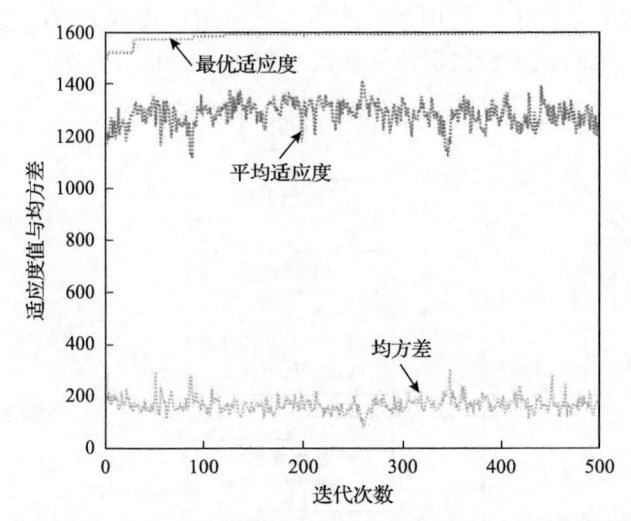

图 3-7 基于经典遗传算法的适应度值与均方差仿真图

基于经典遗传算法的车辆运行时空图如图 3-8 所示。在最优配时方案下,所有车辆均不受信号灯影响通过单点交叉口。

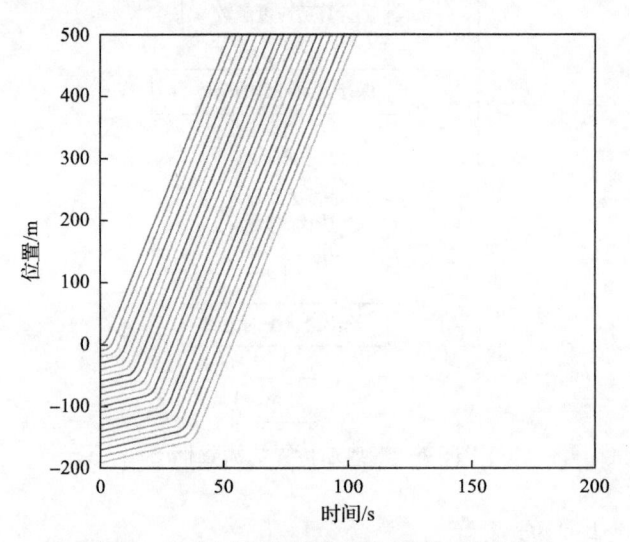

图 3-8 基于经典遗传算法的车辆运行时空图

基于经典遗传算法的车辆排放总量变化如图 3-9 所示。随着迭代次数的增加,单点交叉口配时方案不断优化,车辆排放总量在 370 代左右达到最低,所有车辆均未停车通过单点交叉口。

3.4 主干线信控排放优化

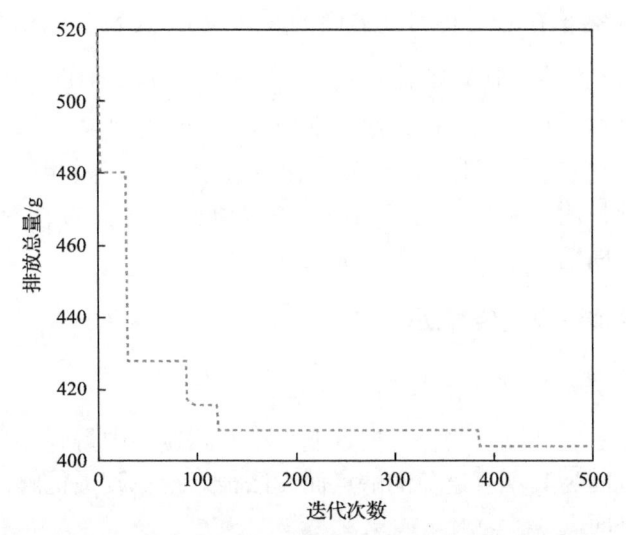

图 3-9 基于经典遗传算法的车辆排放总量变化图

由实验结果可知，基于经典遗传算法迭代计算的最优配时方案，可使得单点交叉口内的车辆不受信号灯的控制通过交叉口，车辆自由运行到路段终点并结束运行。道路中车辆排放总量在有限的迭代次数内达到最低，单点配时优化控制策略行之有效。

3.4 主干线信控排放优化

3.4.1 主干线交通排放优化模型

本节提出的城市主干线交通排放优化模型如下：

$$\min E_p = \sum_{m=1}^{M}\sum_{t=1}^{T}\sum_{k=-20}^{20} N_{k,T,m} e_{p,k,t,m}\left(\text{VSP}_{(v_t,a_t)}\right)$$

$$\text{s.t. } g_{\min} \leqslant g_i \leqslant g_{\max}$$
$$C_{\min} \leqslant C_i \leqslant C_{\max} \qquad (3\text{-}16)$$
$$0 \leqslant \varphi_i \leqslant \varphi_{\max}$$
$$T = \sum_{k=-20}^{20} N_{k,T,m}$$

其中，E_p 表示污染物 p 的排放总量；M 表示主干线上的所有运行车辆数目；T 表示所有车辆在道路上的总运行时间；k 表示 VSP 值的区间号，取值范围为 $[-20,20]$；

$N_{k,T,m}$ 表示第 m 辆车在总运行时间 T 内的瞬时 VSP 值落入 k 区间的采样点数；$\text{VSP}_{(v_t,a_t)}$ 表示第 t 秒的瞬时 VSP 值；$e_{p,k,t,m}\left(\text{VSP}_{(v_t,a_t)}\right)$ 表示在第 t 秒、第 m 辆车的瞬时 VSP 值位于第 k 区间时，该辆车污染物 p 的瞬时排放率；g_i、C_i 及 φ_i 分别表示主干线上第 i 个交叉口信号灯的有效绿灯时长、周期时长及相位差；$g_{\min}$ 和 $C_{\min}$ 分别表示有效绿灯时长和周期时长的最小临界值；$g_{\max}$、$C_{\max}$ 和 $\varphi_{\max}$ 分别表示有效绿灯时长、周期时长和相位差的最大临界值。

3.4.2 改进的模拟退火遗传算法研究

1. 经典遗传算法的缺点

经典遗传算法以其良好的全局搜索能力在实际应用中得到广泛的应用，但是经典遗传算法也因为其不可避免的缺点而无法很好地找到最优解，其主要的缺点包含以下几个方面。

(1) 初始编码问题。由于遗传算法需要将问题转化成算法优化迭代的形式，需要对问题进行编码，不同的编码方式也会产生不同的优化收敛速度。但由于编码实现方式较为复杂和多样，这给采用经典遗传算法求解目标问题带来了困难。

(2) 初始种群的影响。遗传算法主要从一个初始种群开始，不断通过遗传算子和适应度函数的迭代计算，产生新的种群。即算法对不同的初始种群进化速度各不相同，在寻优过程中不同的初始种群决定的未来进化方向未知，且进化收敛速度差异较大。

(3) 种群规模的影响。当种群规模过大时算法的迭代速度急剧下降，并且由于算法的整个搜索过程仅依赖于适应度函数，并通过概率性搜索得到新的解空间，对原解的反馈信息利用度不够完善，因此搜索的速度慢，种群进化过程也会受到干扰。

(4) 遗传算子的选择。遗传算法的实现依赖于三种遗传算子，其中参数选择的随机性严重影响了解空间的品质。但目前遗传算法的参数设置大多还是依赖固有资料的研究，这对算法的稳定性和收敛性也有较大的影响。

(5) 早熟问题。采用遗传算法，在迭代初期一些异常个体的适应度值远高于其余个体，从而使得该异常个体在遗传操作后占种群的大部分比例。种群产生早熟现象，算法无法正常收敛。

2. 遗传算子改进策略

由于遗传算法的这些缺点显著，学者们通过后续的研究采用了多种不同的改进策略来提高算法的可靠性，尤其是针对遗传算法最为严重的早熟现象提出了多种优化改进方法。目前较为广泛使用的改进方法有以下几种。

(1) 初始种群的改进。将随机产生的种群优化为解空间的部分局部最优解组成

3.4 主干线信控排放优化

的种群,随机性降低,保证种群均匀性增加,提高算法收敛速度和寻优搜索能力。

将遗传算法应用于城市交通领域中,初始种群中的个体对应于城市交通交叉口的绿信比、相位差及周期参数,而这些参数在实际道路通行中都有具体的限定条件。算法可通过随机产生的限定范围内的不同个体,根据种群规模和限定范围,分段从不同区间内选取出适应度较大的部分个体作为初始种群,保证初始种群在整个解空间内的分布均匀且平均适应度值较高。

(2)遗传算子的优化。传统的遗传操作,仅依赖于概率性参数,随机性较高,通过改变原有的选择、交叉、变异策略,以及引入自适应控制来调节遗传算子参数,可以优化遗传算子的搜索和提升产生优秀个体的能力。

传统的选择操作采用轮盘赌的选择策略,由于其存在概率性和随机性,可能会遗失优良个体。因此,引入随机竞争选择策略,即新种群中的每一个个体都是通过多次选择,被选择的个体相互竞争,适应度更高的个体留存。

交叉操作一般与编码形式有关,通过一定的概率选择交叉的两个个体,并对其编码形式上的部分基因型进行交换,从而得到新的两个个体。改进的交叉算子可以自适应调节交叉概率,有效地减少不必要的交叉操作,提高全局搜索能力。

变异操作一般取一个固定较小的变异率,在每一代的进化中都有一定的概率产生新的个体。改进策略通过引入自适应变异率和非均匀变异算子,可以使不同算法运行时期的变异率随种群的平均适应度值改变。

(3)遗传算法与智能算法的组合优化。目前学者将遗传算法与模拟退火算法、神经网络算法等智能算法结合,研究了各种不同的优化策略,很好地弥补了传统遗传算法的缺陷。

(4)其他优化策略的引入。通过引入精英保留策略可以更好地保证一些优良个体的存活与进化,同时在算法迭代后期引入灾变操作,可以有效地避免算法陷入局部最优解。除此以外还有许多不同的优化策略与遗传算法结合来改进其早熟的问题。

经过多年的研究分析,遗传算法的优化控制策略已经进入较为完善的阶段,不同的优化策略选择对于不同目标函数的影响均有差异。遗传算子的改进对于经典遗传算法的整体优化效果都具有显著的影响,本节主要通过不同优化方法的结合来研究适用于城市交通排放领域的遗传算子改进策略。具体组成部分如下。

1)退火式随机竞争选择算子

退火式随机竞争选择算子流程图如图3-10所示。

将模拟退火机制引入选择策略中,采用随机竞争选择策略。对于城市交通排放的控制,主要选择的参数包括各路口的周期时长、相位差和绿信比,这些参数构成每条染色体的基因型组。在仿真实验中,对比算法收敛速度和选择优良个体的效果,最终选择两个个体作为随机竞争的基准个体数。这种退火机制避免了算法选择策略中部分超常个体的影响导致种群趋于早熟的情形。

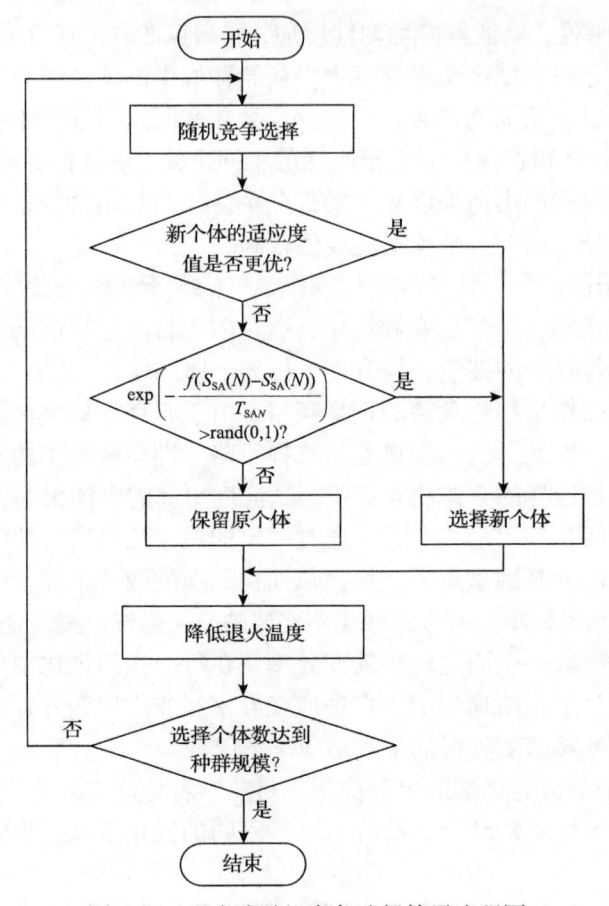

图 3-10 退火式随机竞争选择算子流程图

2) 启发式加权交叉算子

面向城市交通排放控制指标，遗传算法对于控制参数采用实数编码的形式。假定第 t 代种群中，选取的两个个体的第 i 个基因分别为 $x_i(t)$、$y_i(t)$，则第 $t+1$ 代种群中，这两个个体新的基因型计算如下：

$$x_i(t+1) = \alpha x_i(t) + (1-\alpha) y_i(t) \tag{3-17}$$

$$y_i(t+1) = \beta x_i(t) + (1-\beta) y_i(t) \tag{3-18}$$

其中，$\alpha, \beta \in \text{rand}(0,1)$。

在目前大量的研究中，实数编码的遗传算法中交叉算子均采用上述交叉策略。但是这种交叉策略会导致搜索解空间逐渐变小，种群的平均适应度值逐渐趋于稳定，优化的选择策略对种群的作用仅相当于等概率复制。因此，本节采用一种改进的启发式加权交叉算子，保证了搜索解空间的范围在适应度较大的个体附近波动,且不易早熟,交叉操作的范围与迭代次数也相关。随着种群进化与最优解的差异逐渐缩小。同样假定第 t 代种群中,选取的两个个体的第 i 个基因分别为 $x_i(t)$、$y_i(t)$,则第 $t+1$ 代种群中,新的基因型如下所示:

$$x_i(t+1) = \alpha x_i(t) + (1-\alpha) y_i(t) \tag{3-19}$$

$$y_i(t+1) = \alpha x_i(t) - (1-\alpha) y_i(t) \tag{3-20}$$

其中,$\alpha = \left(\dfrac{f(x)}{f(x)+f(y)} \right)^{\lambda^{(n-1)}}$,$f(x)$ 表示两个个体中较大的适应度值,$f(y)$ 表示两个个体中较小的适应度值,$\lambda \in \text{rand}(0,1)$,$n$ 为计算上述两式的次数,每次交叉初始 $n=1$,当计算新的基因型超出允许解空间范围时,$n=n+1$,并重新计算基因型,直到满足解空间约束,n 的存在可以避免交叉操作无法产生满足条件的解而陷入死循环。优化的启发式加权交叉算子可以更好地在解空间附近搜索,不易早熟。

3)混合式变异算子

目前的遗传算法研究普遍采用均匀变异策略,突变范围在解空间内随机分布。此类变异方法最为普遍,但在算法迭代后期逐渐趋于优化时,仍具有较大的概率跳变性,算法难以收敛到最优解。

因此,本节引入非均匀变异算子和边界变异算子。非均匀变异算子可以逐渐缩小变异范围,保证在算法迭代后期在最优解附近搜索种群变异范围,避免算法后期随机扰动剧烈,提高收敛速度。而边界变异算子对于某些最优解空间存在于参数边界的目标函数较为适用。对于城市交通配时的参数选取需要考虑边界参数对于整体交通流优化的影响,故引入边界变异算子。

优化的变异算子分为三部分:①在算法迭代初期,采取均匀变异算子,保证在整个解空间中搜索变异范围,提高搜索范围和能力;②在算法迭代中期,采用边界变异算子,寻找边界上的优化解,提高种群中的优良个体数目,增强算法进化的能力;③在算法迭代后期,采用非均匀变异算子,可以缩小搜索范围提高效率,便于算法收敛于最优解。优化的混合式变异算子流程图如图 3-11 所示,其中 N 表示迭代总次数。

3. 面向交通排放的适应度函数分析

遗传算法除了三种遗传算子的影响显著之外,最重要的就是适应度函数的选取与计算。因为在算法迭代运行过程中不依赖其他信息,而仅以适应度函数值作为算法运行的依据。故针对不同问题,适应度函数的选取和设计影响整个遗传算法运行后解的好坏。

此部分研究的应用背景是交通灯信号控制下的城市交通流研究,主要分析城

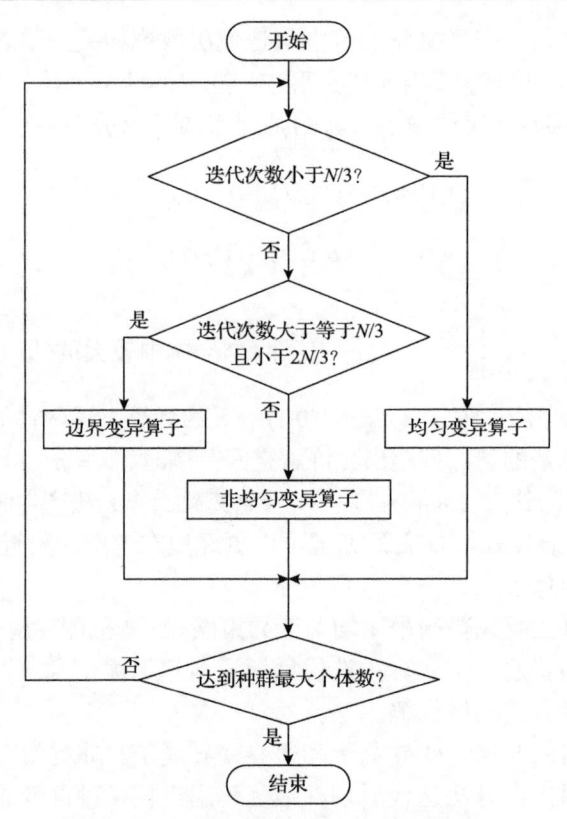

图 3-11　优化的混合式变异算子流程图

市路网中交通排放的优化控制策略。为此,在本节的适应度函数测算中,需要将车辆运行模块和排放测算模块的数值仿真过程作为基础,嵌入整个遗传算法当中。

根据之前的分析结果,对于交通信号灯控制下的城市主干线交通流,车辆在主干线上行驶时会有不同的运行模式。当无信号灯控制时,整个主干线上的车辆形成一列完整的车队,最前方车辆即头车,决定整个车队的运行情况,而车队剩余车辆的运行都取决于头车的状态。当头车运行状态发生改变时,后方车辆会依次调整运行状态。当加入信号灯控制作用时,主干线上的车辆运行被信号灯分割为多列车队,并随着时间和信号状态的变化不断调整车队状态,头车可能变为前方车队的跟随车,而跟随车也会在信号灯的作用下成为当前后方车队的头车。因此,分析每一时刻的车队各个车辆的运行状态是研究主干线交通流优化控制的基础。

对主干线上正在运行的某一车辆进行分析:当该车辆正常行驶时,仅需要考虑两个因素的影响,即前车的运行情况以及前方信号灯的状态。

(1)当前方交叉口信号灯状态为绿灯时,当前车辆的运行仅取决于前车状态。当与前车距离大于跟车安全距离时,当前车辆将会以自由状态运行,若自身速度小于最大允许速度,则会以车辆允许最大加速度加速行驶,直到最大允许速度时

3.4 主干线信控排放优化

开始匀速行驶；反之，当与前车距离小于跟车安全距离时，当前车辆的运行状态由前车运行状态决定，在仿真程序中以式(3-6)改进的跟驰 OVM 进行跟车运行。

(2) 当前方交叉口信号灯状态为红灯时，首先考虑车辆是否靠近前方停车线，满足改进交通流模型的临界上限距离在之前的研究中[177]已经得到。当距离前方路口停车线的距离大于该临界上限距离时，当前车辆的运行状态与上述信号灯为绿灯时的运行状态一致；而当距离前方路口停车线距离小于临界上限距离时，若前方车辆已经驶过停车线，则当前车辆需要面向停车线采用式(3-7)的停车 OVM。反之，若前方车辆并未驶过停车线，则当前车辆的运行状态依然取决于前车在红灯信号状态下的调整，并以式(3-6)的 OVM 运行。

在本节的主干线交通流运行程序中，所有运行车辆在一条有限长度的多交叉口主干线上循环行驶，当到达该主干线的终点时车辆以当前速度重新从主干线的起点开始循环运行，直到达到最大运行时间结束。随着运行时间的推移，主干线的所有车辆在整个运行周期形成不同的车队循环行驶。主干线车辆运行模块流程图如图 3-12 所示。

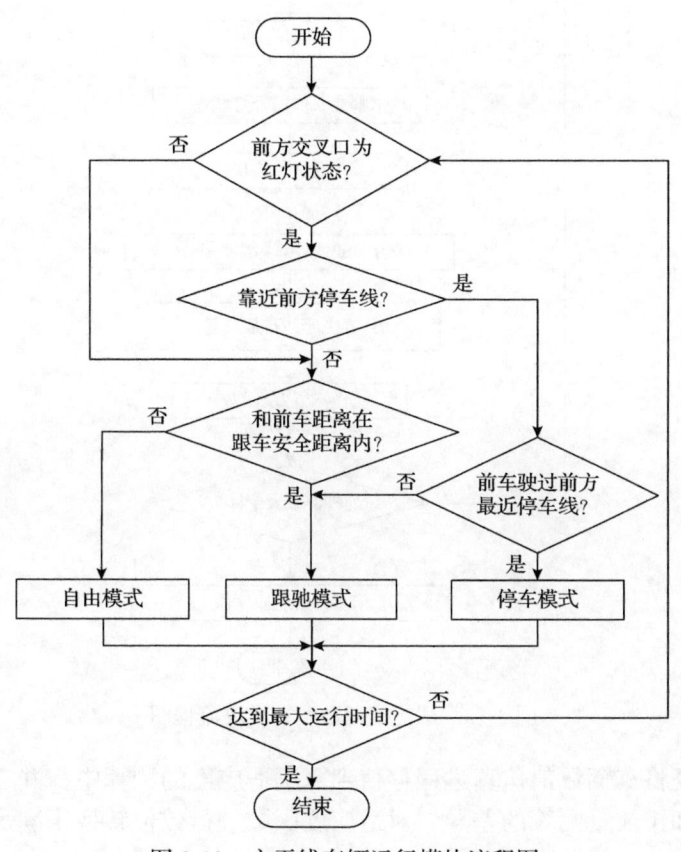

图 3-12 主干线车辆运行模块流程图

根据车辆运行的状态，可以得到主干线上每辆车各个时刻的速度和加速度，根据前述研究，车辆的污染物排放率主要与速度和加速度有关。通过每一时刻的运行速度和加速度，可以得到各个车辆的瞬时 VSP 值。根据每辆车的瞬时 VSP 值可以计算该时刻的污染物排放率，进而求得整个主干线上的全部车辆在完整的运行时间内产生的排放总量。

对于遗传算法，适应度函数以最大值求解。而面向考虑排放的主干线微观交通流优化控制的研究中，城市交通排放总量是以最小值作为优化目标。因此，需要对排放总量进行一定的数值转换，将其转变为求解最大值的问题。在实际实验中，通过不同参数的调试结果可知，部分个体的排放总量差异不大，若直接选取排放总量作为适应度函数，可能会弱化遗传算法的优化控制效果。因此，在仿真程序中，对于已经转换为求取最大值的目标函数还要进行线性变换，来放大不同个体之间的差异。适应度函数测算模块流程图如图 3-13 所示。

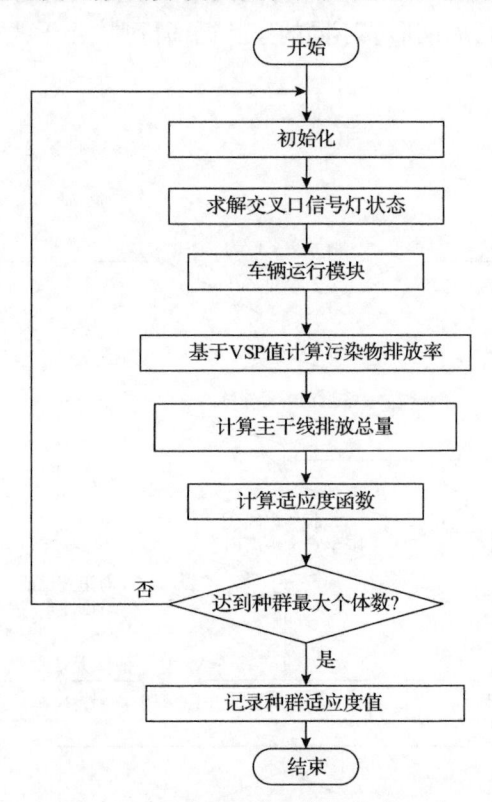

图 3-13　适应度函数测算模块流程图

本节主要将车辆数值仿真过程移植到算法适应度的测算中，并考虑到实际交通运行情况和排放量测算的差异，对适应度函数进行数值转换来满足实际问题的需求。

4. 改进的退火式遗传算法

上述已经提出了适用于城市交通流排放优化控制领域研究的三种改进遗传算子以及面向交通排放的适应度函数测算分析。本节将模拟退火机制引入到经典遗传算法的迭代运算中,可以有效地提高搜索效率和算法进化能力。

结合前述分析的遗传算子优化策略以及适应函数测算,本节将提出一种改进的退火式遗传算法(improved simulated annealing genetic algorithm,ISAGA)。考虑到遗传算法在迭代运算过程中可能会遗失当前种群的优良个体,为提高寻优能力,ISAGA 引入了精英保留策略来避免丢失适应度较高的个体。

ISAGA 中精英保留策略的步骤如下。

(1) 保留上一代(第 i 代)的最优个体 $best_i$。

(2) 遍历当前代种群的所有个体,找到当前代(第 $i+1$ 代)种群中的最优个体 $best_{i+1}$ 和最差个体 $worst_{i+1}$。

(3) 当 $best_{i+1}$ 的适应度值 $f(best_{i+1})$ 大于 $best_i$ 的适应度值 $f(best_i)$ 时,保留第 $i+1$ 代的最优个体并将其取代 $best_i$,结束精英保留策略,否则转向步骤(4)。

(4) 此时 $f(best_{i+1}) \leqslant f(best_i)$,第 $i+1$ 代的最差个体 $worst_{i+1}$ 由第 i 代的最优个体 $best_i$ 替换,结束精英保留策略。

在遗传算法迭代后期,算法进化速度降低,种群中的个体适应度差异缩小,算法仍然不可避免地会发生早熟现象,无法在后续迭代运算中找到最优解。自然生物界存在一种灾变现象,指的是部分优良物种的灭绝,给予了其他更为高级的物种充分进化的机会。因此,仿照自然生物界的灾变现象,在遗传算法中引入灾变操作。

灾变操作的核心在于如何合理安排灾变开始时间,本节采用灾变倒计数的方式引入灾变操作。当种群进化多代,最优个体的适应度值均没有发生变化时,可以对整个种群进行灾变操作:保留种群中的最优个体而其余个体全部由随机产生的新个体取代,以便产生新的优良个体,让算法有充足的机会继续进化。根据城市交通排放优化控制的实际问题研究以及多次仿真实验的调试分析,选取灾变倒计数次数为 30 次最为合理。

ISAGA 基本流程图如图 3-14 所示。

3.4.3 主干线信号灯配时优化

本节的核心目标是利用上述 ISAGA 求解城市主干线交通排放优化模型,通过将城市主干线范围内的车辆运行状态和排放测算数值仿真过程嵌入适应度函数的计算中,以验证退火式遗传算法在交通排放优化控制领域的有效性。基于 ISAGA 的主干线配时优化控制策略流程图如图 3-15 所示。

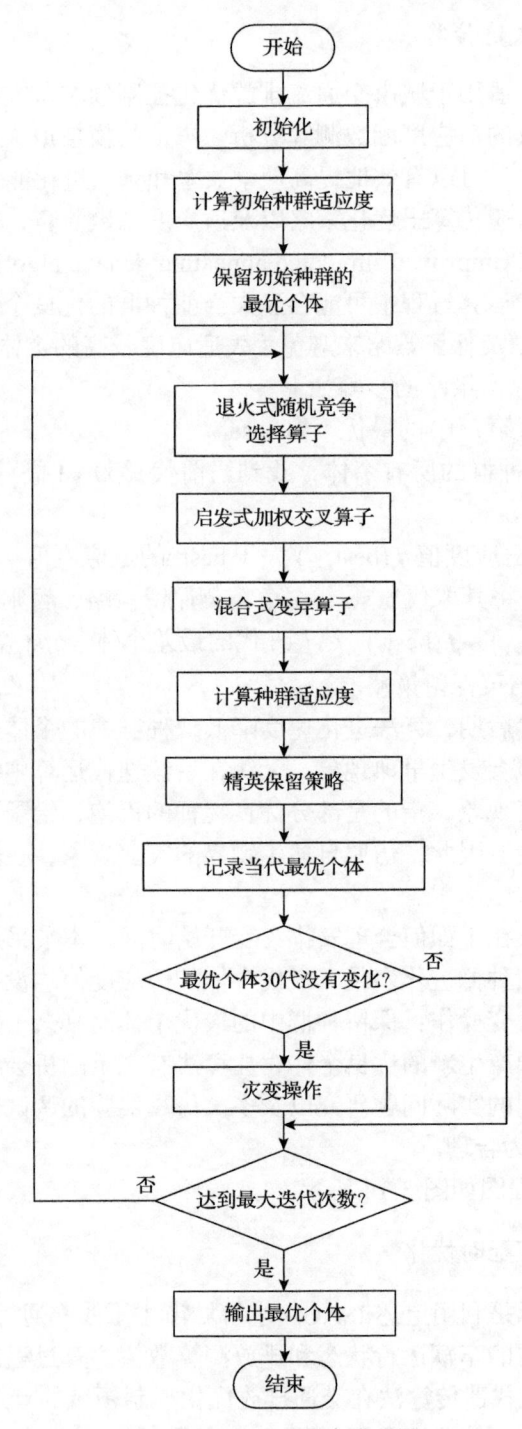

图 3-14 ISAGA 基本流程图

3.4 主干线信控排放优化

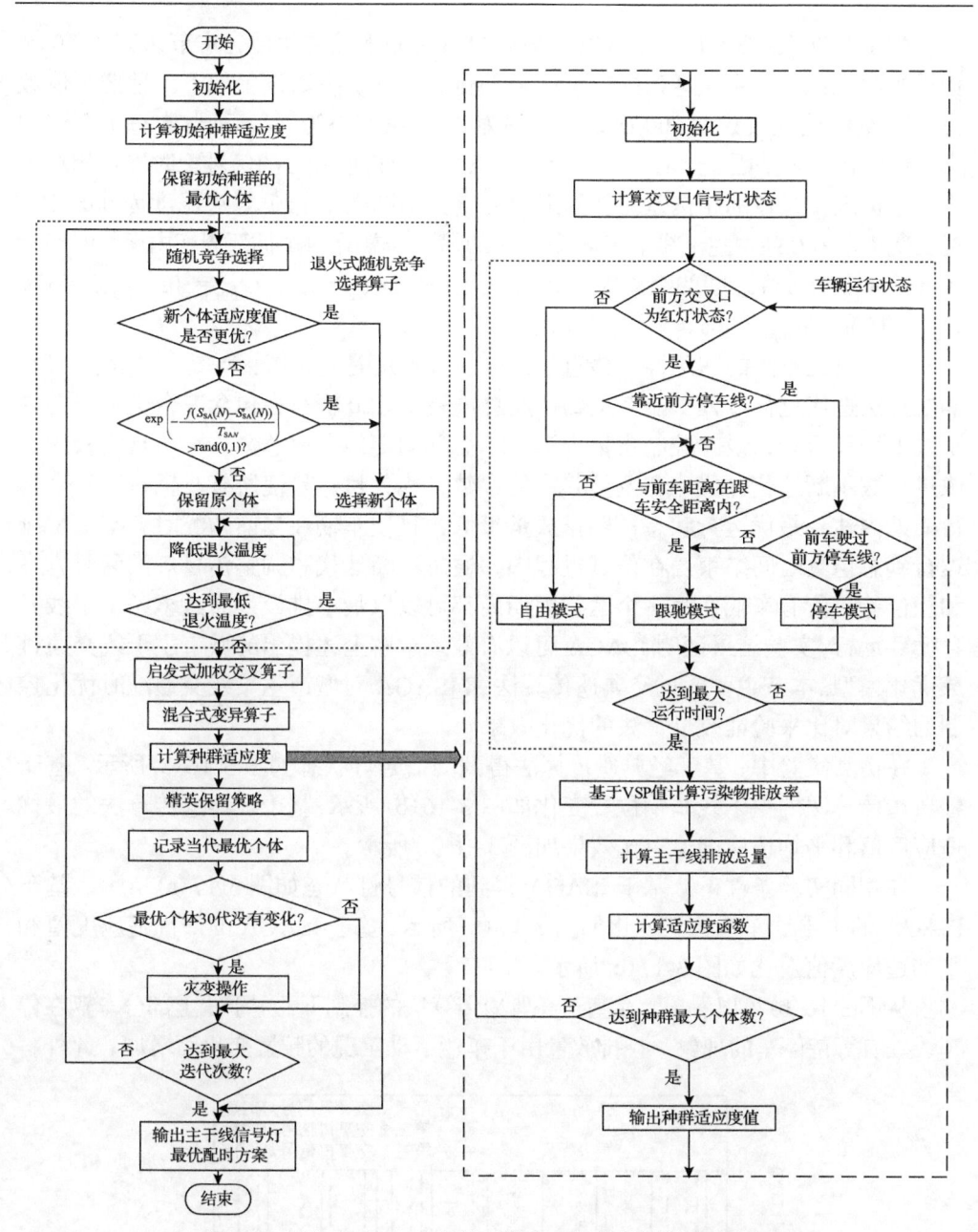

图 3-15 基于 ISAGA 的主干线配时优化控制策略流程图

3.4.4 实验分析

此部分仿真实验将在 Visual Studio 2013 的环境下搭建 ISAGA 模型，基于 MATLAB 进行实验结果的分析与验证，对比算法优化控制的效果并得出结论。

为了评价 ISAGA 在主干线交叉口信号灯控制下的适用性，本节研究了 20 辆普通车辆在包含三个交叉口的主干线上的行驶工况。参数设置如下：种群个体数为 50，最大迭代次数为 500 次，交叉率为 0.9，突变率为 0.1，种群中每个个体的染色体包含 9 个基因，分别代表主干线上三个交叉口信号灯的信号配时以及相对于第一个标准交叉口的相位差。初始退火温度为 1000℃，最低退火温度为 0.01℃，温度变化率为 0.98。主干线上车辆总数为 20 辆，车辆在每个循环周期内运行时间为 500s，两个信号灯之间的距离为 250m。其他参数 g_{min}=15s，C_{min}=30s，g_{max}=60s，C_{max}=120s，φ_{max}=30s。

为了研究算法的适用性，最直观的分析数据就是主干线区域范围内的所有车辆在算法迭代进化过程中能否达到排放总量最小。20 辆车在包含三个交叉口的主干线上循环行驶，设置控制指标为第一个循环周期的排放总量。在仿真实验中，改进算法不断迭代并优化和调整其中的参数，优化目标是使所有车辆在第一个运行周期内达到最优运行状态，即排放量最低，且使车辆在当前的配时方案下继续运行到总仿真时间结束。在仿真过程中，通过不断迭代和调整信号灯的配时方案和相位差，所有车辆在第一个运行周期内都可以以最小排放量通过整条主干线并且循环运行，实验结果证明 ISAGA 可以有效地求解上述提出的城市主干线交通排放优化模型。本节主要通过经典遗传算法和 ISAGA 对城市主干线交通配时优化控制的结果对比来验证改进算法的优化效果。

在仿真实验中，基于经典遗传算法得到的信号灯状态如图 3-16(a)所示，基于经典遗传算法的主干线车辆位置变化如图 3-16(b)所示，基于经典遗传算法的最优适应度值和平均适应度值对比效果如图 3-16(c)所示。

在相同实验条件下，基于 ISAGA 得到的信号灯状态如图 3-17(a)所示，基于 ISAGA 的主干线车辆位置变化如图 3-17(b)所示，基于 ISAGA 的最优适应度值和平均适应度值对比如图 3-17(c)所示。

从图 3-16(b)可以看出，在基于经典遗传算法的控制下，主干线上部分车辆在停车线处有等待停车的现象，且排放量由于车辆运动工况的频繁变化而增加。此外，

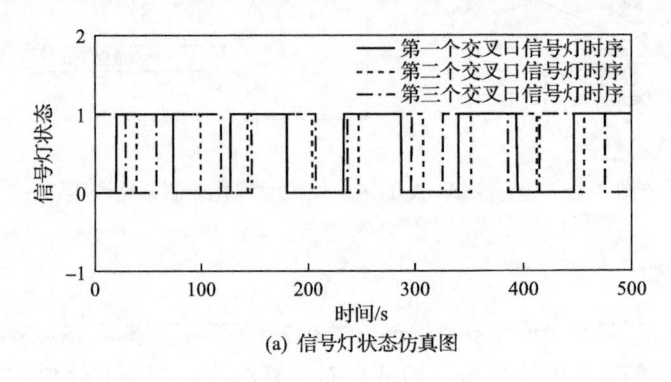

(a) 信号灯状态仿真图

3.4 主干线信控排放优化

(b) 主干线车辆位置变化仿真图

(c) 最优适应度值和平均适应度值对比仿真图

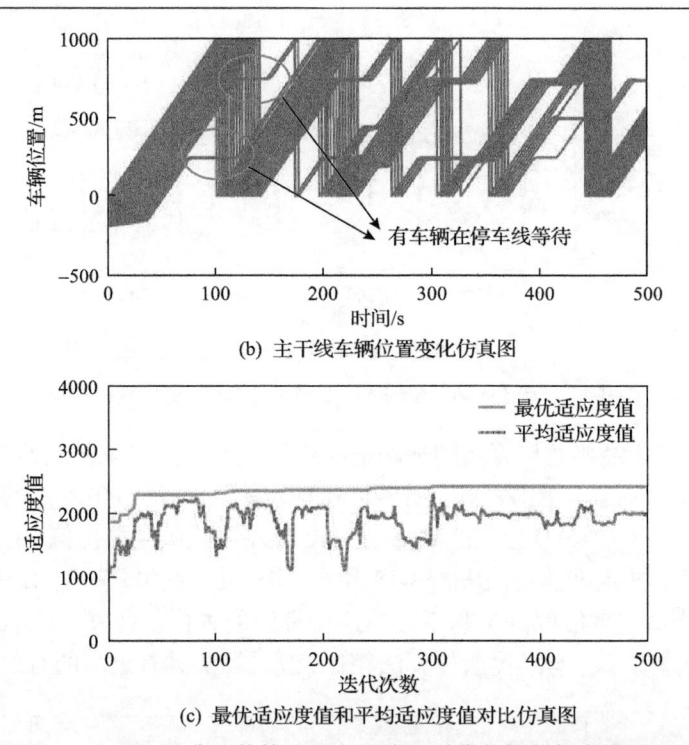

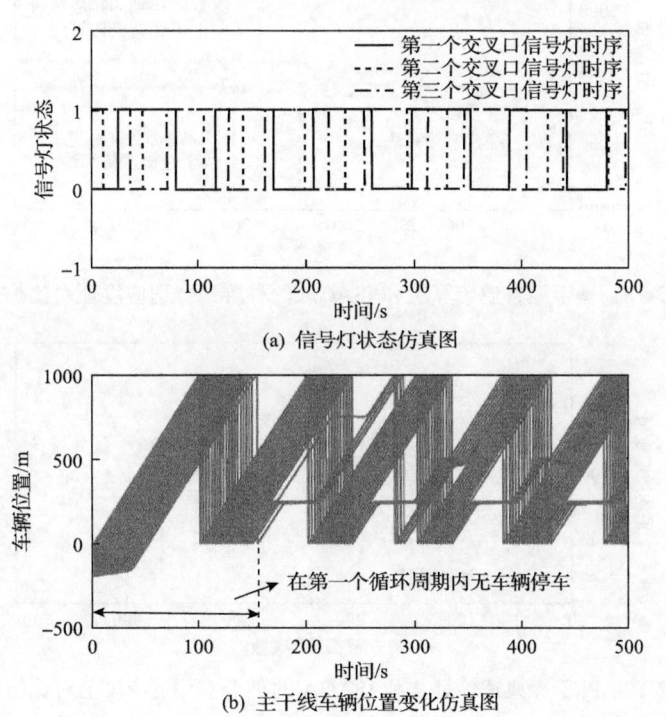

图 3-16 基于经典遗传算法的主干线配时优化控制仿真结果图

(a) 信号灯状态仿真图

(b) 主干线车辆位置变化仿真图

(c) 最优适应度值和平均适应度值对比仿真图

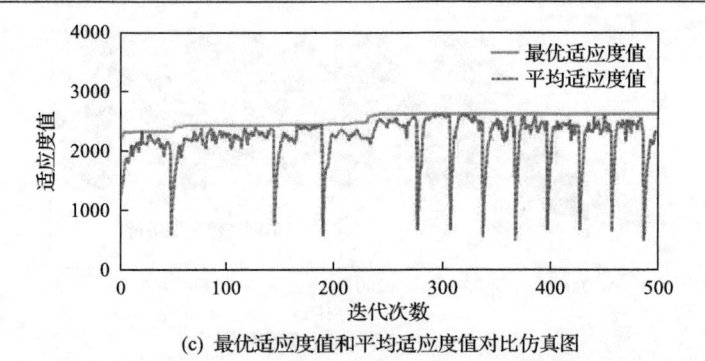

图 3-17 基于 ISAGA 的主干线配时优化控制仿真结果图

图 3-16(c)中基于经典遗传算法的平均适应度值波动较大，说明经典遗传算法的结果不能达到理想状态。相比之下，图 3-17(b)中基于 ISAGA 的第一个循环周期没有车辆停放。如图 3-17(c)所示，ISAGA 在 250 代左右收敛到最优值。在后期迭代中，灾变操作不变，并定期执行。从图 3-18 和图 3-19 可以看出，基于 ISAGA 的最优适应度值和平均适应度值都高于基于经典遗传算法的种群。此外，ISAGA 的收敛速度比经典遗传算法快。与经典遗传算法相比，改进算法具有更高的有效性和鲁棒性。

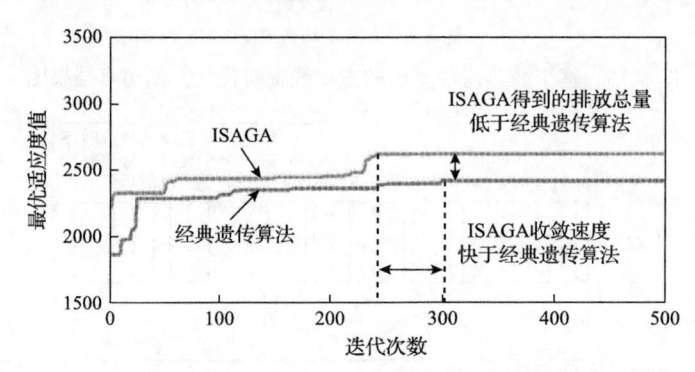

图 3-18 基于经典遗传算法和 ISAGA 的种群最优适应度值对比仿真图

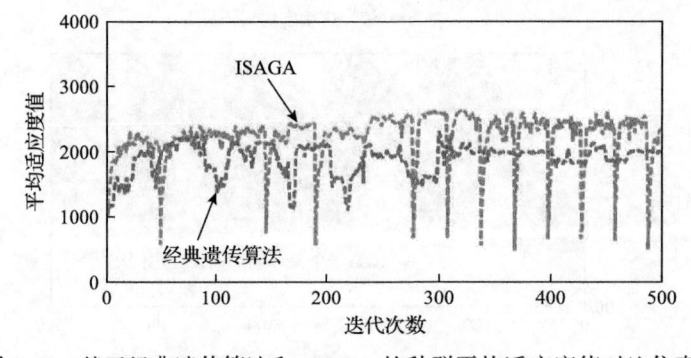

图 3-19 基于经典遗传算法和 ISAGA 的种群平均适应度值对比仿真图

3.5 路网信控排放优化 · 115 ·

结合上述实验结果可以看出，在没有车辆停放的情况下，车辆的排放要低于频繁的加减速或停车状态。仿真结果表明，ISAGA 能够得到最优的主干线信号灯配时方案。仿真实验利用 ISAGA 对城市主干线交通排放优化模型进行了有效求解。数值仿真结果表明，通过相应的改进算法控制信号灯的配时参数，可以优化主干线区域范围内的城市交通排放总量。这不仅证明了本节提出的改进算法的有效性，也为进一步的区域排放控制奠定了基础。

3.5 路网信控排放优化

3.5.1 VISSIM 城市路网建立

VISSIM 是一种广泛应用于交通领域，进行分析并解决问题的强大工具。在交通领域的研究中，需要对交通问题进行前期调研、仿真分析，并对大量方案进行测试研究。目前 VISSIM 在交通领域微观仿真应用中较为普遍，对于单点交叉口、城市主干线道路以及城市区域范围内的仿真分析均可搭建模拟仿真环境并进行测试。一般在 VISSIM 环境下搭建仿真实验环境，其最终目的是验证所研究的算法或者改进模型的效果。而对于 VISSIM 软件来说，其本身的功能难以实现后期验证和分析对比，故需要对 VISSIM 进行二次开发，而开发人员提供的串行通信端口（cluster communication port，COM）便是应对 VISSIM 二次开发而出现的接口。本节主要进行面控范围内的研究，控制目标是城市区域范围内的排放总量，为了验证 ISAGA 的适用性，在仿真程序中需要对 VISSIM 路网进行多次调用，并读取路网输出数据完成算法迭代。程序中的 ISAGA 通过读取路网中车辆的实时数据并进行遗传算子的运算，得到每一代种群的配时方案，并将配时参数写入 VISSIM 路网重新运行，完成基于 COM 的 VISSIM 二次开发。

VISSIM 环境下路网搭建的主要构成元素包括路段和连接器，通过不同路段之间的连接和设置组成所需路网。而路网可以通过实际地图导入并通过比例缩小的方式绘制实际城市区域的仿真 VISSIM 路网，便于后续仿真实验的分析。

路段是构成 VISSIM 路网的最基本元素，在路网中可以对不同路段设置车道数、车辆输入、不同车道车辆比例、数据采集点及信号灯等，并通过连接器连通不同的路段，设置相应的仿真运行规则，在设置好的仿真运行时间内将会以当前的仿真随机种子产生车辆并在路网中运行。

由于本节主要研究路网区域范围内的交通流优化控制策略，分别搭建单点交叉口、2×2 路网和 2×3 路网，如图 3-20 所示，并在后续仿真实验中进行算法验证。

不同的路网搭建后，在算法中的控制参数个数也不相同。本节实验搭建的均

(a) 单点交叉口路网

(b) 2×2路网

(c) 2×3路网

图 3-20　VISSIM 路网搭建

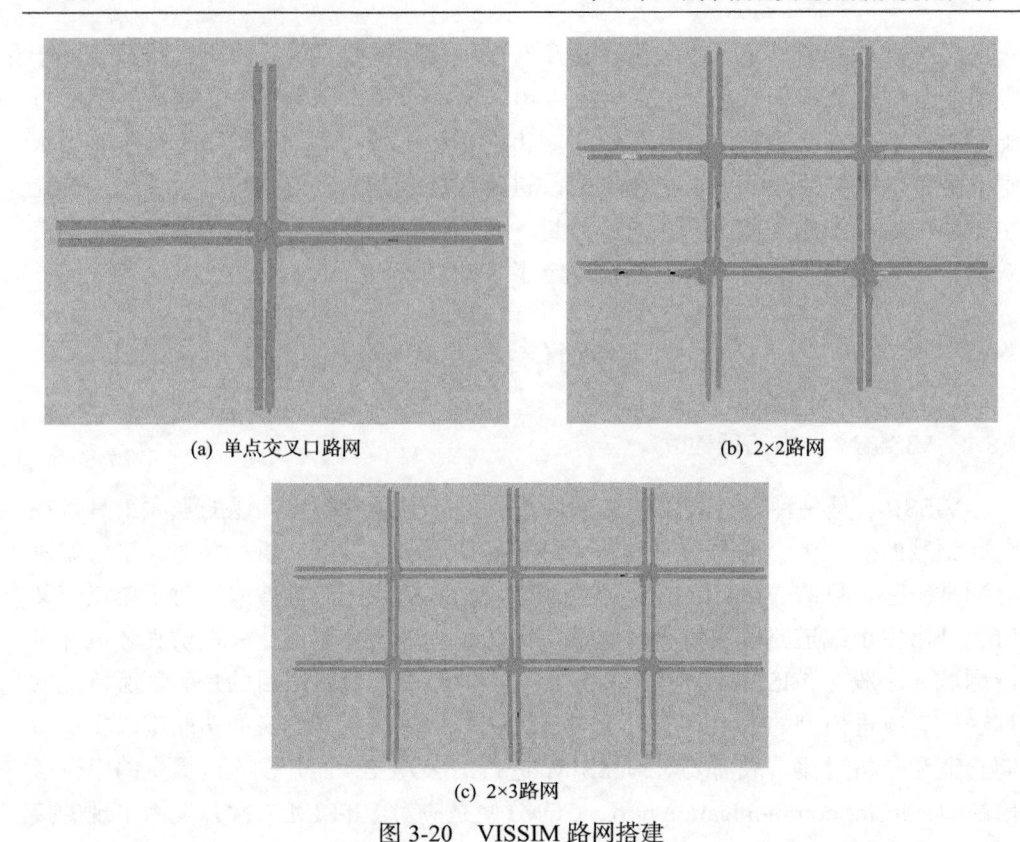

为简单城市路网，单车道且信号灯状态为两相位。故单点交叉口仿真实验的控制参数有两个，分别表示东西向绿灯时长和南北向绿灯时长；而 2×2 路网控制参数有 12 个，包括四个信号灯的两相位时长和各路口信号灯的相位差时间；同理可得，2×3 路网控制参数有 18 个，包括 6 个信号灯的两相位时长和各信号灯相位差。

在仿真实验中，每次算法输出配时方案并将参数设置写入 VISSIM 路网中，VISSIM 路网根据仿真运行时间运行并输出数据到文件中。在 VISSIM 运行期间，可以通过 COM 调用的方法实时获取整个路网当前时刻的运行状态以及在路网中的车辆运行工况。

3.5.2　路网交通排放优化模型

本节将 ISAGA 应用于主干线交通流排放优化控制研究。本节的核心优化目标是城市区域范围内的排放总量，控制参数为路网内信号灯的周期时长、绿信比和相位差，最终通过优化算法得到最优配时方案使得路网排放总量达到最低。

3.5 路网信控排放优化

本节提出的城市路网交通排放优化模型如式(3-21)所示：

$$\min E_p = \sum_{m=1}^{M}\sum_{i=0}^{I}\sum_{j=0}^{J}\sum_{t=1}^{T}\sum_{k=-20}^{20} N_{k,T,m}^{i,j} e_{p,k,t}^{i,j}\left(\mathrm{VSP}_{(v_t,a_t)}\right)$$

$$\text{s.t. } g_{\min} \leqslant g_{(i,j)} \leqslant g_{\max}$$
$$C_{\min} \leqslant C_{(i,j)} \leqslant C_{\max}$$
$$0 \leqslant \varphi_{(i,j)} \leqslant \varphi_{\max} \qquad (3\text{-}21)$$
$$0 \leqslant i \leqslant I$$
$$0 \leqslant j \leqslant J$$
$$T = \sum_{k=-20}^{20} N_{k,T,m}$$

其中，E_p 表示污染物 p 的排放总量；M 表示路网范围内的所有运行车辆数目；T 表示所有车辆在路网内的总运行时间；k 表示 VSP 值的区间号，取值范围为 $[-20, 20]$；$N_{k,T,m}^{i,j}$ 表示在第 (i,j) 路段内第 m 辆车在总时间 T 内的瞬时 VSP 值落入 k 区间的采样点数；$\mathrm{VSP}_{(v_t,a_t)}$ 表示第 t 秒的瞬时 VSP 值；$e_{p,k,t}^{i,j}\left(\mathrm{VSP}_{(v_t,a_t)}\right)$ 表示在第 t 秒、第 (i,j) 路段内的车辆瞬时 VSP 值位于第 k 区间时，该辆车污染物 p 的瞬时排放率；$g_{(i,j)}$、$C_{(i,j)}$ 和 $\varphi_{(i,j)}$ 分别表示路网范围内第 (i,j) 交叉口信号灯的有效绿灯时长、周期时长和相位差；I 和 J 分别表示路网东西向和南北向最大信号灯数目；$g_{\min}$ 和 $C_{\min}$ 表示有效绿灯时长和周期时长的最小临界值；$g_{\max}$、$C_{\max}$ 和 $\varphi_{\max}$ 分别表示有效绿灯时长、周期时长和相位差的最大临界值。

3.5.3 路网信号灯配时优化

本节采用 ISAGA 对 VISSIM 下搭建的路网进行配时优化控制研究，如图 3-21 所示，主要控制参数为路网内各交叉口信号灯的周期时长、绿信比和相位差，通过 VISSIM-COM 的调用测算路网内的排放总量，并转换为算法中的适应度值，实现了 VISSIM 和 Visual Studio 环境结合下的二次开发。

3.5.4 实验分析

本节主要通过 C++控制平台的退火式遗传算法框架调用 VISSIM-COM 提取 VISSIM 仿真路网数据，并进行优化控制研究。本节采用的仿真参数与 3.4 节相同。

首先对单点交叉口 VISSIM 仿真模型进行优化控制，控制参数为单点交叉口的信号灯周期时长和绿信比。信号灯为两相位，各进口道共输入车辆 400 辆，仿真

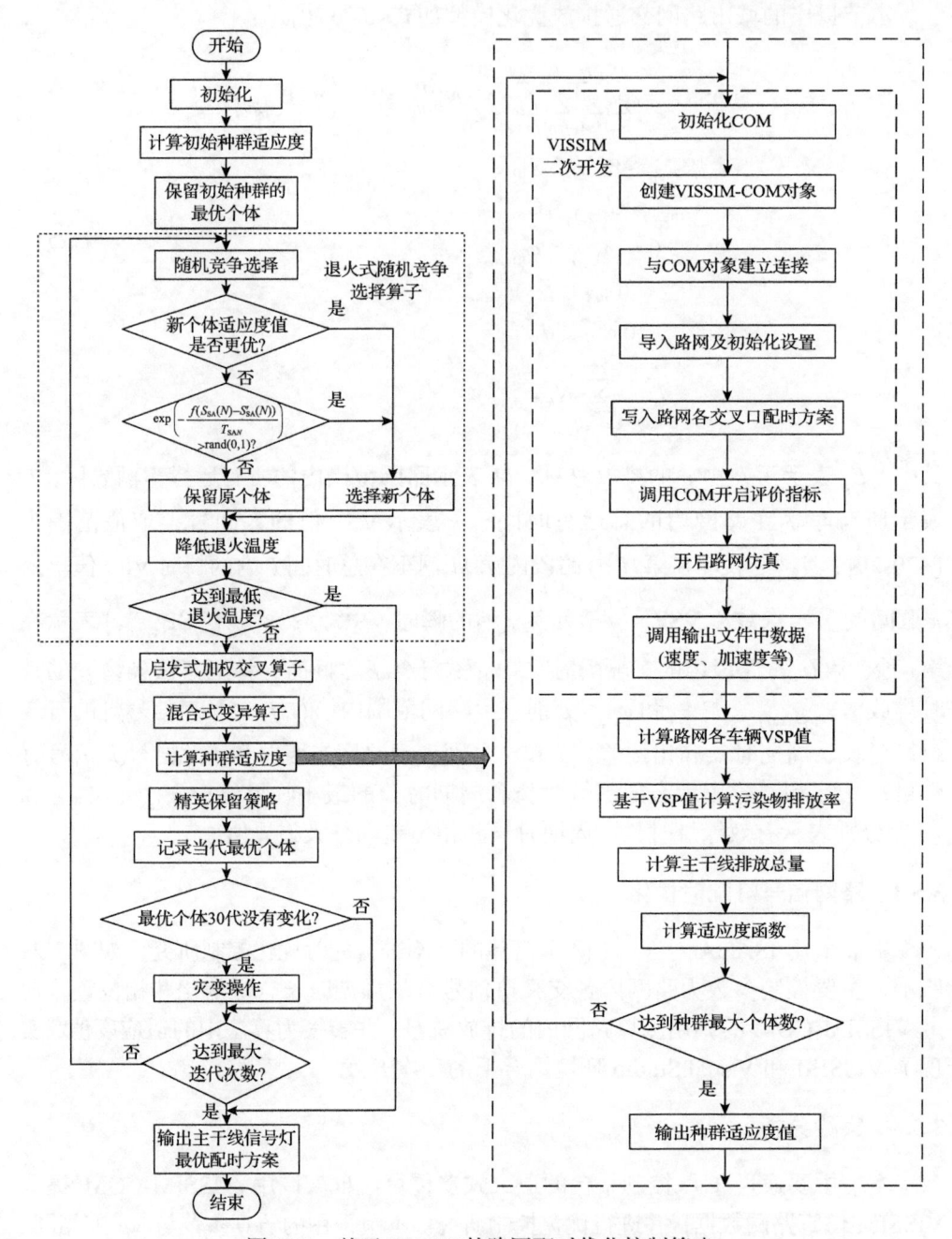

图 3-21　基于 ISAGA 的路网配时优化控制策略

运行时间为 3600s。单点交叉口的适应度值变化和排放总量变化分别如图 3-22 和图 3-23 所示，算法在 33 代趋于收敛。

3.5 路网信控排放优化

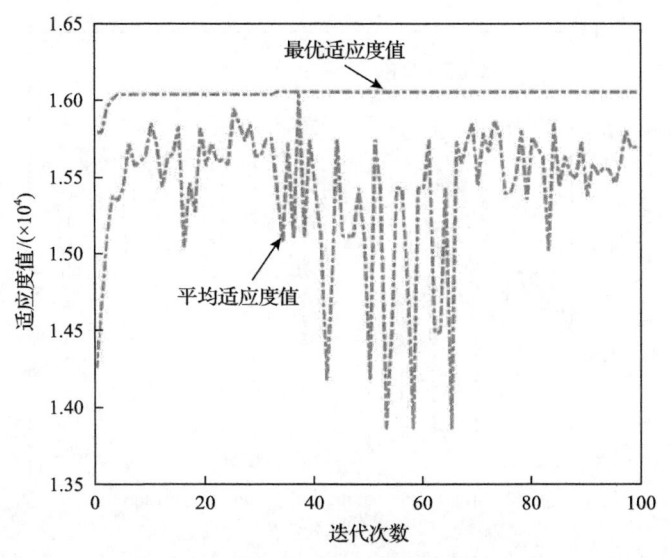

图 3-22 单点交叉口的适应度值变化图

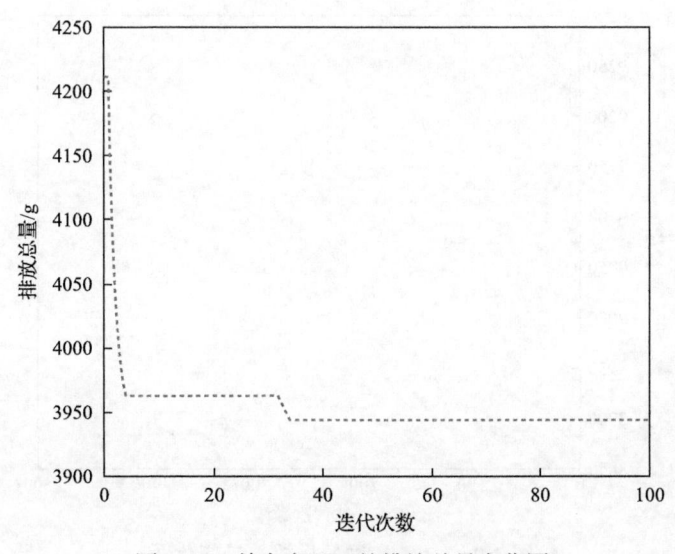

图 3-23 单点交叉口的排放总量变化图

对于 2×2 VISSIM 路网仿真模型，控制参数为四个信号灯的信号灯周期时长、绿信比和相位差，控制参数共 12 个。信号灯为两相位，各进口道共输入车辆 400 辆，仿真运行时间为 1800s。2×2 路网的适应度值变化和排放总量变化分别如图 3-24 和图 3-25 所示，算法在 350 代左右趋于收敛。

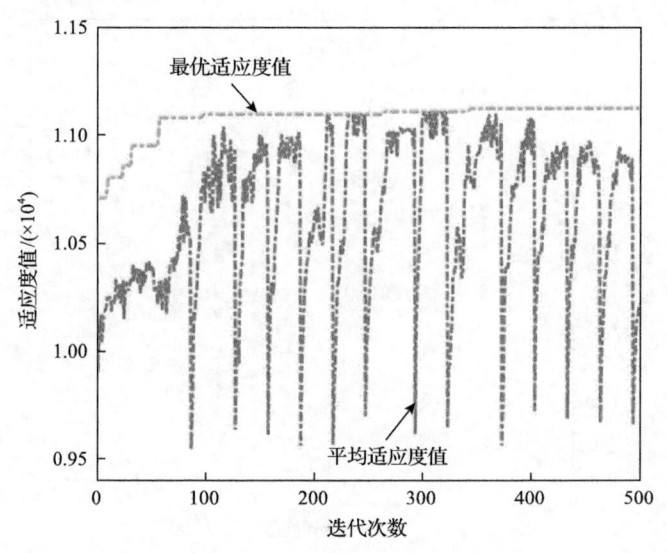

图 3-24　2×2 路网的适应度值变化图

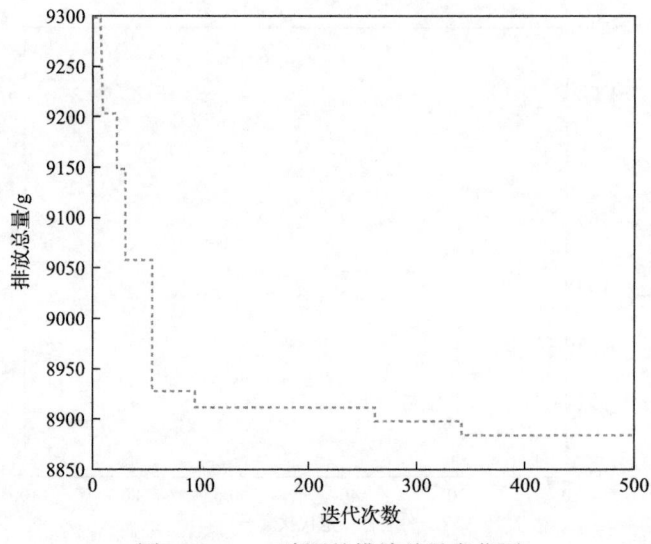

图 3-25　2×2 路网的排放总量变化图

接下来的实验采用 2×3 路网，在路网中有 6 个信号交叉口信号灯，均为两相位，控制参数为 6 个信号灯的周期时长、绿信比和相位差，控制参数共有 18 个。各进口道共输入车辆 500 辆，仿真时间为 1500s。2×3 路网的适应度值变化如图 3-26 所示。

2×3 路网的排放总量变化如图 3-27 所示。算法于 650 代趋于收敛，路网排放总量经过算法不断优化迭代而达到最小排放量。

3.6 本章小结

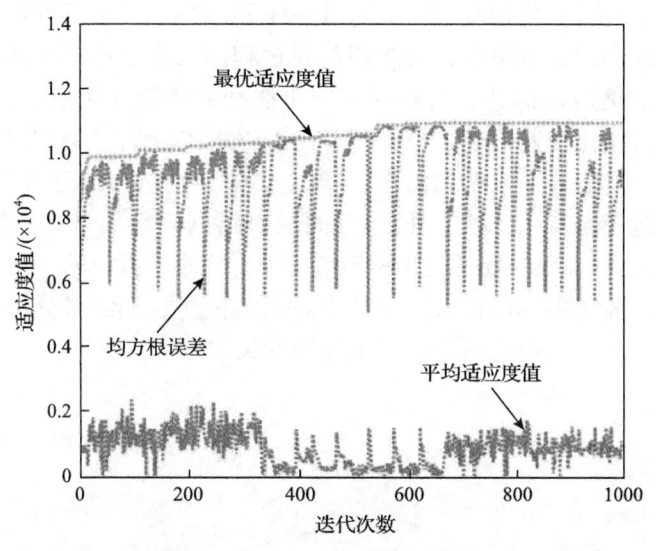

图 3-26 2×3 路网的适应度值变化图

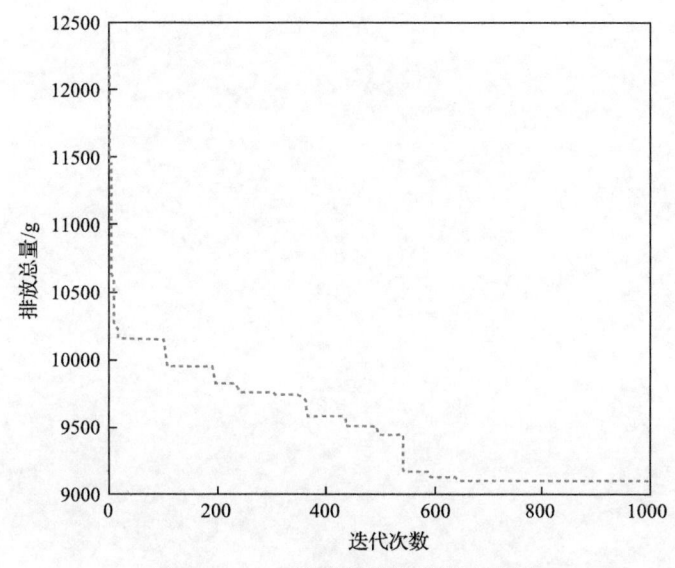

图 3-27 2×3 路网的排放总量变化图

3.6 本章小结

本章分析了当前交通流排放优化控制策略现状，提出了城市三级微观交通流排放优化控制算法；在改进的信控微观交通流模型和基于 VSP 的微观排放模型的基础上，搭建城市单点交叉口交通排放优化模型，并基于模拟退火算法和经典遗传算法研究单点配时优化控制策略；提出一种 ISAGA，包括三种遗传算子的改进策略和引入其他优化控制策略，将数值仿真过程嵌入算法适应度测算模块以研究面向交通排放的适应度函数，搭建城市主干线交通排放优化模型并基于 ISAGA 建立主干线配时优化控制策略；基于 VISSIM-COM 实现了 VISSIM 平台与 Visual Studio 环境下的 C++控制平台的对接，通过 VISSIM 搭建城市路网仿真模型并建立城市路网交通排放优化模型，最终面向城市路网进行信号灯配时优化控制研究。仿真实验均在 Visual Studio 2013 环境下运行实现，并结合 VISSIM 仿真软件进行二次开发，最终在 MATLAB 环境下进行数值仿真和结果分析，验证改进算法在"点、线、面"三级范围内的优化控制效果。

第4章　城市交通子区边界优化控制策略

4.1　引　　言

目前，交通拥堵已成为各大中型城市交通的常见问题。交通拥堵带来的问题给日常生活带来了诸多不便，使大多数人不满。解决好交通拥堵问题，可以有效提高生活质量，改善周围的环境，提高人们对生活的满意程度，对构建新时代的智慧城市具有重要意义。虽然目前国内到处都在加强道路基础设施建设，但远远满足不了日益剧增的交通需求，因此，ITS 越来越受到人们的重视。ITS 不仅可以帮助城市管理者及时了解城市中的交通信息，还可以做到及时发现问题，及时处理问题，更加方便、有效地加强城市管理。同时，对于外出者而言，ITS 可以跟踪道路状况信息，更便于制订出行计划。此外，可以及时调整行驶路线，以避免长期交通拥堵，节省行程时间和其他消费。

目前，大多数城市采用的交通控制策略只是点控或线控，虽然能在一定程度上改善某些主干线上的交通状况，但是交叉口信号的利用率还是不够高。为此，本节采用了面控式的边界反馈控制策略，增大控制区域，可以有效改善一定区域内的交通状况，减少该区域交通溢流的可能性并减少道路排队延误时间。在帮助交通管理者更好地协调交通流量控制的同时，也能改善人们日常出行体验，提高出行速度，减少污染物的排放。

从 20 世纪 60 年代开始，国外的学者就展开了对城市路网特性的相关研究。Smeed[178]最早从路网角度对城市交通流运行规律进行探讨，给出了一个用来说明驶入城市路网的交通流与城市路网区域总面积关系的表达方式。Thomson[179]基于伦敦的一组交通流数据，证明了在交通流处于低密度的条件下，路网内车辆的平均速度和平均密度近似呈线性关系。Godfrey[180]于 1969 年首次提出了宏观基本图（macroscopic fundamental diagram，MFD）的物理模型，证明了 MFD 三个参数之间的关系。Geroliminis 等[181]通过对肯尼亚内罗毕城市路网区域交通仿真数据的分析研究，证明了路网车辆平均密度与平均流量之间存在 MFD 曲线。2008 年，Geroliminis 等[182]通过分析日本横滨的路网数据提供了 MFD 存在性的理论证明，为子区宏观路网调控提供了理论依据。Daganzo 等[183]研究了多个不同形式城市路网区域的交通数据，发现了 MFD 在不同的路网中均存在，但是 MFD 的形状在部分路网中有明显的离散现象，并阐述这种现象是由路网中交通拥堵造成的。至此，专家学者通过对路网区域特性的大量研究，得到了 MFD 存在的统一性结论，此后学者基于 MFD 理论展开了一系列深入研究。随着国内外学者对 MFD 更加深入的研究，针对 MFD 获取方法展开了大量讨论。Du 等[184]根据路网中探测车渗透率的时变性，提出了基于探测车数据的 MFD 估算方法。Zockaie 等[185]提出了一种考虑数据收集的有限资源、网络流量的异质性和 O-D 矩阵的不对称线性的 MFD 估计方法，并提出通过资源分配问题，找到固定检测点的最佳位置和最佳采样轨迹来估计 MFD。Knoop 等[186]考虑了 MFD 加载的滞后性，提出了广义宏观基本图，将平均流量与平均密度和密度空间的不均匀性联系起来。Laval 等[187]提出利用概率方法估算非均匀 MFD 的理论，发现网络中的 MFD 主要取决于两个无量纲参数。针对 MFD 的影响因素，国内外专家学者主要从道路状况、管控措施、交通状况和选择行为四个方面进行研究。Buisson 等[188]通过不同路网区域的交通数据对比，证明了交通路网的形态会影响路网 MFD。Cassidy 等[189]证明了路网只有满足"同质性"时，才会存在完整清晰、高拟合度的 MFD，并进一步验证了不合格数据对 MFD 的影响。Zhang 等[190]通过研究发现路网中不同的管控措施会对 MFD 形状造成一定程度的影响。Geroliminis 等[191]提出路径选择行为会影响车流分布，从而改变 MFD 的形状，一定程度影响了路网效率。Ji 等[192]主要分析了模拟数据和真实数据中事件位置、事件持续时间和交通需求三个关键因素对 MFD 形状以及离散度的影响。Gayah 等[193]研究了路网的局部自适应交通信号对路网稳定性和 MFD 形状的影响。结果表明，在路网适度拥挤时，局部自适应交通信号提升了路网的稳定性；在路网严重拥挤时，自适应信号对路网稳定性或者 MFD 形状几乎没有影响。Alonso 等[194]通过西班牙桑坦德中心区域路网的交通数据研究了交叉口信号控制对 MFD 的影响。

Walinchus[195]在 1971 年首次提出了交通子区的概念，并在划分城市交通路网时提出了静态划分和动态划分两种方式。TRANSYT 和 SCOOT 是采用静态划分子区的经典控制系统，TRANSYT 系统基于路网内信号灯的周期时长进行划分，SCOOT 则在控制前预先设定好受控子区。经典的 SCATS 系统是采用动态划分子区的方式。Merchant 等[196]通过研究发现当两相邻交叉口路段上的交通流量与道路长度的比值大于 0.5 时，两交叉口处于同一个受控子区。Ji 等[197,198]利用路网内某个特定时间段的拥堵特征来划分城市路网，并将计算机技术与交通知识相结合，采用图像分割技术进行子区划分。Xia 等[199]在广泛采用的 Hadoop 分布式计算机平台上，提出了一种并行的三相 K 均值算法来解决路网子区划分问题，在算法中修改了 K 均值算法中的距离度量和初始化策略。Shen 等[200]提出了一种基于层次结构的模糊计算方法来估计路网内交叉口间关联度，并提出了一种基于关联度的城市主干道控制区域划分方法。Zheng 等[201]根据道路交通的拓扑结构和交通流特性，以交叉口间的关联度为权重构建路网的拓扑结构，并以模块化最大为目标设计了同步控制划分方法。Dong 等[202]提出了一种由三种算法组成的城市交通模型，

4.1 引言

首先利用 MFD 理论仿真建模给出了加权交通流和密度的提取算法,然后设计了关键链路识别算法,最后通过聚类分析,提出了阈值算法实现子区划分。Tian 等[203]、马旭辉等[204]采用 Newman 算法并结合路网交叉口的关联度值进行动态子区划分。徐建闽等[205]提出了一种根据路网内路段拥堵情况的动态子区分割模型,首先针对路网内交叉口之间的关联度搭建路网动态模型,进而结合图谱模型和路段的拥堵情况进行动态子区划分。

传统的单点交叉口和主干线道路的协调控制,难以在过饱和场景时解决区域性拥堵问题。子区边界控制是解决区域性拥堵问题最为有效的方法之一,其主要的控制思想是通过调控子区边界交叉口处的车辆进出比例,从而提升路网的运行效率。目前,国内外学者针对子区边界控制展开了大量研究。Geroliminis 等[206]采用预测模型实现交通子区边界控制,但是在实际运用中由于受预测模型精确度的干扰,控制策略的效果受到一定影响。Haddad 等[207]基于 MFD 理论,设计了一种鲁棒-比例积分(robust proportional integral, R-PI)控制器用于单子区的边界控制,提升了路网的运行效益。Haddad 等[208]考虑路网交通的不确定性和可用信息的限制性,提出了一种协调分布式控制方法,中心受控区域的控制方法取决于子区内的局部信息以及高级协调控制器转发给分布式边界控制器的信号信息。Keyvan-Ekbatani 等[209,210]在子区边界和上游交叉口间设置"反馈阀门"控制器来控制进入保护子区的车辆,进而实现控制目标。Ramezani 等[211]提出了一种针对单子区的分级控制思想来提高路网的性能。Hajiahmadi 等[212]设计了两种控制器,包括边界控制器和时序计划控制器,实现了拥堵区域交通流的转移。Aalipour 等[213]提出了基于 MFD 的最优边界控制器,并在证明最优控制器存在性的同时,提供了求解最优控制策略的数值方法。Fu 等[214]分析了交通异质性对 MFD 的影响,提出交通系统的稳定性对于制定可行的最优控制策略至关重要,并基于这一方向提出了一种考虑目标交通系统稳定性的三层递阶控制策略。Mohajerpoor 等[215]将出行需求波动的实时鲁棒性纳入边界控制策略中,提出了一种基于网络信息反馈的鲁棒性边界控制,并利用仿真实验验证了该策略的有效性。Bichiou 等[216]提出了一种基于滑模控制理论的边界控制方法,该方法与传统的比例积分控制器相比有多个优点,并利用仿真实验验证该控制器在路网内减少了车辆的延误时间,有效地分散了拥堵。Elouni 等[217]将分散式交通信号控制器与最先进的自适应交通信号控制器进行了比较,结果表明,分散式交通信号控制器虽然不是为了解决边界控制问题而设计的,但它能成功地防止受控路网内部的拥塞。虽然我国对子区边界控制策略的研究从 20 世纪末才开始,但是已经取得了丰硕的研究成果。丁恒等[218,219]考虑了拥堵子区边界车辆受阻的情况,构建了快速降低拥堵区域饱和度的最优化模型。刘澜等[220]根据子区边界交叉口路段的车辆存储能力,动态地调整路网的子区边界,进而降低路网的拥堵程度。李轶舜等[221]通过交通状态识别出拥堵子区的关键性交叉口,并以关键性交叉口为中心展开多层边界控制策略。赵靖等[222]以相邻受控子区的整体运行效益作为控制目标,并基于 MFD 理论提出了一种运用于子区的博弈控制手段,通过仿真验证了策略的有效性。闫飞等[223]采用了迭代学习控制策略来调整边界交叉口信号灯的绿信比,从而缓解子区边界交叉口的交通拥堵。张逊逊等[224]设计了运用于路网中多个子区协调控制的控制器,很大程度上提升了整个路网的效益。丁恒等[225]在 MFD 理论的基础上,建立了交通子区内行程时间最短和行程完成量最大的目标决策,可有效缓解拥堵风险。Zhu 等[226]设计了一种离散的边界反馈控制器,基于控制器优化边界交叉口车辆进出子区的比例,改善了子区内交通运行状况。Guo 等[227]提出一种基于 MFD 模型和边界条件的城市拥堵子区的边界控制方法,基于该方法根据边界路段的存储空间,动态地调整子区边界。

4.2 城市路网子区划分

4.2.1 交通子区概述

1. 交通子区基本概念

交通系统是一个庞大而复杂的系统,对整个系统采用整体控制策略,会因为系统过于复杂而难以实施,如果对每个交叉口信号灯采取单点控制,又缺乏相关路口之间的协调,容易造成局部的交通拥堵。因此,引入交通子区的概念,将关联性比较强的几个路口划分到同一个交通子区中,在交通子区内部采用相同的控制策略,这样既降低了系统的复杂性,又便于协调控制。

交通子区的定义如下:为了提高城市道路的利用效率,降低城市交通管理的复杂性,将城市路网按照路网之间的交通相似度进行划分,划分为若干相邻路段或交叉口的集合,这些集合并不是一成不变的,它会随着路网交通流量、交通管制等的变化而发生大小或者数量上的变化,这些集合就称为交通子区。

交通子区具有以下性质。

(1)同质性:同一交通子区具有相同或相似的交通特性,如车流密度、信号灯周期等,这也是对交通子区进行划分的重要依据。

(2)关联性:首先在物理上同一交通子区内的路段和交叉口都是在空间上相互关联的,不存在孤立的路段或路口,也不存在隔断的两个路口在同一子区的情况。从交通特性上来说,同一交通子区内的路口之间的相互影响较大,当其中一个路口发生变化时,子区内其他路口都会受到相关的影响。

(3)可变性:已划分好的交通子区不是一成不变的,当交通事故或其他交通管制导致交通流量发生变化时,交通子区也会发生相应的变化,表现为交通子区范

4.2 城市路网子区划分

围的改变和子区内信号灯周期的变化等,这些变化都是针对突发情况的一种应急处理措施。

(4)稳定性:划分好的交通子区在道路与周围环境没有发生重大变化时,一般是维持不变的,即使由于交通事故和交通管制而发生变化,当处理措施取消时,交通子区应能恢复原来的形态。控制策略的制定需要交通子区保持稳定,因为新的控制策略需要一定的时间去适应交通子区,同时也需要一定的时间去检验自身的合理性。

2. 交通子区划分的影响因素

交通子区的划分受到道路状况、行政区域等静态因素的影响,同时又受到交通流量及道路状况等动态因素的影响。因此,交通子区的划分是静态因素和动态因素共同影响的结果。图 4-1 直观地表现了交通子区划分的影响因素。

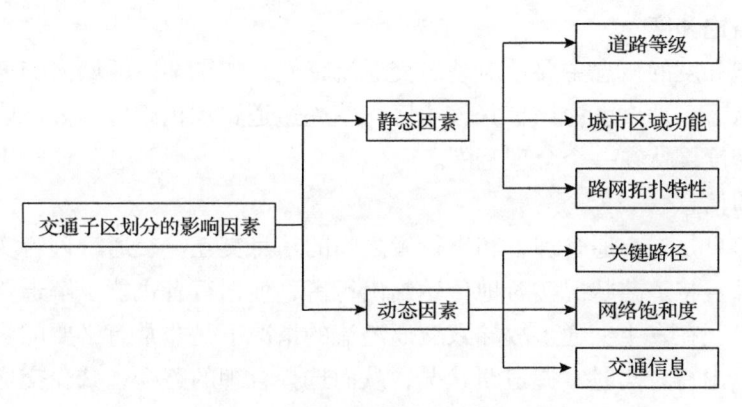

图 4-1 交通子区划分的影响因素

下面对影响因素进行分析。

1)道路等级

城市道路分为高速干道、主干路、次干路和支路等。城市中的高速干道为了方便车辆的快速通行一般不设红绿灯,以立交桥、高架桥等为主;主干路、次干路和支路等一般都设有信号灯,交通状况受信号灯的影响,主干路和次干路承担的交通流量较大,在进行交通子区的划分时要充分考虑道路等级,避免同一子区中有过多不同等级的道路。

2)城市区域功能

城市功能区的划分除了传统的工业区、住宅区、商业区之外,还包括新兴的高新技术开发区和中央商务区。不同的区域所吸引的功能交通流也不同,例如,高新技术开发区多吸引上班族带来的交通流,这种交通流表现在时间上是出现上下班的交通高峰,表现在空间上是交通流向高新技术开发区的汇集和消散。因此,在交通子区的划分中也应考虑城市的整体格局和城市功能区域的划分。

3）路网拓扑特性

定义城市交通路网 $G=(V,E,H)$，其中 $V=(V_1,V_2,\cdots,V_n)$ 为 G 的点集，代表城市交通道路中的各个道路交叉口；$E_{ij}\subseteq V_i\times V_j$，表示路网中连接点 V_i 和点 V_j 的弧段，代表连接各个路口之间的道路；H_{ij} 为 E_{ij} 的权重，表示道路的行驶费用，忽略其他因素影响，此处可用来表示道路长度。划分到同一子区的两个交叉口 V_i 和 V_j 之间必须存在一条连接的通路 E_{ij}，否则不能划分到一个子区中。

4）关键路径

关键路径指承担主要交通流的主干路和次干路，在划分交通子区时，应尽量考虑将这些关键路径划分到同一个交通子区中，否则容易增加道路上车辆的延误时间等。

5）网络饱和度

网络饱和度的概念主要针对动态交通流特性，如果某一区域内交通流长时间处于饱和状态，那么就应该扩张该子区，使周边道路承担相应的分流能力，将子区的交通密度维持在一个合理范围。

6）交通信息

交通信息是指交通管理者和出行者之间的信息交互。交通管理者实时掌握道路状况，并且将道路状况实时地传达给出行者，使出行者也能了解道路状况。这种信息的交互在发生交通事故导致交通溢流的情况下是非常有必要的。在交通溢流状态下，出行者实时掌握道路状况，从而选择合理的路径，减少交通溢流带来的影响，一方面提高了出行者的出行效率，另一方面又避免了交通溢流的加剧。而在此之前，应划分好交通诱导子区，确定哪个范围内的车辆需要进行路径的诱导，这也是交通信息对交通子区划分的重要作用。

4.2.2 交通子区划分方法

1. 交叉口关联度模型

交通子区的划分方法有很多种，经过诸多学者的研究和改进，目前对路网进行划分的主要方法是利用交叉口关联度来判断相邻交叉口是否需要协调控制，再进行交通子区的划分。

目前，常用的计算交叉口关联度的模型是 Whitson 模型。Whitson 模型将两交叉口之间路段的行程时间、上游交叉口的出口流量和下游交叉口入口处的交通流量作为独立变量，来计算交叉口之间的关联性。此模型后来被美国《交通控制系统手册》[228]采纳。计算公式如式(4-1)所示：

4.2 城市路网子区划分

$$I = \frac{0.5}{1+t}\left(\frac{xq_{\max}}{\sum_{i=1}^{x} q_i} - 1\right) \qquad (4\text{-}1)$$

其中，I 表示交叉口关联度；t 表示车辆在两个交叉路口之间的行程时间，单位为 min；x 表示来自上游车流的分支数；$q_{\max}$ 表示 q_1 分支中的最大交通流量，单位为 辆/h；$\sum_{i=1}^{x} q_i$ 表示到达下游出口的交通流量总和，单位为辆/h，q_i 表示从上游交叉口流向下游交叉口的第 i 支交通流的流量，单位为辆/h。

此后，高云峰[229]在 Whitson 模型的基础上进行了改进，考虑了下游交叉口的车辆排队长度对交叉口关联度的影响，将 Whitson 模型中相邻交叉口之间的行程时间替换为车辆从上游交叉口到下游交叉口排队队尾(当下游交叉口有车辆排队时)或入口道停车线(当下游交叉口没有车辆排队时)的平均行程时间。计算公式如式(4-2)和式(4-3)所示：

$$I = \frac{1}{n-1}\left(\frac{q_{\max}}{\sum_{i=1}^{x} q_i} - 1\right)\frac{1}{1+t} \qquad (4\text{-}2)$$

$$t = \frac{L-l}{\overline{V}} \qquad (4\text{-}3)$$

其中，n 表示上游交叉口的交通流分支数量；L 表示交叉口之间的路段长度，单位为 km；l 表示下游交叉口入口处的平均排队长度，单位为 km；$\overline{V}$ 表示交叉口之间车辆的平均速度，单位为 km/h。

本节选择经典的 Whitson 模型来计算相邻交叉口之间的关联度，并将 Whitson 模型进行了轻微的改动。为了方便确定关联度阈值，用 K 表示上游交叉口驶出的最大交通流量 $q_{\max}$ 与到达下游交叉口的交通流量之和 $\sum_{i=1}^{x} q_i$ 的比值，即最大交通流量占比。改动后的公式如式(4-4)和式(4-5)所示：

$$I = \frac{0.5}{1+t}(xK - 1) \qquad (4\text{-}4)$$

$$K = \frac{q_{\max}}{\sum_{i=1}^{x} q_i} \qquad (4\text{-}5)$$

图 4-2 表示两个相邻交叉口之间的双向路段。对于两个相邻交叉口之间的双向道路,如果其中一个方向需要进行协调控制,则另一个方向也需要进行协调控制。也就是说,在双向路段中,如果相邻交叉口的关联度在任何方向上超过阈值,则意味着两个相邻交叉口相关联并且可以划分为相同的交通子区。

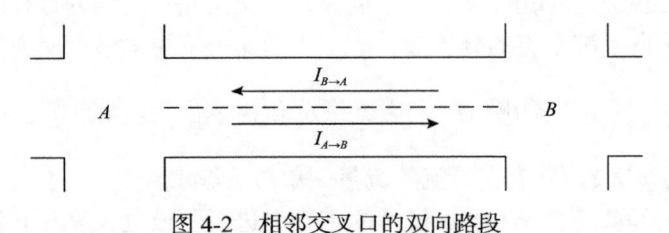

图 4-2　相邻交叉口的双向路段

如图 4-2 所示,交叉口 A 到交叉口 B 的关联度为 $I_{A \to B}$,交叉口 B 到交叉口 A 的关联度为 $I_{B \to A}$,则交叉口 A 与 B 的路段关联度 I_{AB} 或 I_{BA} 为

$$I_{AB} = I_{BA} = \max(I_{A \to B}, I_{B \to A}) \tag{4-6}$$

2. 关联度阈值分析

确定好相邻交叉口的关联度模型后,需要确定关联度阈值。本节中的关联度阈值选取过程如下。

通过测量可知,济南部分路段实际长度为 500~800m。以十字交叉路口为例,从上游交叉口出来的交通流分支数量是 3(左转、右转和直行),道路长度 L 为[500m, 800m],车辆平均速度为[35km/h,50km/h],则通过该路段的时间 t 为[0.6min, 1.37min]。当上游交叉口驶出的 3 支车流的流量相等时,最大交通流量占比 K 最小,为 1/3;若上游交叉口驶出的 3 支交通流中两条为零,则 K 最大,为 1,因此 K 的取值为[1/3,1]。对交叉口关联度 I 与最大交通流量占比 K 和交叉口间道路行驶时间 t 的分布情况进行分析,并对多种情况进行了试验,试验数据如表 4-1 所示。

表 4-1　不同情况下关联度计算结果统计表

序号	L/m	t/min	K	I
1	500	0.6	1/3	0
2	500	0.6	1/2	0.16
3	500	0.6	3/5	0.25
4	500	0.6	3/4	0.39
5	600	0.72	1/3	0
6	600	0.72	1/2	0.15

4.2 城市路网子区划分

续表

序号	L/m	t/min	K	I
7	600	0.72	31/50	0.25
8	600	0.72	4/5	0.4
9	700	0.84	1/3	0
10	700	0.84	1/2	0.14
11	700	0.84	16/25	0.25
12	700	0.84	4/5	0.38
13	800	0.96	1/3	0
14	800	0.96	1/2	0.13
15	800	0.96	2/3	0.26
16	800	0.96	4/5	0.36
17	800	0.96	17/20	0.4

通过关联度分布图和试验数据可以发现：随着路段长度的增加，通过该路段的时间也增加，并且关联度降低；随着最大交通流量占比的增加，关联度增加。美国《交通控制系统手册》中给出的关联度阈值为 0.4，但从试验结果发现只有在最大交通流量占比特别高的情况下，关联度才能超过 0.4，因此以 0.4 作为关联度阈值并不适用于我国城市路网。

关联度阈值并非固定值，而是与交通路网结构、控制区域面积等因素有关。关联度阈值设定过大，会导致无法形成完整的交通子区；关联度阈值设定过小，会导致交通子区面积过大，无法体现边界控制策略的控制效果。通过多次试验数据结果可以发现，关联度阈值设定为 0.25 更加适合本次试验路网。以长度为 800m 的路段为例，当平均行驶速度为 50km/h 时，通过该路段的时间 t 约为 0.96min，当最大交通流量占比 K 为 2/3 时，将相应数据代入式(4-4)，可以得到关联度 $I_0 = \dfrac{0.5}{1+0.96} \times \left(3 \times \dfrac{2}{3} - 1\right) = 0.255$，超过了阈值 0.25，则认为这两个交叉口关联。当交叉口关联度 I 小于 0.25 时，认为两个交叉口不相关并且不能划分到相同的交通子区。因此，最终选取 0.25 作为划分交通子区的关联度阈值。

4.2.3 交通子区划分案例分析

本节对划分交通子区时关联度阈值为 0.4、0.3 和 0.25 三种情况下的结果进行了比对，如图 4-3～图 4-5 所示。从图中可以看出，当划分交通子区关联度阈值为 0.4 时，只有少数交叉口关联度满足条件被划分为相同的交通子区，但由于交通子区规模太小，边界控制策略的运行效果无法反映；当划分交通子区关联度阈值为 0.3 时，仍然无法得到一个比较合适的交通子区；当划分交通子区关联度阈值为 0.25 时，可以形成合适的交通子区。

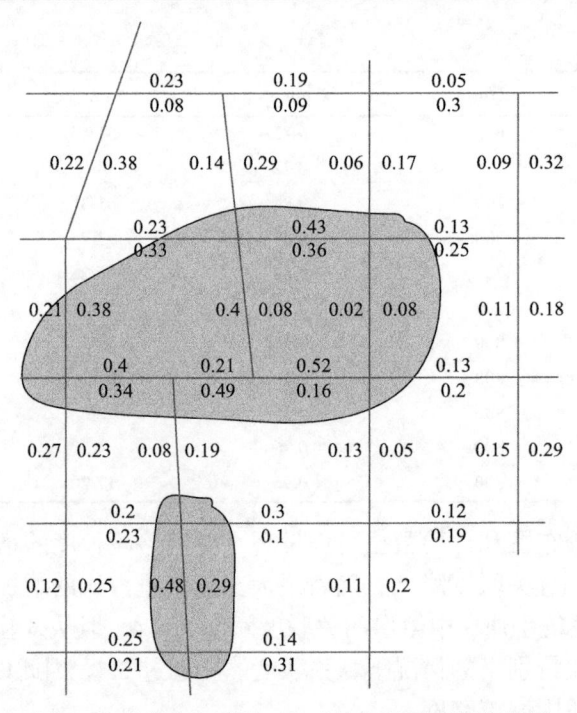

图 4-3　关联度阈值为 0.4 时的交通子区划分结果

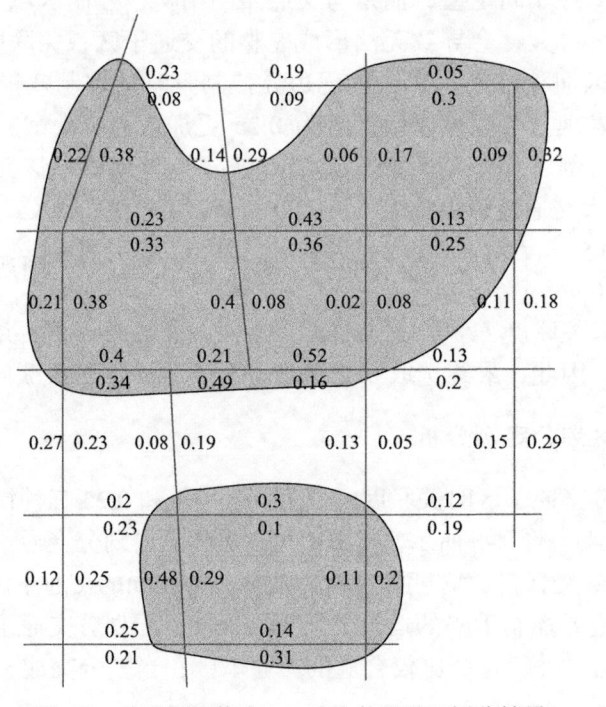

图 4-4　关联度阈值为 0.3 时的交通子区划分结果

4.3 城市路网 MFD 的拟合分析

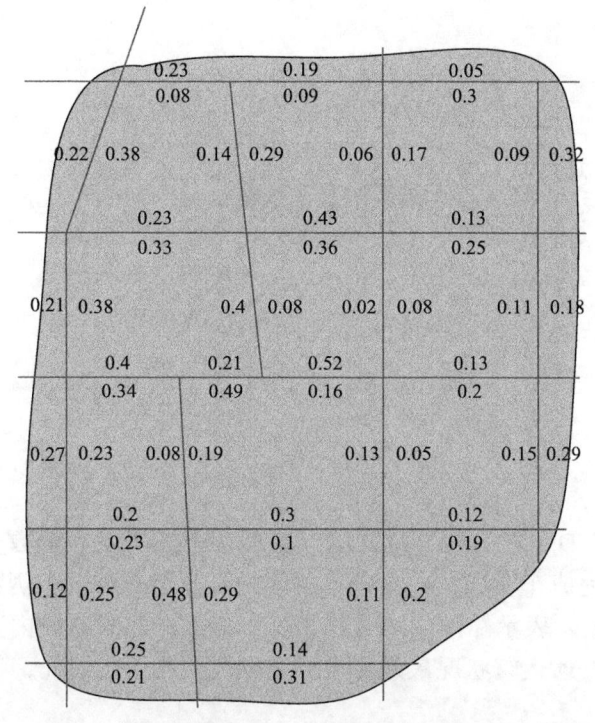

图 4-5 关联度阈值为 0.25 时的交通子区划分结果

4.3 城市路网 MFD 的拟合分析

4.3.1 MFD 的基本特征

为解决城市交通拥堵问题,越来越多的管理和控制方法被运用到城市交通管理中,如绿波带控制、设计潮汐车道、借道左转模式等。自从 MFD 理论得到证实,许多专家和学者开始投入到区域边界控制的研究中,将大规模的城市路网按照一定的标准划分成多个交通子区,对各个子区采取相应的控制策略,从而提高整体路网的运行效率。

MFD 作为路网区域内的固有属性,从宏观角度来反映控制区域内的交通流性能,与交通需求无关。因此,在仿真建模过程中,无须知道详细的 O-D 需求即可采取有效的控制策略,很大程度上降低了分析和解决交通拥堵的难度。在专家学者对城市路网的宏观特性进行大量研究后发现,路网 MFD 的形状为单峰抛物线,可以描述路网的运行效益与交通流量之间的关系。MFD 是城市各式各样的交通路网中的固有属性,本节采用 MFD 来描述整个研究路网区域内累计的车辆总数与行程完成车辆数之间的关系,如图 4-6 所示。

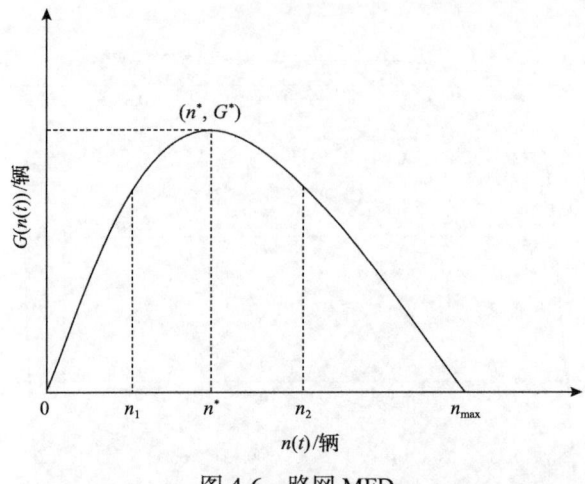

图 4-6 路网 MFD

图 4-6 中，MFD 的横坐标 $n(t)$ 表示 t 时刻路网内的累计车辆数；纵坐标 $G(n(t))$ 表示路网内行程完成车辆数；n_{max} 表示路网内可容纳的最多车辆数，此时路网处于完全堵塞状态；n^* 表示路网内的最佳累计车辆数，此时路网内行程完成交通流最多，即路网的交通运行状况最好。根据路网内交通运行情况，将 MFD 分为四个阶段。

(1) $0 \sim n_1$ 阶段：自由流阶段，路网处于欠饱和状态，路网内车辆较少。随着路网内车辆增加，行程完成流也在增加且增加速度较快。此阶段路网对于交叉口信号灯的绿灯利用率较低，存在大量的绿灯空等现象。

(2) $n_1 \sim n^*$ 阶段：稳定流阶段，路网内车辆接近饱和，随着路网内累计车辆数增加，行程完成流依旧在增加但是增加速度变慢，直到路网内累计车辆数到达 n^*。

(3) $n^* \sim n_2$ 阶段：不稳定流阶段，此时路网内有个别交叉口和路段已经发生交通阻塞，需要实施边界控制策略。随着路网内累计车辆数的增加，路网行程完成车辆数持续减少。

(4) $n_2 \sim n_{max}$ 阶段：强制流阶段，此阶段路网处于过饱和状态，路网出现严重交通拥堵，路网内的累计车辆数持续增加，而行程完成流也就是到达目的地的车辆数急剧减少，最终出现死锁现象。

4.3.2 MFD 的数学模型

通过整理 MFD 理论的研究成果，得到了标定 MFD 的数学模型，主要包括直接和间接两种方式，第一种为理论推导数学模型，第二种为仿真数据拟合模型。

理论推导数学模型是由 Daganzo 等[183]通过对旧金山路网交通数据的分析研究，推导出以路网道路长度加权的交通流量与路网内交通密度之间的数学模型，具体的计算公式如式(4-7)所示：

4.3 城市路网 MFD 的拟合分析

$$\begin{cases} N = \sum_i k_i l_i \\ q^w = \sum_i q_i l_i / \sum_i l_i \\ k^w = \sum_i k_i l_i / \sum_i l_i \\ o^w = q^w s = \sum_i o_i l_i / \sum_i l_i \end{cases} \tag{4-7}$$

其中，N 表示路网内的累计车辆数；i 表示路网内道路编号；q^w、k^w、o^w 分别表示路网内加权车流量、加权密度、加权时间占有率；q_i、k_i、o_i 分别表示道路 i 的流量、密度和时间占有率；s 表示车辆的平均长度；l_i 表示路网内道路编号为 i 的路段长度。

另外一种不考虑道路长度加权的数学模型中具体参数计算如式(4-8)所示：

$$\begin{cases} q = \sum_i q_i / M \\ k = \sum_i k_i / M \\ v = \sum_i q_i^w / k_i^w \end{cases} \tag{4-8}$$

其中，M 表示路网内道路数或者分析检测断面数；k、v、q 分别表示路网内平均密度、平均速度和平均车流量。

仿真数据拟合模型是通过间接实测或者仿真数据进行函数拟合的。随着 MFD 特性研究的持续深入，Geroliminis[230]研究发现 MFD 可用单峰的三次抛物线近似。本节中的路网 MFD，即区域内累计车辆数与行程完成车辆数之间的关系用三次函数表示，其具体的数学表达式如式(4-9)所示：

$$G(n(t)) = d_1 n^3(t) + d_2 n^2(t) + d_3 n(t) + d_4 \tag{4-9}$$

其中，$n(t)$ 表示 t 时刻路网内的累计车辆数；$G(n(t))$ 表示路网内行程完成车辆数；d_1、d_2、d_3、d_4 为函数的拟合参数。

理论推导数学模型较难直观地展现路网的运行状况，而仿真数据拟合模型更能全面直观地描述路网内交通运行状况，因此，本节选取仿真数据拟合模型来描述路网内交通运行状况。

4.3.3 MFD 拟合的案例分析

1. 仿真参数设置

本节利用仿真数据来获取交通子区 MFD，交通子区的划分方法在 4.2 节中有详细介绍。仿真数据通过 VISSIM 交通仿真软件获取，仿真路段按照山东省济南市部分地图同比例设置，如图 4-7 所示。

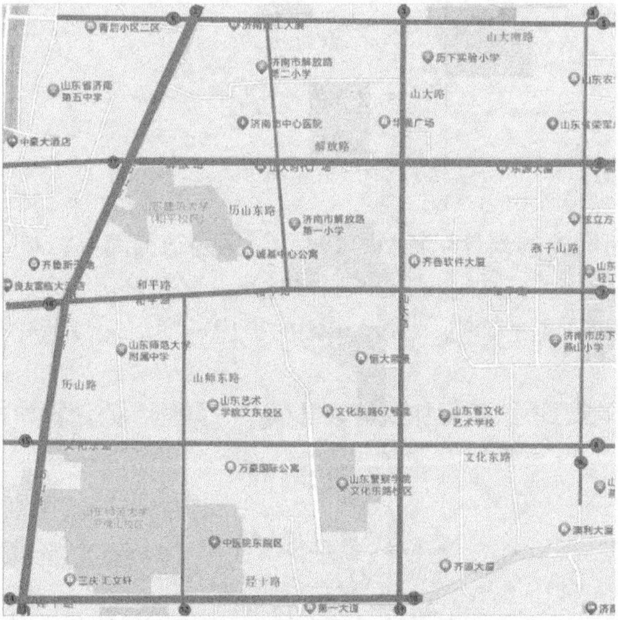

图 4-7　检测器位置示意图

路网范围东西方向：经十路—文化东路—和平路—解放路—山大南路；南北方向：历山路—山师东路—山大路—燕子山路。道路网络中共有 32 条路段，21 个交叉口，包括 12 个边界交叉口，路段总长度约为 22km。每条进入交通子区的路段上都设有检测器，共 17 个（如图中的圆点标记处），用于统计进出交通子区的车辆数。为了避免检测器的位置对统计数据产生影响，这里将检测器放置在了交叉口进口道的停车线处，从而减小测量误差。

2. MFD 的模型标定

仿真时长共计 4h，边界处交叉口的进口道的交通需求量每隔半小时变化一次，逐次增加，用来模拟高峰期车辆的变化状态，检测器每隔 120s 统计一次数据，包括进入子区的车辆数和离开子区的车辆数，然后，通过叠加得到此时交通子区中的累计车辆数。统计数据如表 4-2 和表 4-3 所示。

表 4-2　第一时间段检测器统计数据表

时间/s	进入子区的车辆数/辆	离开子区的车辆数/辆	累计车辆数/辆	时间/s	进入子区的车辆数/辆	离开子区的车辆数/辆	累计车辆数/辆
120	46	8	38	360	138	104	164
240	140	48	130	480	124	99	189

4.3 城市路网 MFD 的拟合分析

续表

时间/s	进入子区的车辆数/辆	离开子区的车辆数/辆	累计车辆数/辆	时间/s	进入子区的车辆数/辆	离开子区的车辆数/辆	累计车辆数/辆
600	136	133	192	3960	450	357	723
720	137	130	199	4080	440	372	791
840	153	132	220	4200	431	431	791
960	141	138	223	4320	428	413	806
1080	141	152	212	4440	394	382	818
1200	150	129	233	4560	431	415	834
1320	154	120	267	4680	414	427	821
1440	137	134	270	4800	445	434	832
1560	142	150	262	4920	431	403	860
1680	142	155	249	5040	453	420	893
1800	152	165	236	5160	430	457	866
1920	181	167	250	5280	435	435	866
2040	294	188	356	5400	412	394	884
2160	270	200	426	5520	470	422	932
2280	255	239	442	5640	539	477	994
2400	253	275	420	5760	560	491	1063
2520	263	228	455	5880	565	524	1104
2640	308	270	493	6000	545	464	1185
2760	311	282	522	6120	565	545	1205
2880	276	300	498	6240	617	557	1265
3000	269	282	485	6360	571	544	1292
3120	282	266	501	6480	518	529	1281
3240	261	265	497	6600	574	512	1343
3360	295	285	507	6720	555	523	1375
3480	310	272	545	6840	511	508	1378
3600	283	284	544	6960	533	481	1430
3720	325	292	577	7080	531	587	1374
3840	409	356	630	7200	523	481	1416

表 4-3 第二时间段检测器统计数据表

时间/s	进入子区的车辆数/辆	离开子区的车辆数/辆	累计车辆数/辆	时间/s	进入子区的车辆数/辆	离开子区的车辆数/辆	累计车辆数/辆
7320	595	450	1561	8520	581	452	2526
7440	646	467	1740	8640	550	470	2606
7560	627	583	1784	8760	572	417	2761
7680	622	496	1910	8880	582	423	2920
7800	658	542	2026	9000	534	428	3026
7920	623	552	2097	9120	519	394	3151
8040	583	532	2148	9240	601	405	3347
8160	528	517	2159	9360	550	384	3513
8280	553	477	2235	9480	579	371	3721
8400	611	449	2397	9600	587	389	3919

续表

时间/s	进入子区的车辆数/辆	离开子区的车辆数/辆	累计车辆数/辆	时间/s	进入子区的车辆数/辆	离开子区的车辆数/辆	累计车辆数/辆
9720	556	318	4157	12120	32	3	5907
9840	596	331	4422	12240	36	5	5938
9960	494	335	4581	12360	13	16	5935
10080	410	302	4689	12480	36	22	5949
10200	411	267	4833	12600	39	19	5969
10320	381	229	4985	12720	3	2	5970
10440	310	198	5097	12840	0	0	5970
10560	239	175	5161	12960	0	2	5968
10680	183	168	5176	13080	7	2	5973
10800	215	117	5274	13200	5	21	5957
10920	194	122	5346	13320	5	26	5936
11040	152	119	5379	13440	0	1	5935
11160	182	65	5496	13560	2	3	5934
11280	181	63	5614	13680	9	7	5936
11400	224	130	5708	13800	29	10	5955
11520	135	49	5794	13920	52	26	5981
11640	103	45	5852	14040	1	2	5980
11760	55	21	5886	14160	1	4	5977
11880	21	24	5883	14280	6	5	5978
12000	15	20	5878	14400	10	30	5958

利用 MATLAB 绘制累计车辆数与行程完成车辆数之间的关系曲线,拟合模型由前面介绍的 MFD 的三次函数拟合,便可以得到该子区的 MFD,如图 4-8 所示。

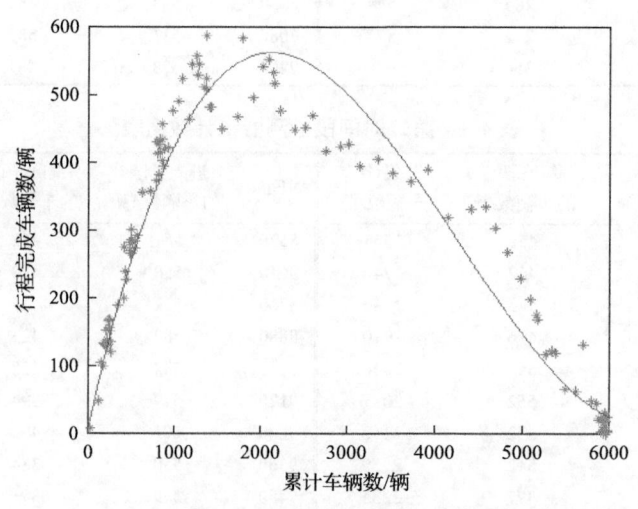

图 4-8 交通子区累计车辆数与行程完成车辆数的关系曲线

曲线拟合结果为

$$G(n) = 1.457 \times 10^{-8} n^3 - 1.855 \times 10^{-4} n^2 + 0.5928n \tag{4-10}$$

其中，$G(n)$ 表示行程完成车辆数；n 表示累计车辆数。

本节研究的控制目标是使子区内的行程完成车辆数最大，即路网中的累计车辆数保持在最佳临界值附近。为求路网中的最佳临界值，令

$$\max G(n) = \max \left(1.457 \times 10^{-8} n^3 - 1.855 \times 10^{-4} n^2 + 0.5928n\right) \tag{4-11}$$

其中，路网中的累计车辆数 n 应满足

$$0 \leqslant n \leqslant n_{\max} \tag{4-12}$$

利用 MATLAB 求得，当 $G(n)$ 到达峰值时，$n^* = 2100$。因此，该交通子区的最佳临界车辆数为 2100 辆。

4.4 非对称交通信号灯离散边界反馈控制策略

4.4.1 控制系统的状态方程及离散化方法

1. 控制系统的状态方程

在一定时间内，任意一个路网的交通流总是处于一个相对平衡的状态。路网内车辆的增加量和减少量，以及车辆驶入量和驶出量满足城市路网的供需平衡。研究路网车流平衡模型能够更为准确地了解某时刻路网内交通流的状态。假设交通子区 i 为城市的中心区域，子区会吸引大量的交通需求，因此交通子区 i 常处于饱和状态或者过饱和状态；子区 j 为交通子区 i 的外围区域。该城市路网的宏观交通流示意图如图 4-9 所示。

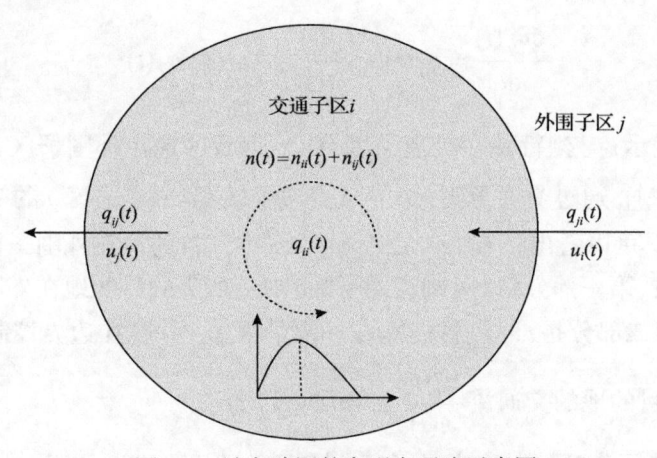

图 4-9 城市路网的宏观交通流示意图

对于交通子区 i，其驶入子区和驶出子区的车辆数总是守恒的，所以交通子区内的累计车辆数在一定范围内保持不变。在 t 时刻，交通子区 i 内的累计车辆数由两部分构成，子区内车流动态方程可描述为

$$n(t) = n_{ii}(t) + n_{ij}(t) \tag{4-13}$$

其中，$n(t)$ 表示在 t 时刻交通子区 i 内的累计车辆数；$n_{ii}(t)$ 表示在 t 时刻车辆目标地点在交通子区 i 内的累计车辆数；$n_{ij}(t)$ 表示在 t 时刻车辆目标地点在外围子区 j 的累计车辆数。

同时，t 时刻在目的地交通子区 i 内的车辆平衡方程为

$$\frac{\mathrm{d}n_{ii}(t)}{\mathrm{d}t} = q_{ii}(t) + q_{ji}(t) \cdot u_i(t) - \frac{n_{ii}(t)}{n(t)} \cdot G(n(t)) \tag{4-14}$$

其中，$q_{ii}(t)$ 表示 t 时刻车辆行驶在交通子区 i，目标地点也在交通子区 i 内的交通流；$q_{ji}(t)$ 表示 t 时刻车辆行驶在外围子区 j，目标地点在交通子区 i 内的交通流；$u_i(t)$ 表示 t 时刻通过交通子区 i 边界从外围子区进入交通子区的交通流比例；$G(n(t))$ 表示 t 时刻交通子区 i 内累计车辆数为 $n(t)$ 对应的子区内行程完成车辆数。

由式(4-14)可以看出，t 时刻行驶在交通子区 i 内，目标地点也在交通子区 i 内的交通流由三部分构成：第一部分是 t 时刻交通子区 i 内根据交通需求新生成的目的地也在子区内的交通流 $q_{ii}(t)$；第二部分是 t 时刻在子区边界控制下，从外围子区 j 进入到交通子区 i 内的交通流 $q_{ji}(t) \cdot u_i(t)$；第三部分是 t 时刻交通子区 i 内已经完成行程到达目的地的交通流 $\frac{n_{ii}(t)}{n(t)} \cdot G(n(t))$。

t 时刻，交通子区 i 内目的地在外围子区 j 的车辆平衡方程为

$$\frac{\mathrm{d}n_{ij}(t)}{\mathrm{d}t} = q_{ij}(t) - \frac{n_{ij}(t)}{n(t)} \cdot G(n(t)) \cdot u_j(t) \tag{4-15}$$

其中，$q_{ij}(t)$ 表示 t 时刻行驶在交通子区 i 内，但目的地在外围子区 j 的交通流；$u_j(t)$ 表示 t 时刻，通过交通子区 i 边界从交通子区 i 到外围子区 j 的交通流比例。

由式(4-15)可以看出，t 时刻在交通子区 i 内，目的地在外围子区 j 的交通流由两部分构成：第一部分是 t 时刻交通子区 i 内新产生的目的地在外围子区 j 的交通流 $q_{ij}(t)$；第二部分是 t 时刻目的地在外围子区 j，并且在边界控制下通过受控子区边界到达目的地的交通流 $\frac{n_{ij}(t)}{n(t)} \cdot G(n(t)) \cdot u_j(t)$。

式(4-14)表示车辆行驶在交通子区 i 内，目的地也在交通子区 i 内部的交通流，

4.4 非对称交通信号灯离散边界反馈控制策略

式(4-15)表示车辆行驶在交通子区 i 内，目的地在外围子区 j 的交通流。由式(4-13)可知，交通子区 i 内的车辆数由这两部分构成。因此，将式(4-14)和式(4-15)相加，得到交通子区 i 内的车流量平衡方程：

$$\frac{\mathrm{d}n(t)}{\mathrm{d}t} = q_{ii}(t) + q_{ij}(t) - \frac{n_{ii}(t)}{n(t)} \cdot G(n(t)) + q_{ji}(t) \cdot u_i(t) - \frac{n_{ij}(t)}{n(t)} \cdot G(n(t)) \cdot u_j(t) \quad (4\text{-}16)$$

将式(4-16)分成三部分分别进行积分：第一部分是在 t 时刻交通子区 i 内新生成的车辆数，用 $n_0(t)$ 表示；第二部分是从外围子区 j 通过交通子区 i 边界进入交通子区 i 内的车辆数，用 $n_{\text{in}}(t)$ 表示；第三部分是从交通子区 i 通过子区边界到达外围子区 j 的车辆数，用 $n_{\text{out}}(t)$ 表示。则 t 时刻交通子区 i 内的累计车辆数可描述为

$$n(t) = \int_0^t \left[q_{ii}(t) + q_{ij}(t) - \frac{n_{ii}(t)}{n(t)} G(n(t)) \right] \mathrm{d}t + \int_0^t \left[q_{ji}(t) \cdot u_i(t) \right] \mathrm{d}t$$
$$- \int_0^t \left[\frac{n_{ij}(t)}{n(t)} \cdot G(n(t)) \cdot u_j(t) \right] \mathrm{d}t$$

或者

$$n(t) = \int_0^t n_0(t)\mathrm{d}t + \int_0^t n_{\text{in}}(t)\mathrm{d}t - \int_0^t n_{\text{out}}(t)\mathrm{d}t \quad (4\text{-}17)$$

2. 离散化处理

由于交通子区 i 边界交叉口信号灯是周期控制的因素，交通子区的边界控制无法做到实时控制，而是每隔一段时间对交通子区边界交叉口的信号灯配时进行调整。假设每隔周期 T 对交通子区边界交叉口进行一次配时优化，令 $t = T \cdot m$，对式(4-17)进行离散化处理。则第 $m+1$ 个周期交通子区 i 内的累计车辆数为

$$n(m+1) = n(m) + \left[q_{ii}(m) + q_{ij}(m) - \frac{n_{ii}(m)}{n(m)} G(n(m)) \right] \cdot T$$
$$+ \left[q_{ji}(m) u_i(m) \right] \cdot T - \left[\frac{n_{ij}(m)}{n(m)} G(n(m)) u_j(m) \right] \cdot T$$

或者

$$n(m+1) = n(m) + n_0(m+1) + n_{\text{in}}(m+1) - n_{\text{out}}(m+1) \quad (4\text{-}18)$$

假设交通子区 i 内第 $m+1$ 个周期内新产生的交通需求与行程完成车辆数也就是到达目的地的车流量相等，即 $n_0(m+1) = 0$，那么在第 $m+1$ 个周期，子区内的累计车辆数可以表示为

$$n(m+1) = n(m) + n_{\text{in}}(m+1) - n_{\text{out}}(m+1) \tag{4-19}$$

将式(4-19)中驶入交通子区和驶出交通子区的车辆数用每个周期每个交叉口想要驶入交通子区的交通流量与交叉口绿灯时长的乘积表示，那么第 $m+1$ 个周期交通子区内的累计车辆数可以表示为

$$n(m+1) = n(m) + \sum_a q_{a,\text{in}}(m+1) \cdot t_{a,\text{in}}(m+1) - \sum_a q_{a,\text{out}}(m+1) \cdot t_{a,\text{out}}(m+1) \tag{4-20}$$

其中，$q_{a,\text{in}}(m+1)$ 表示在第 $m+1$ 个周期边界交叉口 a 处进入交通子区的交通需求；$t_{a,\text{in}}(m+1)$ 表示在第 $m+1$ 个周期边界交叉口 a 进入交通子区的绿灯时长；$q_{a,\text{out}}(m+1)$ 表示在第 $m+1$ 个周期边界交叉口 a 处驶出交通子区的交通需求；$t_{a,\text{out}}(m+1)$ 表示在第 $m+1$ 个周期边界交叉口 a 驶出交通子区的绿灯时长。

交通子区边界控制的思路是通过调整边界信号灯的配时来控制驶入驶出子区的交通流量。由式(4-20)可知，第 $m+1$ 个周期交通子区内累计的车辆数由第 m 个周期交通子区内的累计车辆数、第 $m+1$ 个周期驶入交通子区和驶离交通子区的车辆数决定。而驶入和驶离交通子区的车辆数由交通子区各边界交叉口的交通流量和绿灯时长决定。由于交叉口的交通流量取决于交通需求，控制策略中原本的控制量 u_i、u_j 转换成了交通子区各边界信号灯驶入和驶出交通子区的通行时间，也就是边界信号灯的绿灯时长。

4.4.2 边界反馈控制系统设计

1. 边界控制策略介绍

边界控制策略属于区域信号协调控制或面控。其目的是通过调整交通子区边界处车辆的进出比例，将交通子区内部的交通流控制在最优状态，从而提高区域内部的利用率与通行能力。由于交通子区属于交通控制中比较复杂的研究对象，子区中任何一条路段的交通状况都会影响整个子区的状态。因此，本节从宏观角度，在 MFD 理论的基础之上，将交通子区作为一个整体去研究，同时加入反馈控制的概念，不断地调整边界处的交通信号灯配时方案，使该子区内的交通状态保持在最优状态，提高区域内部的通行效率。

在采取边界控制策略之前，需要确定控制区域是否满足以下条件。

(1)控制区域内的交通拥堵主要是由外部交通流量引起的。当区域出行的起讫点都在区域内的交通量超过整体交通量的一半时，则该区域不适合进行区域边界控制。因为在上述情况下，边界控制策略无法对区域内部的交通流产生影响，只能通过牺牲区域外围的交通状况来保证区域内部的交通状态，此时，边界控制策略的控制效果不明显，甚至会造成区域外围发生严重的交通瘫痪，控制效果得不偿失。

(2)区域边界处的主要交叉口需要布设数据检测器，用来检测区域流入和流出

4.4 非对称交通信号灯离散边界反馈控制策略

的交通量;区域内部的主要路段也要布设数据检测器,用于反映区域内的交通状况,并且检测器的布设位置应尽量设置在路段中间,此时,交通流处于自由流状态,可以更好地反映该区域的交通运行情况。若检测器的位置距离信号控制的位置过近,其检测到的数据多为车辆排队或拥堵状态下的数据,无法反映区域内的正常交通状态。

(3)区域边界外的路段尽可能长,有足够的空间容纳那些暂时被阻挡在边界外的车辆,避免车辆排队蔓延至上游交叉口,导致其他交通拥堵区域的出现。

2. 边界反馈控制系统

本节设计了一个离散边界反馈控制系统,如图 4-10 所示,通过调节交通子区边界处的交叉口信号灯配时,控制边界处车辆的进出,从而将路网中的车辆数维持在最佳临界值 n^* 附近,保证子区内部的行程完成车辆数最大,从而提高路网的运行效率,缓解子区内的拥堵状态。

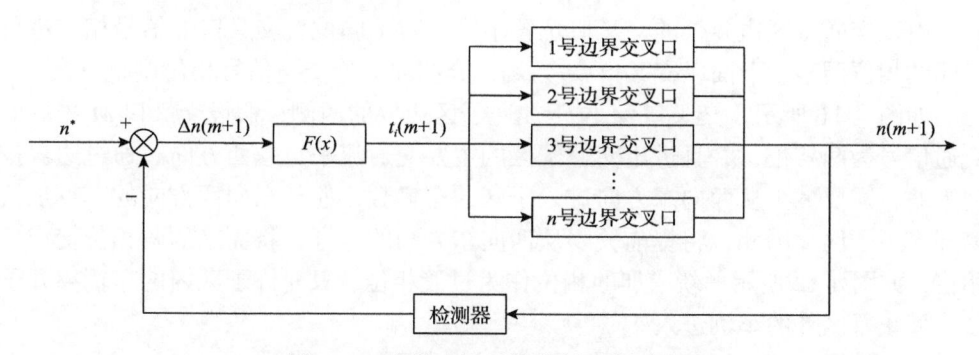

图 4-10 离散边界反馈控制系统原理图

图 4-10 中,系统输入为交通子区内的最佳临界累计车辆数 n^*;系统输出为子区内的车辆总数 $n(m+1)$;$F(x)$ 表示路网中的车辆数与交叉口处的信号灯配时调整差值之间的关系。本节采取了非对称交通信号灯配时方案,具体内容在 4.4.3 节进行介绍。

当系统输出即路网中的累计车辆数稳定在最佳临界值 n^* 时,进出交通子区的车辆数相等,此时行程完成车辆数达到最大,子区内部的交通状态保持在最佳状态。

4.4.3 非对称交通信号控制

1. 非对称交通信号

非对称交通信号控制,顾名思义,主要是指行驶方向相反的交通信号控制灯的交通配时为非对称的。在日常生活中,我们经常见到的交叉口信号灯多为对称设计,但是由于城市中的交通流存在时间和空间分布的不均衡性,很多时候在某一个方向上的交通流并不能完全有效地利用该相位的全部绿灯时长,这就造成了绿灯时长的浪费,此时采用非对称式交通信号控制,可以有效提高绿灯时长的使用效率,提高交叉口的服务水平。本节采用非对称交通信号控制来调整交通子区边界处车辆进出的比例,将子区内的车辆数保持在最佳临界值附近,从而维持子区内稳定的交通状态。

由于本节提到的边界反馈控制策略目的是通过限制边界交叉口处部分车辆进入子区,使子区中的车辆加速通过边界离开交通子区,从而确保子区中的交通状态。从某种角度看,本节是通过交通信号控制人为产生非对称交通流。因此,本节将控制非对称交通流的思想理念引入到边界反馈控制策略中,通过非对称交通信号控制来调整交通子区边界处的信号相位和有效绿灯时长,从而将交通子区内的交通状态保持在最佳状态。

2. 非对称交通信号相位修改方案

由于交通子区边界处的交叉口位置不同,对不同位置交叉口的信号相位进行不同的相位调整。下面以交叉口 M 为例,介绍非对称交通信号相位调整方案。

如图 4-11 所示,交叉口 M 位于交通子区边界的西侧,假设交叉口 M 采用的交通信号为两相位,并且进出交通子区的主要交通流来自东西方向。通过边界控制策略,需要减少从西向东方向进入子区的车辆数,使从东向西方向的车辆加快离开交通子区。因此,将提前关闭从西向东方向的绿灯,将原来的两相位变成三相位,如图 4-12 所示。新增加的相位作为过渡相位,只允许子区内的车辆离开子区,禁止子区外的车辆进入。

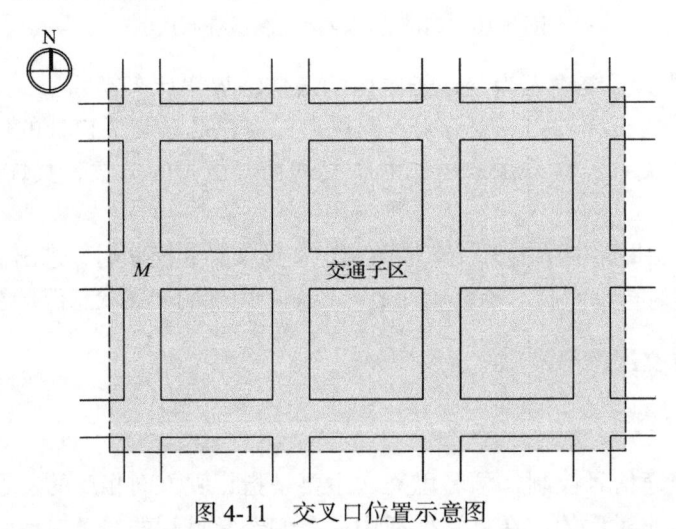

图 4-11 交叉口位置示意图

如果原来的交叉口为四相位,则将四相位更改为六相位,如图 4-13 所示。在

4.4 非对称交通信号灯离散边界反馈控制策略

图 4-12 两相位修改方案

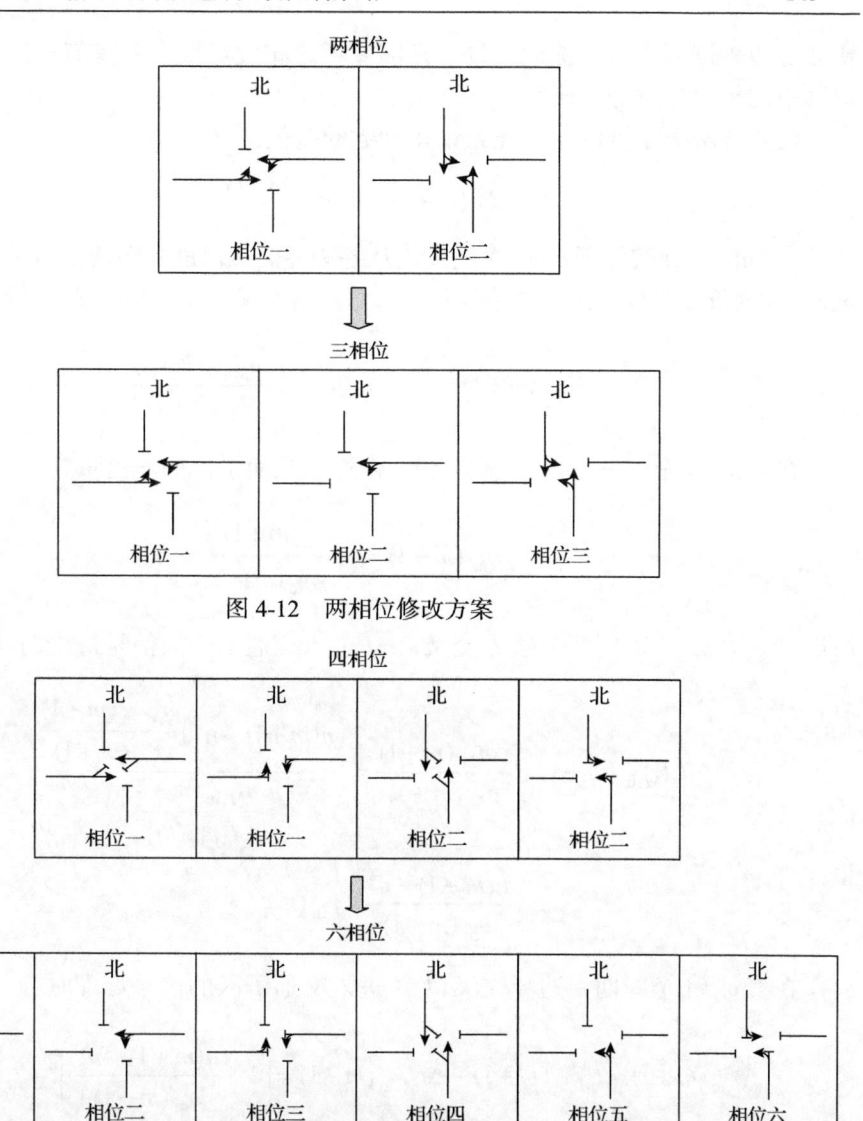

图 4-13 四相位修改方案

直行和左转两相位之间增加一个过渡相位，提前将进入子区方向的绿灯切换为红灯，将离开子区的红灯切换为绿灯。

同理，对位于子区边界处的其他交叉口信号相位也进行相应的修改，增加过渡相位，即提前关闭进入子区和离开子区的绿灯。

3. 非对称交通信号灯配时方案

在相位修改方案中提到提前将进入子区的绿灯切换为红灯，从而禁止部分车辆通过边界进入子区。除此之外，还需要考虑相位切换需要提前多长时间。下面对其中的相位配时进行研究。

已知路网中车辆数与最佳累计车辆数的差值：

$$\Delta n(m+1) = n(m+1) - n^* \tag{4-21}$$

将 $\Delta n(m+1)$ 按照第 $m+1$ 个周期内从各边界交叉口进入交通子区的车辆数在总进口车辆数的比例分配到边界各交叉口，以边界交叉口 M 分配到的车辆数为例：

$$\Delta n_M(m+1) = \left(n(m+1) - n^*\right)\frac{n_{M,\text{in}}(k+1)}{n_{\text{in}}(k+1)} \tag{4-22}$$

在第 $m+1$ 个周期，从边界交叉口 M 进入交通子区的车流量为

$$q_M(m+1) = \frac{n_{M,\text{in}}(m+1)}{t_{M,\text{in}}(m)} \tag{4-23}$$

所以，在第 $m+1$ 个周期，边界交叉口 M 进入交通子区的信号灯配时调整值为

$$\begin{aligned}\Delta t_{M,\text{in}}(m+1) &= \frac{\Delta n_M(m+1)}{q_M(m+1)} = \frac{\left(n(m+1)-n^*\right)\dfrac{n_{M,\text{in}}(m+1)}{n_{\text{in}}(m+1)}}{\dfrac{n_{M,\text{in}}(m+1)}{t_{M,\text{in}}(m)}} \\ &= \frac{n(m+1)-n^*}{n_{\text{in}}(m+1)}t_{M,\text{in}}(m)\end{aligned} \tag{4-24}$$

在第 $m+1$ 个周期，边界交叉口 M 进入交通子区的信号灯配时为

$$t_{M,\text{in}}(m+1) = t_{M,\text{in}}(m+1) - \Delta t_{M,\text{in}}(m+1) = \left(1 - \frac{n(m+1)-n^*}{n_{\text{in}}(m+1)}\right)t_{M,\text{in}}(m) \tag{4-25}$$

4.4.4 限制条件

考虑到周期时长的影响以及边界外道路的拥堵情况，进入子区方向的绿灯时长并不能无限制地增加或减少。以下是最小绿灯时长、最大绿灯时长和边界外排队长度的绿灯时长限制条件。

1. 最小绿灯时长限制

最小绿灯时长限制主要是为了保障行人能够在最小绿灯时长内通过路口，同时为驾驶员提供一定的反应时间。参考其他文献，本节采用行人过街时间作为最

4.4 非对称交通信号灯离散边界反馈控制策略

小绿灯时长,行人过街时间按式(4-26)计算:

$$G_{行} = R + \frac{W}{V_{行}} + 2(N-1) \tag{4-26}$$

其中,$G_{行}$ 表示行人通过该路口需要的绿灯信号时间,单位为 s;R 表示行人反应时间,一般为 2~3s;N 表示行人过街的排队人数;W 表示人行横道的长度,单位为 m,即行车道的宽度;$V_{行}$ 表示行人的步行速度,单位为 m/s,行人的平均步行速度为 1.2m/s,但是为了安全起见,以行动缓慢的老人和小孩的步行速度 1m/s 作为参考速度。

2. 最大绿灯时长限制

由于交叉口信号灯的周期有一定的时长限制,同时为了避免交叉方向的行人或车辆等待时间过长,需要设置最大绿灯时长限制绿灯时间无限加长。本节中的最大绿灯时长是由信号周期减去对向交通信号的最小绿灯时长来计算的。

3. 边界外排队长度的绿灯时长限制

由于采取边界控制策略,在交通子区边界外的路段上会有部分车辆因为限制进入而排队等待。为了避免排队长度扩散到上游交叉口,导致上游交通堵塞甚至大面积扩散,加入边界外排队长度限制,若边界外排队长度超过限制条件,则增加该方向的绿灯时长,多放行一部分车辆进入交通子区。

边界外排队长度的计算模型采用基于交通波理论推导出来的线性预测模型,如式(4-27)所示:

$$l(t+\Delta t) = l(t) + v_w \Delta t \tag{4-27}$$

其中,$l(t+\Delta t)$ 表示 $t+\Delta t$ 时刻的车辆排队长度;$l(t)$ 表示 t 时刻的车辆排队长度;v_w 表示停车波的传递速度。

停车波模型如下:

$$v_w = -v_f \frac{k_1}{k_j} \tag{4-28}$$

其中,v_f 表示车辆在自由流状态下的行驶速度;k_1 表示此刻路段的车流密度;k_j 表示拥堵密度,即交通完全堵塞状态下,车流静止不动时的车流密度;负号表示停车波的传递方向与车辆的行驶方向相反。

当交通子区边界外路段上的车辆排队长度大于路段长度时,表示当前路段发生了交通溢流,需要解除该边界交叉口方向的绿灯限制,加快放行该路段上的排队车辆。

4.4.5 实验分析

1. 仿真环境

本节采用 Microsoft Visual Studio 对 VISSIM 交通仿真软件的二次开发进行仿真实验。利用 VISSIM 绘制路网，路网范围与 4.3.3 节相同，如图 4-14 所示，其中灰点表示边界检测器的放置位置，共 17 个，用于检测边界处交叉口处的交通数据，包括进入子区的车辆数、离开子区的车辆数、排队长度等；黑点表示子区内部检测器的放置位置，共 30 个，用来检测子区内部的交通运行数据，包括平均车速、平均延误时间等。

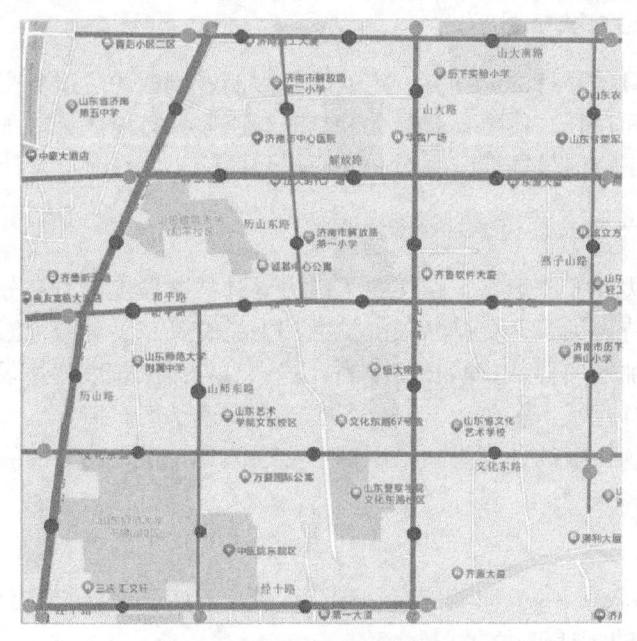

图 4-14　仿真路网及检测器位置

仿真实验时长设定为 14400s，即 4h，模拟路网从平峰期到高峰期的过程。子区边界各进口处的车流量设置与 4.3.3 节相同。路网中检测器的数据采集周期为 120s，与路网中交叉口信号灯的信号周期相同。车辆期望速度设定为 50km/h。

2. 实验结果及分析

该系统的控制目标是将路网中的累计车辆数保持在最佳临界值附近。为了验证离散边界反馈控制策略的可行性和有效性，本节将离散边界反馈控制(discrete boundary-feedback-control, DBFC)策略的运行效果、无边界控制(non-boundary-control, NBC)策略和 Bang-Bang 控制策略的运行效果进行了对比。对比指标包括

4.4 非对称交通信号灯离散边界反馈控制策略

进入子区的车辆数、离开子区的车辆数、子区中的车辆平均速度、子区中的车辆平均延误时间、子区中的累计车辆数。

当仿真实验进行到 8040s 时,受控子区中的车辆数超过最佳临界值,采用离散边界反馈控制策略,子区边界处信号灯的配时按照 4.4.3 节提到的非对称配时方案进行调整。实验结果如图 4-15 所示。采用 Bang-Bang 控制策略与离散边界反馈控制策略的对比结果如表 4-4 所示。

通过实验对比发现:

(1) 当路网中的累计车辆数刚好超过最佳临界值时,离散边界反馈控制策略和 Bang-Bang 控制策略进入子区的车辆数发生骤降,此时是为了防止子区内部交通过于拥堵,而将部分进入子区的车辆拦截在边界外,但随着仿真的进行,没有采用离散边界反馈控制策略的交通路网发生了严重堵塞,导致交通彻底瘫痪,车辆无法进出,而采用离散边界反馈控制策略的交通仍能正常运行。

(2) 采取离散边界反馈控制策略之后,离开子区的车辆数仍能保持较高的水平上

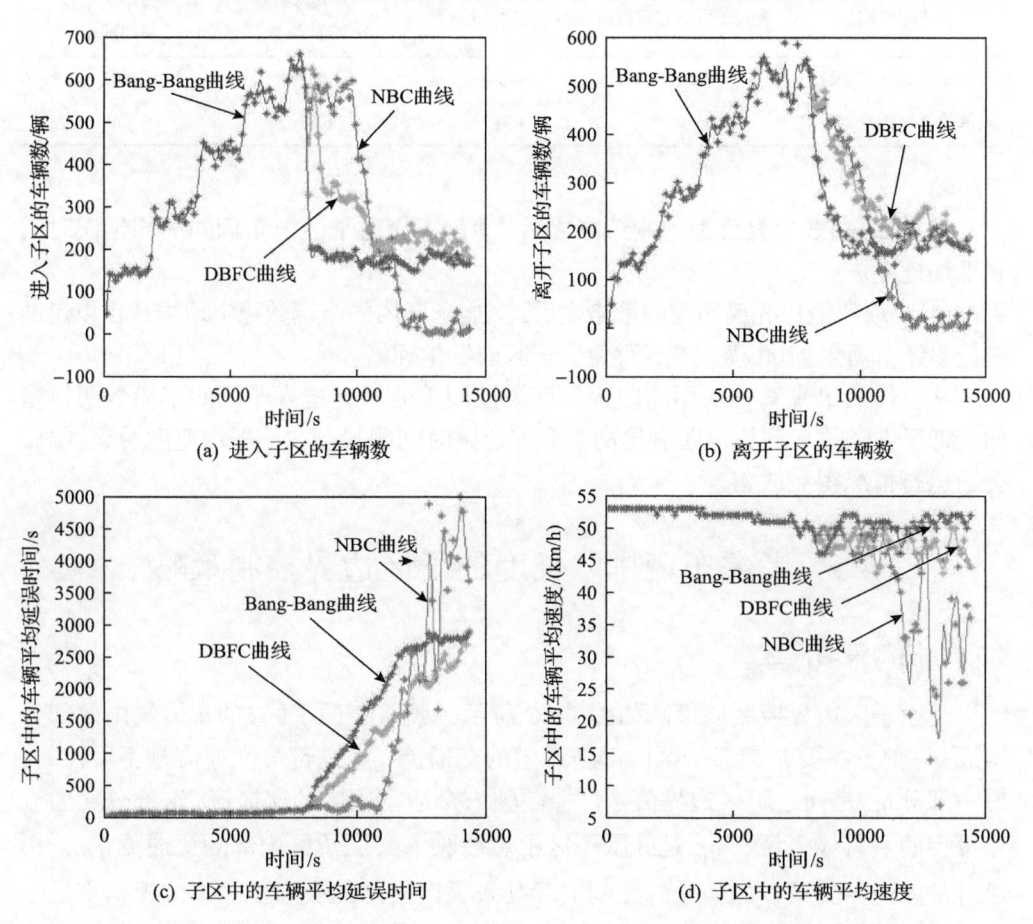

(a) 进入子区的车辆数

(b) 离开子区的车辆数

(c) 子区中的车辆平均延误时间

(d) 子区中的车辆平均速度

(e) 子区中的累计车辆数

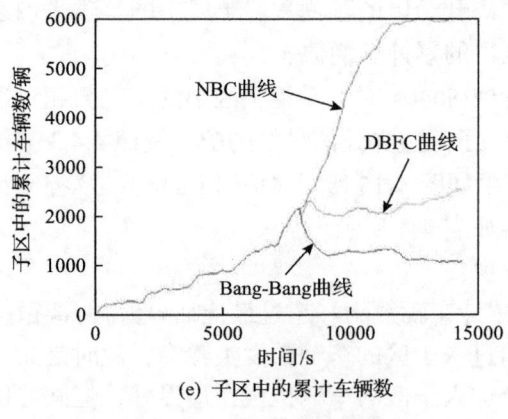

图 4-15　仿真实验结果

表 4-4　优化程度数据表　　　　　　　　　　　　　　（单位：%）

优化策略	进入子区的车辆数	离开子区的车辆数	子区中的车辆平均延误时间	子区中的车辆平均速度
Bang-Bang 控制策略	4.69	−9.04	−21.78	8.65
离散边界反馈控制策略	15.94	4.31	6.89	5.68

下浮动。

(3) 采取离散边界反馈控制策略之后，优化了交通子区内车辆的平均延误时间和平均速度。

(4) 采取离散边界反馈控制策略之后，交通子区内的车辆数稳定地维持在设定的最佳累计车辆数 2100 辆左右，避免了子区内发生拥堵。

从整体效果来看，采用离散边界反馈控制策略后，进入子区的车辆数明显增加，离开子区的车辆数也明显提高，平均延误时间明显减少，平均速度明显提高，交通运行情况得到改善。

4.5　考虑车辆排队长度的子区边界控制策略

4.5.1　控制策略简述

交通子区边界控制原理图如图 4-16 所示，驶入交通子区 i 的车流量由两部分构成：一部分主要是交通子区内部新产生的交通流 q_{ii}，这部分交通流是不可控的；另一部分 q_{in} 是通过子区边界信号灯控制驶入交通子区内的交通流，这部分交通流是可控的。具体来说，q_{in} 是外围子区中想要驶入交通子区内部的交通流 q_{ji}，再通过子区边界交叉口的信号灯控制实际驶入子区内部的交通流。本节根据交通子

4.5 考虑车辆排队长度的子区边界控制策略

区内的累计车辆数和边界交叉口的排队长度，设计了一种基于 MFD 考虑边界交叉口车辆排队长度的控制策略，并根据该控制策略调整边界交叉口信号灯配时方案，从而控制驶入交通子区内部的交通流 q_{in}，实现子区边界控制目标。每一个受控周期内都进行交通子区交通流以及边界交叉口排队长度的数据采集工作，并通过对交通流数据的分析调整边界信号灯配时，进而形成一个闭环的反馈控制系统。

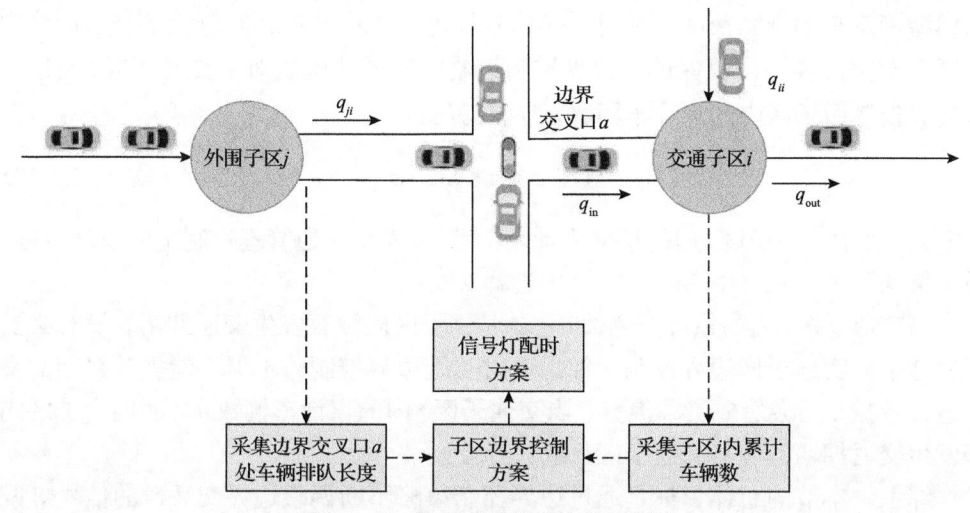

图 4-16 交通子区边界控制原理图

交通子区 MFD 如图 4-17 所示，横坐标表示交通子区内累计的车辆总数，纵坐标表示交通子区内行程完成车辆数。

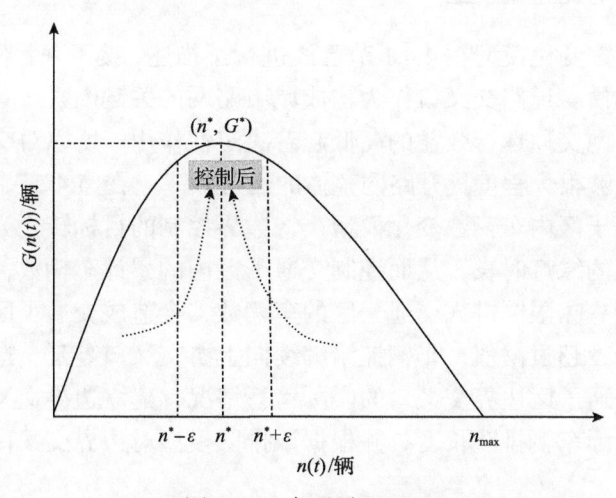

图 4-17 交通子区 MFD

由图 4-17 所知，子区 MFD 为一个单峰的抛物线，存在一个临界的子区内最

佳累计车辆数 n^*,使得交通子区内行程完成车辆数达到最高 G^*,此时交通子区交通运行效益最佳。本节的控制思路为通过边界控制策略优化边界交叉口信号灯配时方案,从而控制进入子区的交通流来调节子区内累计车辆数,使交通子区内累计车辆数 n 维持在最佳累计车辆数 n^* 附近,进而使得子区内行程完成车辆数达到最大。同时为了预防子区边界交叉口处车辆排队长度超过阈值,基于交叉口的排队模型确定车辆排队长度,并对边界信号灯进行二次调控,既避免了交通拥堵向子区上游路段蔓延,也保证了边界控制策略的有效实施。对于交通子区 i 通过子区边界控制后子区内的累计车辆数 n 应该满足:

$$n^* - \varepsilon \leqslant n \leqslant n^* + \varepsilon \tag{4-29}$$

其中,n^* 表示交通子区 i 内的最佳累计车辆数;ε 表示交通管理控制中的波动范围,通常情况下为 n^* 的 1%~3%,本节中选择 2%。

当交通子区 i 内的累计车辆数 $n < n^*$ 时,子区内没有发生交通拥堵,没有必要对交通子区实施子区边界控制。如果这时实施边界控制,不但不能提升路网的交通运行效益,还会造成资源浪费。当交通子区 i 内的累计车辆数 $n \geqslant n^*$ 时,子区内部发生交通拥堵,应对交通子区采取边界控制。

综上,本节的总体目标是通过边界控制策略不断调整边界交叉口的信号灯配时,从而使得交通子区内的累计车辆数维持在最佳累计车辆数,使得交通子区的交通运行效益最高。

4.5.2 交通子区的交通流模型

子区的车辆数变化模型在 4.4.1 节已经进行了描述,接下来,对子区边界交叉口的排队进行建模。道路交叉口作为构成城市路网的关键因素,其信号灯配时是否安全高效对路网交通运行效益的高低起着决定性作用,所以对交叉口的信号灯进行合理配时能够很大程度提升路网整体的运行效率。在 4.4 节中基于车流平衡模型构建了交通子区内车辆数变化模型,将边界控制的目标转化为子区边界交叉口进出交通子区的绿灯时长,从而控制交通子区内的累计车辆数,进而实现控制目标。但是如果一味限制进入交通子区的车辆数,会造成交通子区边界交叉口路段上车辆排队长度超过阈值,车辆拥堵继续向上游交叉口蔓延,造成拥堵扩散。因此,应考虑交通子区边界交叉口的实际运行情况,建立边界交叉口的排队模型来预估交叉口实际车辆排队长度,并根据该排队模型对边界交叉口信号灯配时进行优化。

以实际生活中常规的四向交叉口为例,对单个交叉口 a 的几何结构和车辆排队进行建模,如图 4-18 所示。

4.5 考虑车辆排队长度的子区边界控制策略

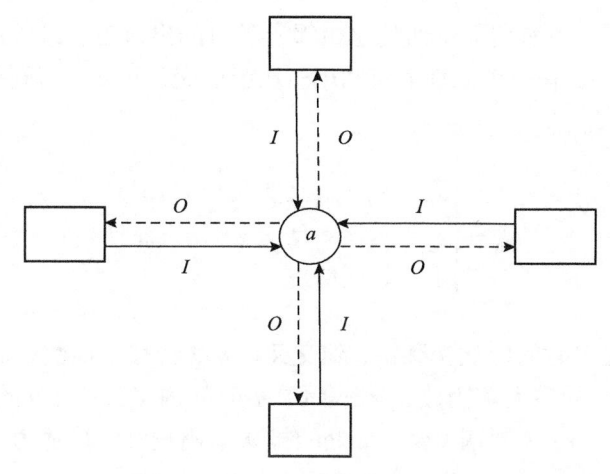

图 4-18 交叉口几何模型示意图

任何路网内交叉口和路段都可以被描述为节点与节点的连接图。图 4-18 描述了当前交叉口与其相邻的四个交叉口间的关系，图中 a 表示当前建模的单点交叉口，I 表示从相邻交叉口到当前交叉口 a 之间的进口道，O 表示从当前交叉口 a 到相邻交叉口之间的出口道。以传统的四向交叉口为例，单点交叉口与其相邻的交叉口之间的交通流运行情况如图 4-19 所示。

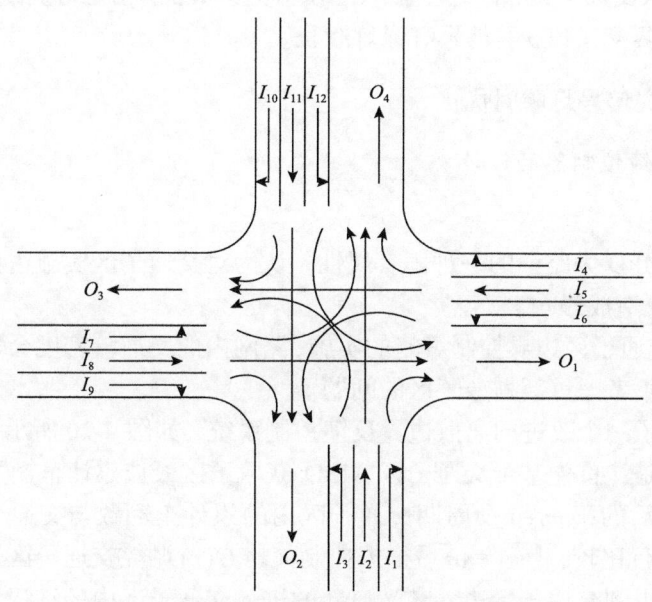

图 4-19 十字形交叉口的交通流运行示意图

图 4-19 描述了传统十字形交叉口的交通流运行状况，其中 $I_1 \sim I_{12}$ 描述的是从相邻交叉口进入到当前交叉口的进口道，四个方向分别都包含左转、直行和右转；

$O_1 \sim O_4$ 描述的是从当前交叉口到其他相邻交叉口的出口道，四个方向分别都包含左转、直行和右转。在一个周期 T 时间内，从当前交叉口 a 转移到相邻交叉口 b 的车辆数可以表示为

$$t_{ab} = \begin{cases} x_a, & x_a < s_a \text{且交叉口} a \text{为绿灯} \\ s_a, & x_a > s_a \text{且交叉口} a \text{为绿灯} \\ 0, & \text{其他情况} \end{cases} \quad (4\text{-}30)$$

其中，t_{ab} 表示在 T 时间内从交叉口 a 到交叉口 b 的转移车辆数；s_a 表示在 T 时间内从交叉口 a 驶出的最大车辆数；x_a 表示在 T 时间内交叉口 a 处的排队车辆数。

因此，在第 $m+1$ 个周期交叉口 a 处的排队车辆数可以描述为

$$x_a(m+1) = x_a(m) + \int_m^{m+1} A_a(m) \mathrm{d}m - \sum_b t_{ab} \quad (4\text{-}31)$$

$$A_a(m) = \frac{q_{a,\text{in}}(m) \times C_a}{g_a(m)} \quad (4\text{-}32)$$

其中，$A_a(m)$ 表示第 m 个周期交叉口 a 的交通流率；$q_{a,\text{in}}(m)$ 表示第 m 个周期从边界交叉口 a 进入交通子区 i 的交通流；C_a 表示交叉口 a 的信号灯周期；$g_a(m)$ 表示第 m 个周期边界交叉口 a 的信号灯绿灯时长。

4.5.3 子区边界信号灯配时优化

1. 边界反馈控制器的设计

假设：

(1) 由于 MFD 为路网的一种固有属性，认为对交通子区实施边界控制策略不会对子区 MFD 造成影响。

(2) 随着交通子区边界控制策略的实施，路网内的交通流密度会发生一定程度的变化，但是不考虑重新划分子区的问题。

本节设计了一个改进的离散边界反馈控制系统，如图 4-20 所示。边界反馈控制系统的思路是：首先基于交通子区 MFD 获取子区最佳累计车辆数 n^*，然后将经检测器检测后的第 $m+1$ 个周期交通子区内的累计车辆数与交通子区的最佳累计车辆数 n^* 进行比较，得到差值后根据控制策略 $G(x)$ 调控交通子区边界交叉口的信号灯配时，得到交通子区边界交叉口新的进入交通子区内的红绿灯时长。同时确定交通子区边界交叉口的车辆排队长度 x，并根据信号灯调控策略 $F(x)$ 对边界信号的配时进行二次优化。通过不断调节交通子区边界信号灯的配时，交通子区内的累计车辆数不断接近最佳值。

4.5 考虑车辆排队长度的子区边界控制策略

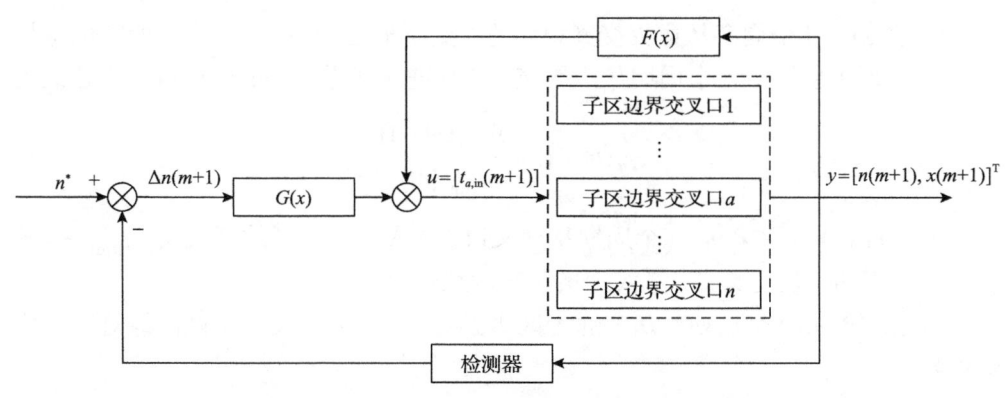

图 4-20 改进的离散边界反馈控制系统原理图

图 4-20 中，控制器的输入 u 为边界交叉口信号灯绿灯时长 $t_{a,\text{in}}$；控制器的输出 y 为交通子区内的累计车辆数 n 和边界交叉口车辆排队长度 x；$G(x)$ 表示交通子区内累计车辆数和最佳车辆数之间的差值与边界交叉口信号灯配时之间的关系，具体的边界信号灯配时在第 2 部分进行详细介绍；$F(x)$ 表示交通子区边界交叉口的车辆排队长度与边界交叉口信号灯配时之间的关系，具体的内容在第 3 部分详细介绍。

控制目标是将交通子区内的累计车辆数维持在最佳值，驶入和驶出交通子区内的交通流达到动态平衡，此时交通子区的行程完成交通流达到最大，交通运行状态达到最佳。

2. 基于交通流的子区边界信号灯配时

根据 4.5.1 节建立的交通子区车辆数变化模型和上面第 1 部分中设计的边界反馈控制系统可知，在第 $m+1$ 个周期时交通子区内的累计车辆数与最佳累计车辆数存在一个差值 $\Delta n(m+1)$，表达式为

$$\Delta n(m+1) = n(m+1) - n^* \tag{4-33}$$

不断调整交通子区边界信号灯配时，使进入交通子区的车辆数减少 $\Delta n(m+1)$，以消除和最佳临界累计车辆数之间的差值。按照每个边界交叉口在第 $m+1$ 个周期驶入交通子区的车辆数占所有边界交叉口驶入交通子区的比例，确定在第 $m+1$ 个周期时各边界交叉口期望少进入交通子区的车辆数为

$$\Delta n_a(m+1) = \left(n(m+1) - n^*\right)\frac{n_{a,\text{in}}(m+1)}{n_{\text{in}}(m+1)} \tag{4-34}$$

其中，$\Delta n_a(m+1)$ 表示在第 $m+1$ 个周期，期望通过交叉口 a 少进入交通子区的车辆数；$n_{a,\text{in}}(m+1)$ 表示在第 $m+1$ 个周期，期望通过边界交叉口 a 进入交通子区的车辆数；$n_{\text{in}}(m+1)$ 表示在第 $m+1$ 个周期,期望通过子区边界进入交通子区的车辆数总和。

计算第 $m+1$ 个周期从边界交叉口 a 进入交通子区 $\Delta n_a(m+1)$ 辆车所需的绿灯时长，需要知道第 $m+1$ 个周期从边界交叉口 a 进入交通子区的交通流，表达式为

$$q_a(m+1) = \frac{n_{a,\text{in}}(m+1)}{t_{a,\text{in}}(m)} \tag{4-35}$$

其中，$q_a(m+1)$ 表示第 $m+1$ 个周期从交叉口 a 进入交通子区的交通流；$t_{a,\text{in}}(m)$ 表示第 m 个周期，从交叉口 a 进入交通子区的绿灯时长。

因此，第 $m+1$ 个周期，从交通子区边界交叉口 a 驶入交通子区的绿灯时长应调整为

$$\begin{aligned}\Delta t_{a1,\text{in}}(m+1) &= \frac{\Delta n_a(m+1)}{q_a(m+1)} = \frac{\left(n(m+1)-n^*\right)\dfrac{n_{a,\text{in}}(m+1)}{n_{\text{in}}(m+1)}}{\dfrac{n_{a,\text{in}}(m+1)}{t_{a,\text{in}}(m)}} \\ &= \frac{n(m+1)-n^*}{n_{\text{in}}(m+1)} \times t_{a,\text{in}}(m)\end{aligned} \tag{4-36}$$

其中，$\Delta t_{a1,\text{in}}(m+1)$ 表示在第 $m+1$ 个周期，对交通子区内交通流调控后，从子区边界交叉口 a 进入交通子区的绿灯时长所需调整的时间。

3. 基于车辆排队长度的边界信号灯二次配时优化

当交通子区内的累计车辆数超过 n^* 时，启动子区边界控制策略，根据第 2 部分调整边界交叉口进入交通子区内的信号灯绿灯时长。同时，根据单点交叉口排队模型计算第 $m+1$ 个周期边界交叉口处的车辆排队长度，并根据各交叉口的实际运行情况对边界交叉口的信号灯配时进行二次优化。

交通子区边界信号灯配时二次调整的思路是根据第 $m+1$ 个周期各交叉口的车辆排队长度，如果边界交叉口处车辆的排队长度大于交叉口路段的最大排队长度，则该边界交叉口进入交通子区的绿灯时长增加单位绿灯时长；如果边界交叉口处车辆的排队长度小于交叉口路段的最小排队长度，则该边界交叉口进入交通子区的绿灯时长缩短单位绿灯时长。

单位绿灯时长的设置应该满足车辆从检测器的位置安全驶过停车线的位置所需要的时间，确保最后一辆通过检测器的车辆安全行驶过停车线，如图 4-21 所示。

图 4-21 中检测器与停车线之间的距离，根据美国交通委员会制定的《道路通行能力手册》[231]，设置为 36 m。单位绿灯时长的计算公式如下：

$$\Delta g = l / v_a \tag{4-37}$$

其中，Δg 表示单位绿灯时长；l 表示检测器安装位置距离交叉口停车线处的长度；

4.5 考虑车辆排队长度的子区边界控制策略

v_a 表示车辆通过交叉口处的平均速度。

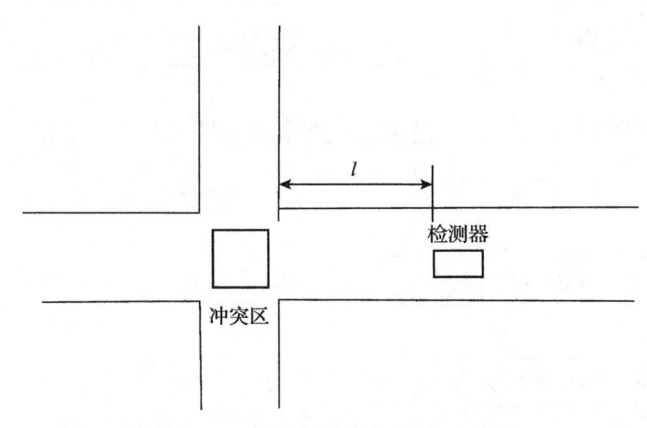

图 4-21 单位绿灯时长计算示意图

根据交叉口排队模型，确定第 $m+1$ 个周期边界交叉口 a 处的车辆排队长度，并对边界交叉口进入交通子区的绿灯时长进行二次优化。当第 $m+1$ 个周期边界交叉口 a 的排队长度大于最大排队长度时，为了防止"排队溢出"，将驶入交通子区的信号灯绿灯时长增加单位绿灯时长。当第 $m+1$ 个周期边界交叉口 a 的排队长度小于最小排队长度时，为了防止道路资源浪费，将驶入交通子区的信号灯绿灯时长缩短单位绿灯时长。因此，边界交叉口 a 进入交通子区的绿灯时长二次优化时间为

$$\Delta t_{a2,\text{in}}(m+1) = \Delta g \varepsilon (x - x_{\max}) - \Delta g \varepsilon (x_{\min} - x) \tag{4-38}$$

其中，$\Delta t_{a2,\text{in}}(m+1)$ 表示边界交叉口 a 经过第二次优化后进入交通子区的绿灯时长所需调整的时间；x 为第 $m+1$ 个周期边界交叉口 a 的车辆排队长度；$x_{\max} = 0.9L$ 为车辆最大排队长度，其中 L 表示路段长度；$x_{\min} = g_{\min} l_{\text{veh}} q$ 为车辆最小排队长度，其中 l_{veh} 表示车辆的平均长度，q 表示该路段的交通流量，$g_{\min}$ 为最小绿灯时长；Δg 为单位绿灯时长；$\varepsilon(x)$ 是一个可变系数，定义如下：

$$\varepsilon(x) = \begin{cases} 0, & x < 0 \\ 1, & x > 0 \end{cases} \tag{4-39}$$

根据交通子区内交通流和边界交叉口车辆排队长度对边界交叉口信号灯的配时二次优化后，边界交叉口 a 在第 $m+1$ 个周期进入交通子区需调整的绿灯时长为

$$\Delta t_{a,\text{in}}(m+1) = \Delta t_{a2,\text{in}}(m+1) - \Delta t_{a1,\text{in}}(m+1) \tag{4-40}$$

所以，边界交叉口 a 在第 $m+1$ 个周期进入交通子区的绿灯时长调整为

$$t_{a,\text{in}}(m+1) = t_{a,\text{in}}(m) - \Delta t_{a1,\text{in}}(m+1) + \Delta t_{a2,\text{in}}(m+1)$$
$$= \left(1 - \frac{n(m+1) - n^*}{n_{\text{in}}(m+1)}\right) \times t_{a,\text{in}}(m) + \Delta g \varepsilon(x - x_{\max}) - \Delta g \varepsilon(x_{\min} - x) \quad (4\text{-}41)$$

交通子区边界交叉口的信号灯配时的整体流程如图 4-22 所示。

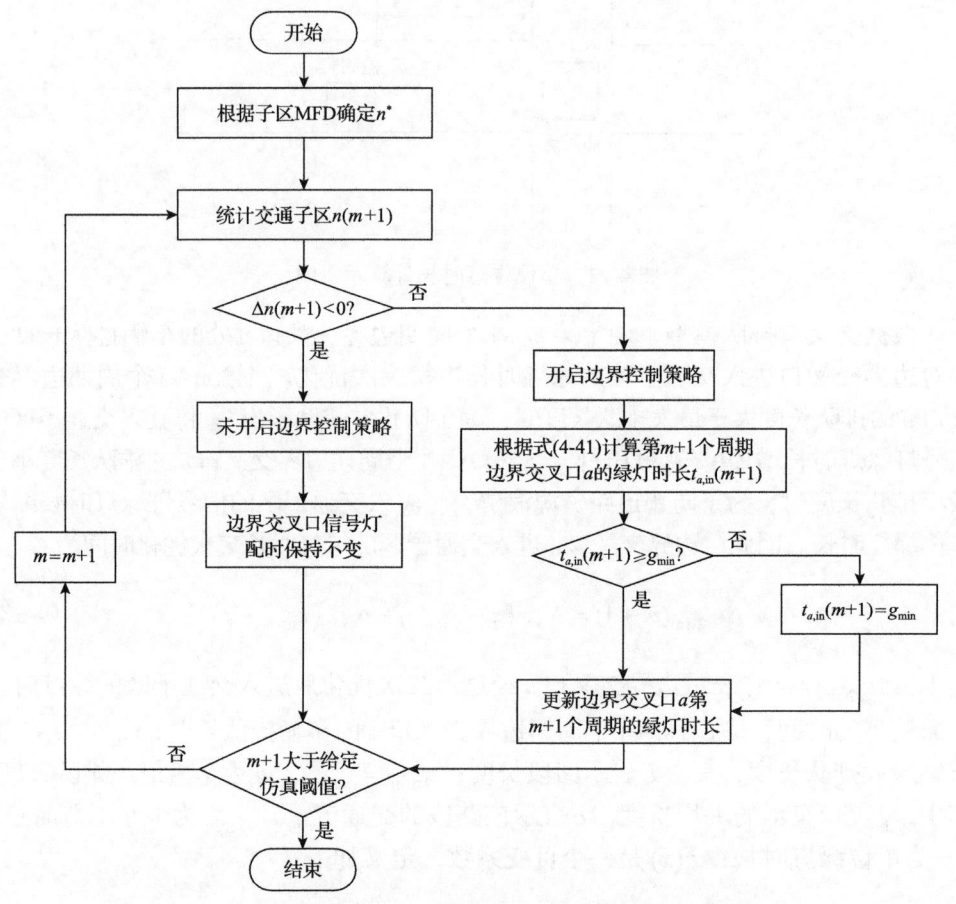

图 4-22 交通子区边界交叉口的信号灯配时整体流程图

根据本节提出的边界交叉口信号灯配时方案，以交通子区以西的边界交叉口 a 为例，分别分析两相位和四相位边界交叉口在无边界控制和边界控制前后信号灯相位以及配时的变化，如图 4-23 所示。

(1) 最小绿灯时长。

边界交叉口的最小绿灯时长要确保交叉口的行驶安全，一方面要确保行人安全过街，另一方面要保证检测器和停车线之前的车辆在最小绿灯时长内驶出。

对于单车道的交叉口，考虑行人在最小绿灯时长内一次过街。假设单车道道路

4.5 考虑车辆排队长度的子区边界控制策略

的宽度为 7m，行人过街的平均速度为 1.2m/s，那么根据美国《道路通行能力手册》[231]计算最小绿灯时长：

$$g_{\min} = 7 + \left(L_p / v_p\right) - I_g \tag{4-42}$$

其中，v_p 表示行人过街的平均速度；L_p 表示人行驶至最近的安全区域的距离；I_g 表示绿灯间隔时间，本节取 5s。

根据式(4-42)计算得出行人过街最短时间为 7.83s，本节最小绿灯时长取 10s。

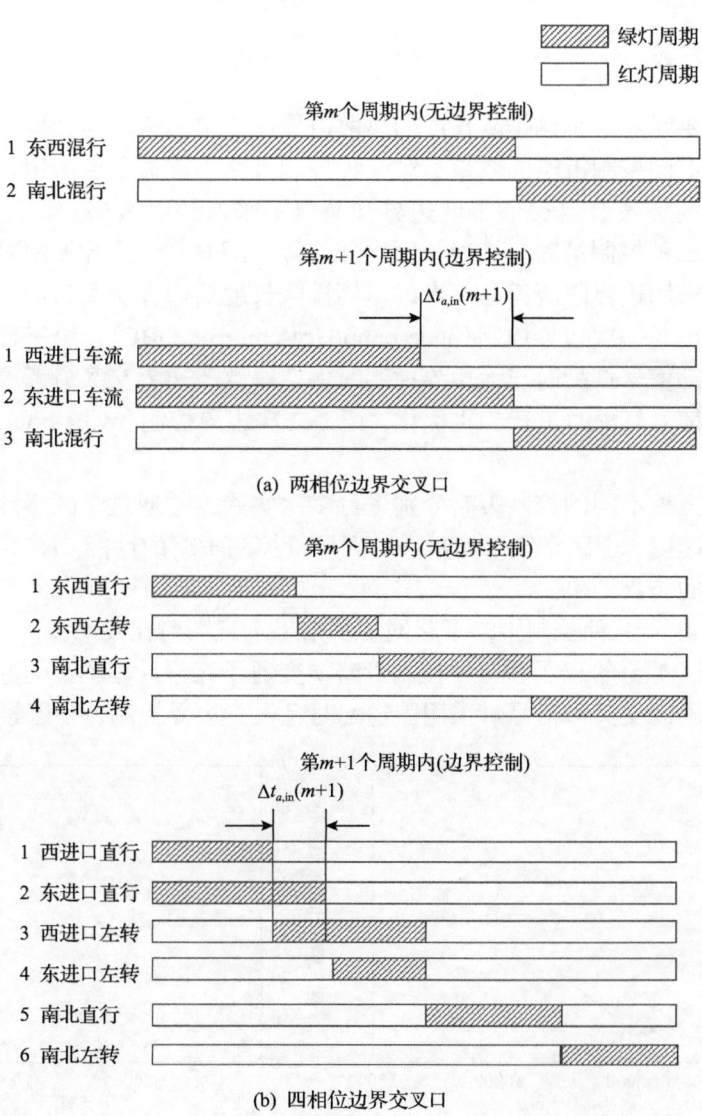

图 4-23 边界交叉口信号相位调整示意图

(2) 最大绿灯时长。

如果绿灯时长设置太长不仅会让其他相位的车辆等待时间过长，而且该相位如果没有车辆等待仍是绿灯会造成道路资源浪费，信号灯配时不合理。交叉口的最大绿灯时长设置为

$$g_{max} = C - g_{min} - 2I_g \tag{4-43}$$

其中，C 表示交叉口信号灯周期；g_{min} 表示交叉口的最小绿灯时长；I_g 表示绿灯间隔时间。

4.5.4 实验分析

本节主要对考虑车辆排队长度的离散边界反馈控制策略与其他控制方案进行对比，验证不同控制策略的效果。第一种控制策略为交通子区采用一种良好的固定信号灯配时方案，且交通子区边界交叉口不采取控制策略，记为无边界控制（NBC）；第二种控制策略为交通子区内部信号灯配时与无边界控制时保持一致，边界交叉口采用边界限流但是不考虑车辆排队长度对边界交叉口信号灯配时的第二次优化，记为一次边界控制（once-boundary-control，OBC）；第三种控制策略为交通子区内部信号灯配时与无边界控制时保持一致，边界交叉口考虑车辆排队长度对交叉口信号灯配时进行二次优化，记为二次边界控制（twice-boundary-control，TBC）。

对上述三种不同的控制策略分别进行多次实验，并通过子区累计车辆数、子区车辆平均速度、子区车辆平均延误时间评价控制策略的性能。图 4-24 表示了三种控制策略的仿真结果。

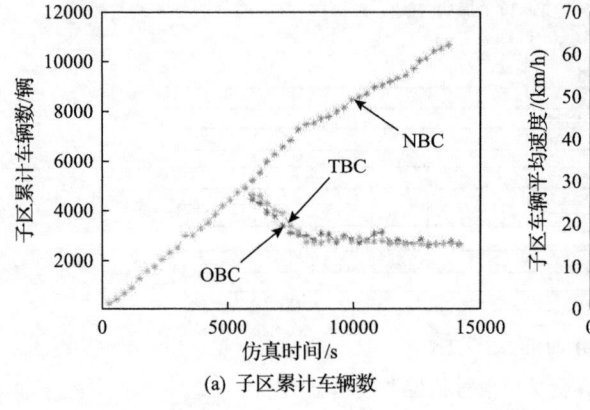

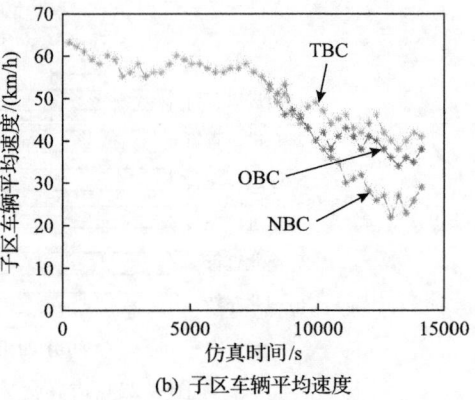

根据图 4-24 三种控制策略下路网仿真结果示意图对比发现：

(1) 图 4-24(a) 给出了在三种控制策略下交通子区累计车辆数的变化。第一种控制策略是子区交叉口信号灯采用固定配时且没有边界控制，子区累计车辆数一

(a) 子区累计车辆数

(b) 子区车辆平均速度

4.6 本章小结

[图表：子区车辆平均延误时间，显示 NBC、OBC、TBC 三种策略曲线]

(c) 子区车辆平均延误时间

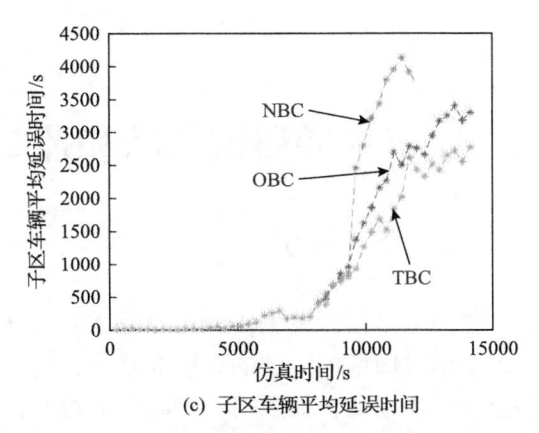

图 4-24 三种不同控制策略下路网仿真结果示意图

直增加，没有到达最佳累计车辆数。第二种控制策略是有边界限流，但未考虑边界外排队长度。第三种控制策略是有边界限流且考虑了排队长度，在这两种控制策略下子区累计车辆数都达到了最优值 2650。并且，在第三种控制策略下子区累计车辆数在最佳值更稳定。

(2) 图 4-24(b) 给出了在仿真运行期间，交通子区车辆平均速度。在第一种控制策略下子区车辆平均速度为 47.487 km/h，在第二种控制策略下子区车辆平均速度为 50.340 km/h，在第三种控制策略下子区车辆平均速度为 51.957 km/h。第三种控制策略下子区车辆平均速度比第一种和第二种分别提升 9.413% 和 3.212%。

(3) 图 4-24(c) 给出了在仿真运行期间，交通子区车辆平均延误时间。在第一种控制策略下子区车辆平均延误时间为 1391s，在第二种控制策略下子区车辆平均延误时间为 1016s，在第三种控制策略下子区车辆平均延误时间为 834s。第三种控制策略下交通子区内的车辆平均延误时间比第一种和第二种分别降低 40.043% 和 17.913%。

从整体仿真结果来看，本节的交通子区边界控制策略使交通子区内的累计车辆数稳定在最优值附近，并且子区车辆平均速度明显提升，子区车辆平均延误时间明显减少，交通子区的交通运行状况得到明显改善。

4.6 本章小结

本节研究城市交通拥堵问题，利用相邻交叉口关联度模型对路网进行交通子区的划分，并通过多次实验和分析重新选取划分子区的阈值。然后在 MFD 的理论基础之上，设计了离散边界反馈控制系统，同时针对交通子区边界处的交通信号提出了修改方案，并通过仿真实验验证了其可行性，最后开发了仿真实验系统。

第 5 章　城市交通溢流预防和控制策略

5.1　引　　言

　　在日常生活中，交通拥堵早已司空见惯，尤其是在上下班的早晚高峰，道路上的交通流量很大，每个信号周期内滞留的车辆非常多，而一旦下游发生交通事故，滞留排队的车辆会进一步增加，如果得不到有效的控制，排队车辆就会不断向上游交叉口漫延，直至上游交叉口各个方向都无法通行，这就是"交通格锁"现象。此时，车辆会以格锁路口为中心，继续向四周扩散，形成交通溢流，这一现象在大中城市极为普遍，并且有向中小城市漫延的趋势。

　　交通溢流[232]发生的一个重要原因是交通事故，而交通事故的发生又具有不确定性和不可预知性，在发生交通事故初期，交通管理者需要及时掌握道路状况，采取合理的控制策略，一旦控制不及时，就会导致交通拥堵，且交通拥堵会从事故点向四周漫延，当漫延至上游交叉口时，就会导致上游交叉口形成格锁而无法通行，拥堵以该交叉口为中心进一步向四周扩散，最终导致整个路网瘫痪，这就是交通溢流的发生过程[233]。目前针对交通溢流的控制措施是人工干预的方法，但是这种方法主要依靠交警的个人经验来进行临时性的疏导，这样做虽然保证了一个路口的畅通，但有可能导致拥堵转移，往往效率低而且效果也不尽如人意。

　　在国外，交通溢流现象很早就被发现，并加以深入研究分析。1964 年，Gazis[234]首先提出了交通溢流的概念，并且将交通溢流作为交通流的过饱和状态进行分析，而后很多学者也发现了这一现象，开始对这一现象进行深入的分析[235-237]。从 1996 年至 2007 年，Daganzo[238-240]对交通溢流的发生原因以及宏观模型进行了深入的研究，并取得了许多优秀的成果。Geroliminis[241]指出道路中的车辆排队长度超过相邻路口之间的距离时，交通溢流就会漫延至上游交叉口而产生二次排队，此为互锁现象。Lighthill 等[242,243]和 Richards[244]将冲击波理论应用于非连续交通流的研究，从而用来描述车辆排队现象，该理论能有效预测车辆的排队长度。Wu 等[245]针对主干路建立了交通波断面模型，详细分析了交通波中的排队波、消散波等的生成机理，对交通流的动态特性进行了详细的描述。随着近年来国内交通溢流的频发，国内学者也开始对交通溢流做了大量研究，也取得了许多成果。刘小明等[246]针对交通信号灯相位设置对交通溢流的影响进行了深入研究。李曙光等[247]给出了一种车辆排队条件下多种交通模式相互作用的离散时间动态网络加载模型，该模型能很好地反映车辆的排队情况。仕小伟[248]将冲击波理论与累计输入输出相结合，

5.1 引　言

针对交通溢流的发生机理，建立了物理排队模型，对溢流时间和排队长度两个参数进行预测，并通过仿真实验验证其合理性。

国外对交通溢流现象深入研究之后，也提出了相应的控制策略来对其进行控制。Daganzo[10]深入研究了交通溢流对城市交通的影响，将控制理论与专家经验相结合，给出了相关交通溢流控制方法。Haddad 等[249]提出了一种边界控制策略，通过控制流入流出交通小区的车辆比来实现交通小区内车辆总数最优，从而保证区域内交通流量最大。Song 等[250]针对饱和交通流状态下的交通流进行分析，建立了信号灯相位差设置与信号周期内车辆排队长度之间的关系，并建立了信号周期内车辆排队模型，该模型通过调整相位差，能有效减少路口排队车辆，对饱和状态下交通流的调节具有重要作用。国内对交通溢流控制研究也获得很大成就。俞斌等[251]改进了传统的交通波模型，建立了基于车辆排队长度的停车波模型和消散波模型，能比较准确地估计车辆排队长度，预测事件影响范围，为交通溢流控制提供理论基础。朱文兴等[252]提出了大路口理论，将几个相关路口作为一个大路口进行分析，建立了车辆经过大路口延误最小模型，达到预防交通溢流的目的。高自友等[253]针对交通事故引发的交通拥堵现象，采用合理优化道路出口处渠化车道的策略，避免出现拥堵闭环现象。杜怡曼等[254]采用区域总量协调控制策略，通过在边界设置反馈门，将网络车辆总数控制在合理范围内，从而提高区域通行效率。

交通诱导作为交通溢流控制的一种重要手段，它对于控制溢流的扩散、提高出行效率具有重要意义。目前国内外的研究中，针对交通溢流这一特殊交通环境下的路径诱导较少，多数只针对路径选择问题进行研究，并在算法上进行改进。交通诱导其实是一个车辆路径选择问题，在静态路径选择算法中，Dijkstra 算法[255]可以称为经典算法，尽管算法时间复杂度较大，但因其简单易懂而被广泛采用。在交通路网中，车辆路径的诱导实际上是对道路交通流的一种动态分配。动态交通分配反映了交通流的时间变化特性，它在基于 O-D 需求的基础上，获取道路中交通流形态、旅行费用、旅行时间等问题。McFadden 等[256]将经济学中的离散分析模型应用于交通行为分析和流量预测中。Kaufman 等[257]指出动态路径均衡条件是一个不动点问题，针对不同均衡条件进行分析，给出了不动点存在的充分条件，并对其求解过程予以说明。Huang 等[258]假设出行费用是出行时间和到达时间的负相关函数，给出了考虑车辆排队现象的动态用户组合模型。针对车辆路径选择问题，国内也有很多专家学者进行了分析研究。陆化普等[259]对动态交通分配问题进行了分析评述。黄海军[260]对动态交通网络中交通流的特征、分类进行了分析，对不同交通流模型及算法的应用条件进行了研究。周荷芳等[261]考虑了车辆拥堵以及发生交通溢流时的费用问题，建立了动态用户最优路径选择条件模型。张杨[262]对不确定环境下车辆路径选择问题进行了详细的分析。而随着研究的深入，各种新的路径选择算法也层出不穷,如蚁群算法[263]、A*算法[264]等。

5.2 交通溢流的形成和扩散机理

5.2.1 交通溢流概述

1. 交通溢流现象

如图 5-1 所示,图中圆形标注区域即为发生交通溢流区域。

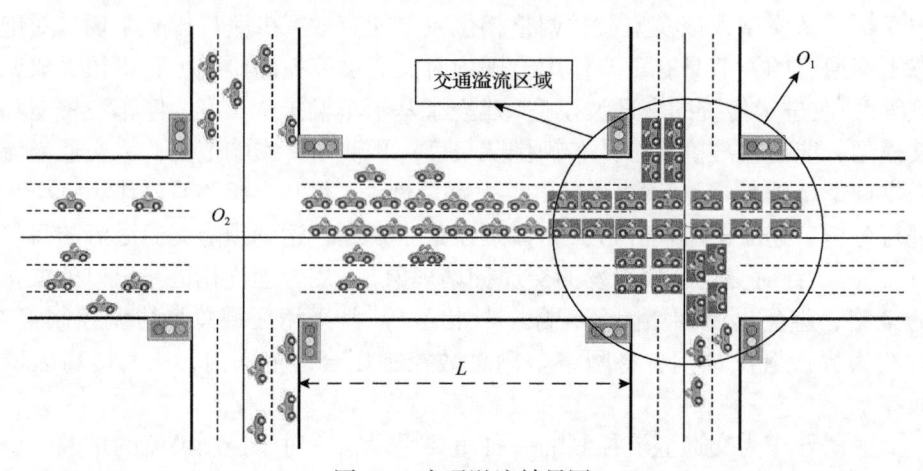

图 5-1 交通溢流效果图

交通溢流指由于道路上发生交通事故或者信号灯的设置不合理,在某一交叉口进入车辆数大于离开车辆数,路段上车辆排队越来越多,最终漫延到上游交叉口,阻碍了上游交叉口的通行,这非常类似于容器中的水超过了容器的容积而溢出的现象,故而称其为交通溢流。交通溢流是道路交通流过饱和状态所产生的负面效应在时空维度上的体现,表现在时间上,上游交叉口的车辆在绿灯时长内无法进入下游交叉口,造成了绿灯时长的浪费;表现在空间上,下游交叉口所产生的排队占用了上游与下游之间的道路,导致该路段无法正常通行[17]。

这里采用式(5-1)表示路口滞留交通流量:

$$R_q = \sum_{i=1}^{n}(q_i C - s G_i) \tag{5-1}$$

其中,R_q 表示路口滞留交通流量;q_i 表示第 i 个周期内到达的流量;C 表示信号灯的周期时长,单位为 s;s 表示路口的饱和流量,单位为辆/s;G_i 表示第 i 个信号周期的绿灯时长。

将道路中的车辆都换算成小汽车,车长为 l_{car},则 n 个信号周期之后,滞留车

5.2 交通溢流的形成和扩散机理

辆的排队长度 l 为

$$l = l_{car} R_q = l_{car} \sum_{i=1}^{n}(q_i C - sG_i) \tag{5-2}$$

设路段长度为 L，当 $l > L$ 时，认为发生交通溢流现象。

2. 交通溢流对城市交通的影响

交通溢流在短时间内表现为道路上车辆排队长度不断增加，交通拥堵现象加剧，但是随着时间的增加，在不采取任何措施的情况下，道路上车辆的排队首先从一个路口开始，向上游交叉口蔓延，当蔓延到上游交叉口的排队车辆阻塞了其他相位的通行车辆时，排队车辆会以该交叉口为中心，向四周不断扩散，以十字交叉口为例，此时东西南北四个方向车辆均无法通行，这样就造成了交通溢流中的极端现象——交通格锁[265]，而排队的车辆会继续以格锁路口为中心，不断向格锁路口的上游交叉口蔓延，最终导致整个路网的瘫痪。如图 5-2 所示，图中的 C 点发生交通事故，导致该路段通行车辆受阻，图中 CB 段几乎丧失通行能力，由于信息获取的滞后性，其他需要从 CB 段经过的车辆并不知道 CB 段已不能通行，最终导致车辆在交叉口 B 大量聚集。交叉口是道路通行能力的主要瓶颈，在交叉口 B 形成格锁后，排队车辆会从交叉口 B 向四周继续蔓延，形成交通溢流。因此，对于这一交通现象，如果不采取措施及时加以控制，将会造成巨大的经济损失。

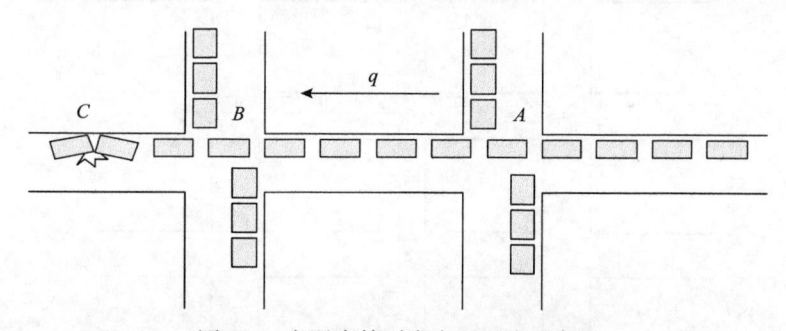

图 5-2 交通事故引发交通溢流示意图

3. 城市交通溢流传播机制

如图 5-3 所示，假设图中 A 点发生交通事故导致该路段不能通行，车辆从 A 点开始向上游交叉口停车排队，当车辆排队到达交叉口 5 时，开始初步形成路口格锁，四个方向都被锁死，导致 5 号交叉口的各个方向车辆都无法正常通行，做以下定义。

只有一个路口因为交通溢流发生格锁时，定义该路口为 0 级扩散；路口 5 为第一个发生格锁并以其为中心向四周扩散的路口，定义该路口为 0 级溢流点。

图 5-4 中，5 号交叉口发生格锁导致无法通行后，车辆排队开始以 5 号交叉口

图 5-3　交通溢流初步发生示意图

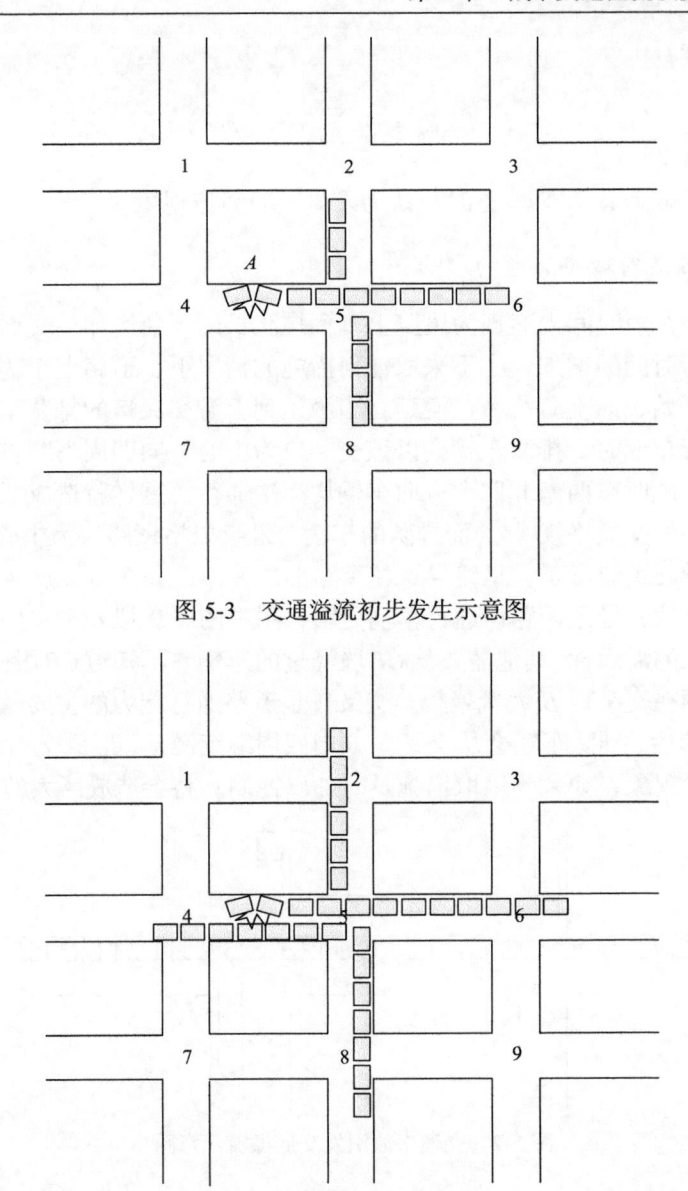

图 5-4　交通溢流 1 级扩散

为中心，向周围四个方向的上游路口扩散，直至扩散到 2 号、4 号、6 号和 8 号交叉口。定义此时的状态为 1 级扩散，与 5 号交叉口相连的 2 号、4 号、6 号、8 号路口定义为 1 级溢流点。

如图 5-5 所示，发生交通溢流的区域在没有任何控制措施的情况下，周围车辆因无法实时掌握道路信息，仍不断驶入该区域，进一步加剧了车辆排队，最终排队车辆到达 1 号、3 号、7 号、9 号交叉口，导致这些路口也无法通行。定义此

5.2 交通溢流的形成和扩散机理

时的状态为 2 级扩散，1 号、3 号、7 号、9 号交叉口定义为 2 级溢流点。

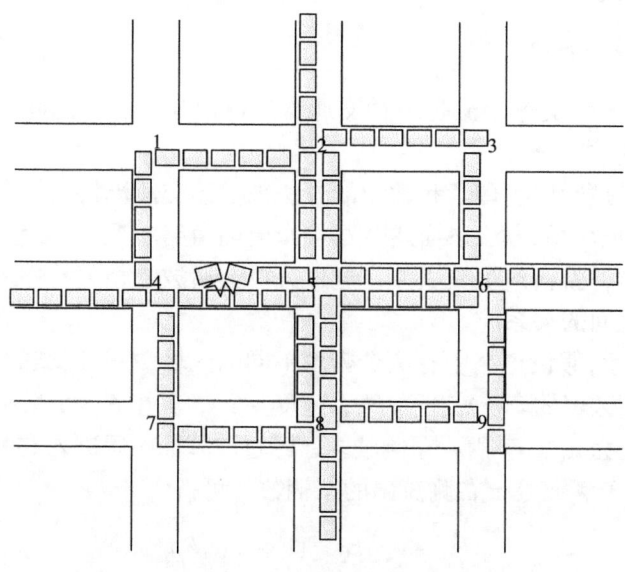

图 5-5　交通溢流 2 级扩散

在这种情况下，如果仍没有任何控制措施，最终整个城市交通系统就会完全瘫痪，如图 5-6 所示。

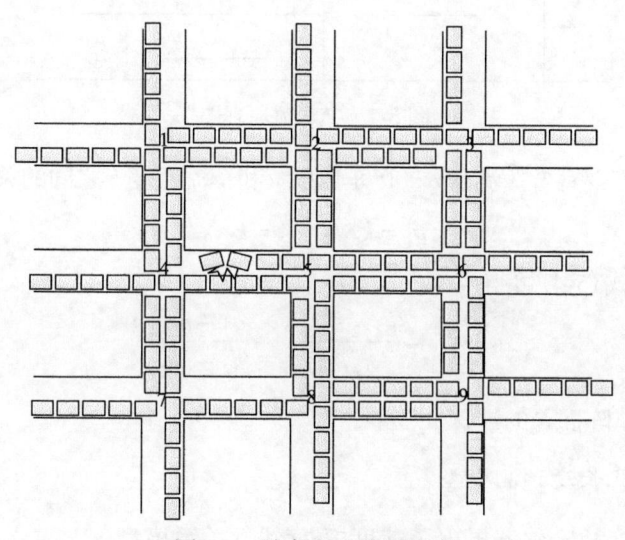

图 5-6　城市交通路网瘫痪

由此可见，在车辆排队导致一个路口发生格锁时，交通溢流就会以该路口为中心迅速向四周扩散，此时道路中的车辆几乎停止移动，最终导致整个路网瘫痪，危害十分严重。

5.2.2 交通流理论

1. 交通流理论概述

Gazis[234]指出，交通溢流是一种交通流的过饱和状态，因此可以利用交通流的相关理论对其进行分析。

交通流理论是运用物理学和数学的方法来描述交通流特性，它将交通系统中的车流用流体力学中的方法来描述[266]。当车流因道路状况或者交通情况的变化而引起密度变化时，就会产生交通波，通过分析交通波的相关特性来研究交通流特性中不同参数之间的关系。

如图5-7所示，假设道路中有两个密度不同的区域，左侧区域的车流密度为 k_1，速度为 v_1，右侧区域的车流密度为 k_2，速度为 v_2，其中 S 为波阵面。交通流从左向右传播，波速为 v_w。车辆从左侧驶入，经过波阵面 S 后进入右侧区域。在时间 t 内左侧流入的车辆数等于右侧流出的车辆数，可得

$$(v_1 - v_w)k_1 t = (v_2 - v_w)k_2 t \tag{5-3}$$

整理得

$$k_2 v_2 - k_1 v_1 = v_w (k_2 - k_1) \tag{5-4}$$

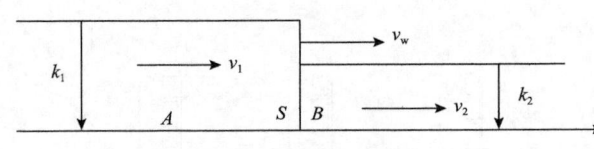

图 5-7 交通流原理图

根据交通流三参数[267]流量 q、行车速度 v 和车流密度 k 之间的关系 $q = kv$，可得

$$q_1 = k_1 v_1, \quad q_2 = k_2 v_2 \tag{5-5}$$

将式(5-5)代入式(5-4)可得

$$v_w = \frac{k_2 v_2 - k_1 v_1}{k_2 - k_1} = \frac{q_2 - q_1}{k_2 - k_1} \tag{5-6}$$

这样就得到了波阵面 S 的波速 v_w。

2. 车辆排队长度预测模型

1934年，格林希尔茨提出了速度-密度线性关系模型：

$$v_i = v_f \left(1 - \frac{k_i}{k_j}\right) \tag{5-7}$$

其中，v_f 为车辆自由流速度；k_j 为阻塞密度，即在交通拥堵状态下，车流完全停

5.2 交通溢流的形成和扩散机理

止移动时的车流密度。

对式(5-7)进行分析,当 $k_i = 0$ 时, $v_i = v_f$,即在交通量很小的情况下,车辆的行驶速度接近自由流速度,车辆可以无阻碍地畅通行驶;当 $k_i = k_j$ 时, $v_i = 0$,即在交通量很大的情况下,车辆的速度趋于 0,表现在道路上就是当排队车辆占据整个道路时,车辆都停车等待,无法通行。

将式(5-7)结合交通流三参数之间的关系式,可得

$$q = kv = k_i v_f \left(1 - \frac{k_i}{k_j}\right) = -\frac{v_f}{k_j} k_i^2 + v_f k_i \tag{5-8}$$

式(5-8)是一个关于 k_i 的二次函数,其图像为一条抛物线,如图 5-8 所示。

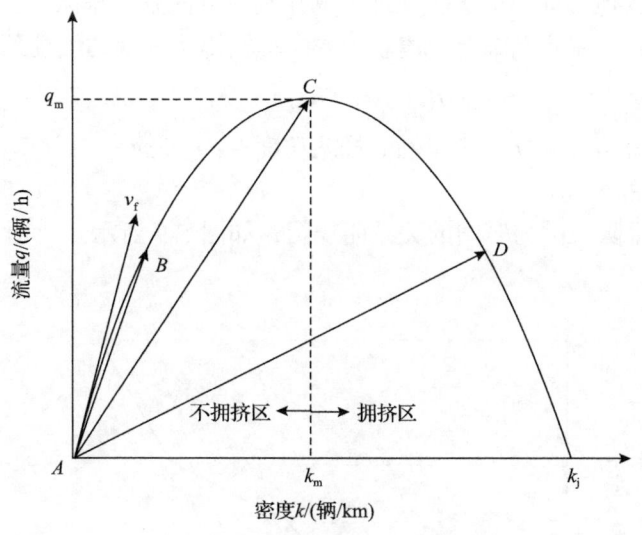

图 5-8 流量-密度关系曲线图

由图 5-8 可知,通行能力最大的点在 C 点,C 点左侧区域表示路上车辆较少,车速较快,整体密度不大,从 C 点右侧开始,流量随着车流密度的增加而逐渐减小,直至达到阻塞密度 k_j 时流量为 0。图像中以原点 A 为起点的 AB、AC、AD 的斜率分别表示车辆的速度,其中经过 A 点与曲线相切的矢径斜率为自由流速度 v_f。以 k_m 作为拥挤的分界点,左侧区域表示不拥挤,右侧区域表示拥挤。定义 η_i 为车流 i 的标准化密度,其中 $\eta_i = k_i / k_j$,则有 $\eta_1 = k_1/k_j$,$\eta_2 = k_2/k_j$,$v_1 = v_f(1-\eta_1)$,$v_2 = v_f(1-\eta_2)$,代入式(5-6)得

$$v_w = \frac{q_1 - q_2}{k_1 - k_2} = \frac{k_1 v_f (1-\eta_1) - k_2 v_f (1-\eta_2)}{k_1 - k_2} \tag{5-9}$$

整理得

$$v_w = v_f\left[1-(\eta_1+\eta_2)\right] \tag{5-10}$$

考虑以下情形，车辆在经过交叉口遇到红灯在停止线停车，该情况与车辆发生交通事故开始临时性排队类似，此时 $k_2=k_j$，$\eta_2=1$，根据式(5-10)可推导出停车波模型如下：

$$v_w = v_f\left[1-(\eta_1+1)\right] = -v_f\eta_1 = -v_f\frac{k_1}{k_j} \tag{5-11}$$

在式(5-11)中，负号表示停车波的方向与车辆的行驶方向相反。这样就得到停车波传播速度模型，该模型只与车辆在该路段的自由流速度 v_f 与车流标准化密度 η_1 有关，与其他方向车流无关。即车辆在某一方向发生排队时，不受其他方向排队车辆的影响。在此基础上，建立单方向车辆排队长度的线性预测模型：

$$l(t+\Delta t) = l(t) + v_w\Delta t \tag{5-12}$$

其中，$l(t+\Delta t)$ 表示 $t+\Delta t$ 时刻车辆的排队长度；$l(t)$ 表示 t 时刻车辆的排队长度；v_w 表示停车波的波速。

画出车辆排队长度与时间的关系曲线图，如图 5-9 所示。

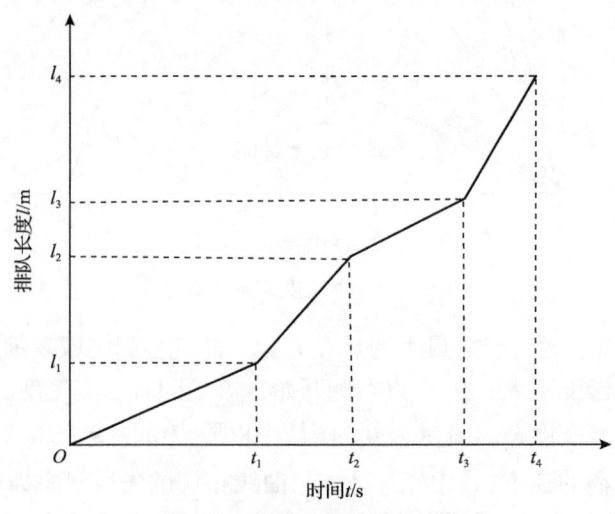

图 5-9 排队长度时空变化图

图中的 t_1、t_2、t_3 时刻图像发生转折，表示交通溢流传播到了交叉口，开始以传播到的交叉口为中心继续向四周扩散，它们所对应的 l_1、l_2、l_3 分别表示该时刻溢流的传播长度，其中 l_1、l_2-l_1、l_3-l_2、l_4-l_3 分别表示溢流传播路段的长度，每段折线的斜率（$\Delta l/\Delta t$）表示该路段的停车波波速，通过以上图像，能直观地反映出溢流扩散到各个交叉口的时间、路段的长度以及停车波波速等信息。

停车波波速的获取，可以利用现有的视频检测等相关技术。通过视频检测道路中车辆开始与结束排队的时间以及车辆最终的排队长度，即可获取停车波波速。根据得到的停车波波速，预测出下一时间段内交通溢流的扩散范围，展示交通溢流的危害，为交通溢流的控制提供数据支持。

5.2.3 交通溢流传播范围预测

1. 车辆排队长度预测模型在道路中的应用

如图 5-10 所示，图中是一个单交叉口，以顺时针方向定义进口车道分别为 S_{11}、S_{12}、S_{13}、S_{14}，这样四个方向的车辆排队长度分别为

$$S_{11}: l_{11}(t+\Delta t) = l_{11}(t) + v_{11}\Delta t$$

$$S_{12}: l_{12}(t+\Delta t) = l_{12}(t) + v_{12}\Delta t$$

$$S_{13}: l_{13}(t+\Delta t) = l_{13}(t) + v_{13}\Delta t$$

$$S_{14}: l_{14}(t+\Delta t) = l_{14}(t) + v_{14}\Delta t$$

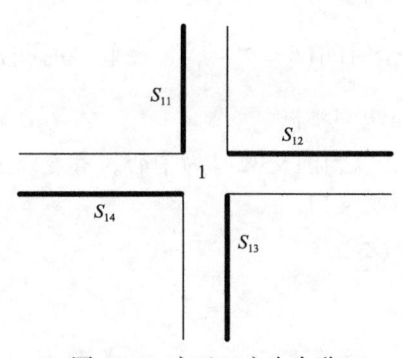

图 5-10 交叉口方向名称

定义在每一条道路 S_{ij}（交叉口 i 的第 j 个方向）上车辆排队长度：

$$l_{ij}(t+\Delta t) = l_{ij}(t) + v_{ij}\Delta t \tag{5-13}$$

其中，i 表示交叉口的编号，取 1,2,3,…；j 表示交叉口方向的编号，以十字交叉口为例，顺时针从上往下取 1,2,3,4。

2. 交通溢流传播范围预测算法

准确预测交通溢流的传播范围，无论是展示其危害性，还是为交通控制提供依据，都具有重要的意义。传播范围的确定，实际上就是计算出相对应的时间内车辆在各条道路上的排队长度。假设预测时间为 T，则交通溢流的传播范围预测步骤如下。

1) 停车波波速的确定

根据道路卡口视频,当检测到视频中出现交通事故而导致车辆开始发生排队时,利用视频检测技术,检测出两个相邻路口中的车流密度,根据式(5-14)确定停车波波速:

$$v_\mathrm{w} = -v_\mathrm{f}\eta_1 = -v_\mathrm{f}\frac{k_1}{k_\mathrm{j}} \tag{5-14}$$

其中,确定一条固定的道路后,车辆的自由流速度 v_f、阻塞密度 k_j 都是确定的值,再加上利用视频检测技术检测到的道路车流密度 k_1,最终就能得到停车波波速 v_w。

2) 车辆排队长度的计算

设道路长度为 L,上一步已确定车辆的停车波波速 v_w,在预测时间 T 内,车辆的排队长度为 $|v_\mathrm{w}|T$,可得到如下结论。

(1) $|v_\mathrm{w}|T < L$,表示此时车辆的排队没有到达上游交叉口。

(2) $|v_\mathrm{w}|T \geq L$,表示此时车辆的排队已经漫延到了上游交叉口,并造成了上游交叉口的格锁,此时时间 T 分为 t_1 与 t_2 两部分,t_1 为排队到上游交叉口的时间 $\left(t_1 = \dfrac{L}{|v_\mathrm{w}|}\right)$,$t_2$ 为排队剩余时间 $(t_2 = T - t_1)$。在剩余时间 t_2 内,交通溢流已经扩散至上游交叉口并且开始向四周扩散。

(3) 以 t_2 为预测时间,以当前交叉口为中心,重复以上步骤,直至 t_n 时间内车辆排队不会再扩散至上游交叉口。

计算过程如图 5-11 所示。

3. 算例验证

如图 5-12 所示建立交通路网,路网中的数据分别代表交通量(辆/h)/该路段的行车速度(km/h)/路段的长度(km)。假设图中的 C 点发生交通事故,并且没有采取任何措施。以 10min 为例,来预测该次交通事故产生的交通溢流的影响范围。

1) 1 级溢流区域计算

由于 C 点发生交通事故,5—6 号道路通行受阻,车辆开始从 C 点向上游 5 号交叉口排队,假设 C 点距离 6 号交叉口的距离为 0.2km,5—6 号道路的车流量 q_1 为 1300 辆/h,路段行车速度 v_1 为 30km/h,根据交通流三参数之间的关系 $q = kv$,可得 $k_1 = \dfrac{q_1}{v_1} = 43.33$ 辆/km,假设道路中平均车长为 6m,平均车辆间距为 2m,并假设整个路网同质,则整个路网的阻塞密度相同,$k_\mathrm{j} = 125$ 辆/km,根据停车波计算公式 $v_\mathrm{w} = -v_\mathrm{f}\dfrac{k_1}{k_\mathrm{j}}$,可得 5 号交叉口到 C 点之间的停车波波速为 $v_\mathrm{w} = -10.40$km/h,

5.2 交通溢流的形成和扩散机理

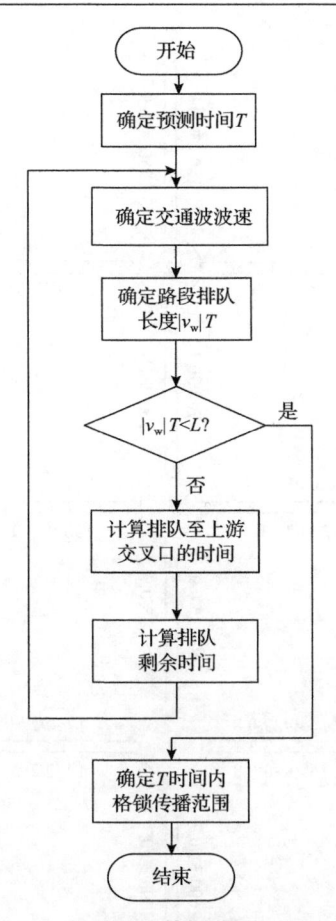

图 5-11 交通溢流传播范围预测流程图

C 点到 5 号交叉口的距离为 0.7km，则停车波传到 5 号交叉口所需时间 t_1=4.04min<10min，也就是说，3.6min 之后，交通溢流已经从 C 点传播到了上游 5 号交叉口，此时 5 号交叉口发生格锁，交通溢流进一步从 5 号交叉口向四周扩散。

计算 S_{51} 方向有关参数 k_{51}=56.67 辆/km，k_j=125 辆/km，v_{w51}=-13.60km/h，则交通溢流由 5 号交叉口传播到 2 号交叉口所需时间 t_{51}=5.74min，其中 t_1+t_{51}=9.78min<10min，则交通溢流会以 2 号交叉口为中心继续向四周扩散。

同样的方式计算 S_{52} 方向有关参数有 k_{52}=41.29 辆/km，k_j=125 辆/km，v_{w52}=-10.24km/h，交通溢流由 5 号交叉口传播到 6 号交叉口所需时间 t_{52}=5.27min，t_1+t_{52}=9.31min<10min，则交通溢流会以 6 号交叉口为中心继续向四周扩散。

计算 S_{53} 有关参数 k_{53}=53.03 辆/km，k_j=125 辆/km，v_{w53}=-14.00km/h，交通溢流由 5 号交叉口传播到 8 号交叉口所需时间 t_{53}=3.86min，t_1+t_{53}=7.90min<10min，则交通溢流会以 8 号交叉口为中心继续向四周扩散。

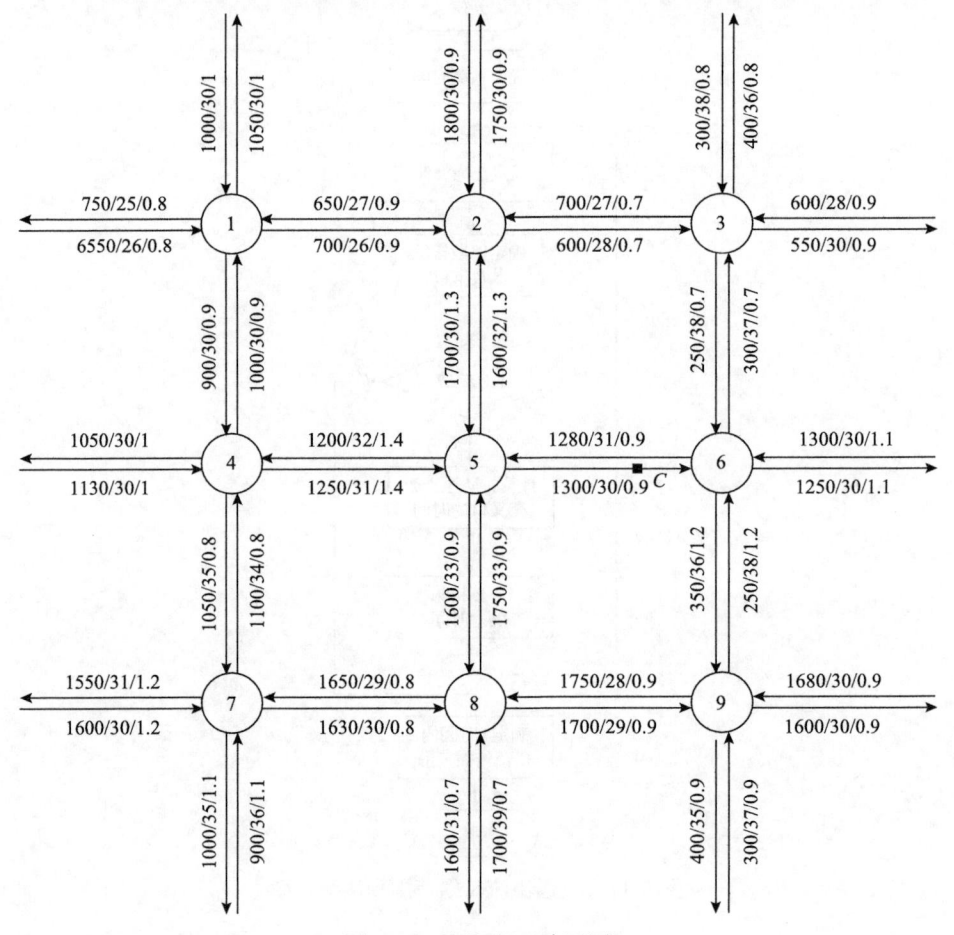

图 5-12 虚拟交通路网图

计算 S_{54} 有关参数 $k_{54}=40.32$ 辆/km，$k_{\mathrm{j}}=125$ 辆/km，$v_{\mathrm{w}54}=-10.00$ km/h，交通溢流由 5 号交叉口传播到 4 号交叉口所需时间 $t_{54}=8.4$ min，$t_1+t_{54}=12.44$ min >10 min，则交通溢流不会传播到 4 号交叉口。重新计算其传播范围，剩余时间 $t_2=T-t_1=5.96$ min，根据 $l(t+\Delta t)=l(t)+v_{\mathrm{w}}\Delta t$，有 $l(t_2)_{54}=0.993$ km，即交通溢流从 5 号交叉口向 4 号交叉口传播了 0.99 km，并未到达 4 号交叉口。

2) 2 级溢流区域计算

继续以 2 号交叉口为中心，计算剩余时间的传播范围 $l(t_2)_{21}=0.05$ km，$l(t_2)_{22}=0.02$ km，$l(t_2)_{23}=0.047$ km，$l(t_2)_{24}=0.02$ km。以上数值均小于该方向路段长度，交通溢流不会再扩散至上游交叉口。

以 6 号交叉口为中心，计算剩余时间的传播范围 $l(t_2)_{61}=0.03$ km，$l(t_2)_{62}=$

5.2 交通溢流的形成和扩散机理

0.12km，$l(t_2)_{63}=0.03$km，由于 C 点的阻碍作用，$l(t_2)_{64}$ 忽略不计。所得数据均小于路段长度，不会再向上游扩散。

以 8 号交叉口为中心，计算剩余时间的传播范围 $l(t_2)_{81}=0.45$km，$l(t_2)_{82}=0.49$km，$l(t_2)_{83}=0.48$km，$l(t_2)_{84}=0.46$km。同样该方向也不会扩散至上游交叉口。

各交叉口不同方向扩散范围如表 5-1 所示。

表 5-1　各交叉口溢流扩散范围　　（单位：m）

方向	5 号交叉口	2 号交叉口	6 号交叉口	8 号交叉口
S_1	1700	50	30	450
S_2	1280	20	120	490
S_3	1750	47	30	480
S_4	990	20	—	460

根据表 5-1 中的数据，画出交通溢流传播范围示意图，如图 5-13 所示，其中灰色区域表示溢流区域。

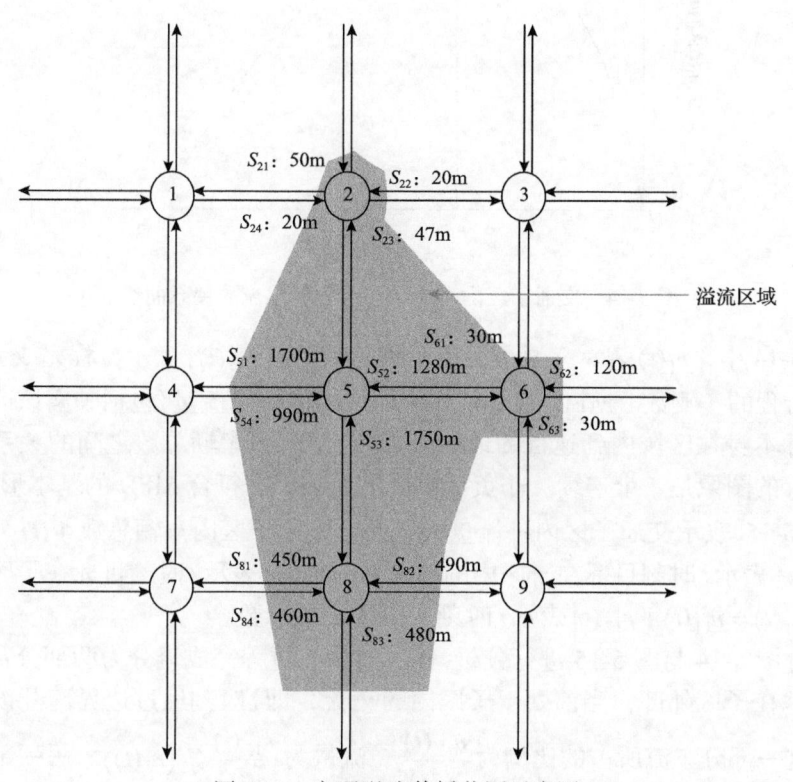

图 5-13　交通溢流传播范围示意图

5.3 交通溢流预测方法

5.3.1 单子区反馈控制

1. 边界控制策略介绍

MFD 的获取主要是通过道路上设置检测器等手段，当得到某一区域的 MFD 之后，就可以采取相应的措施，控制出入车辆的比例，通过合理的边界控制策略来减少车辆的延误时间，减少交通拥堵，尽量避免发生交通溢流。

图 5-14 表示交通子区内车辆数与行程完成流的关系。该曲线图是进行边界控制的重要依据，图像的获取可以根据 4.3 节中的方法得到。

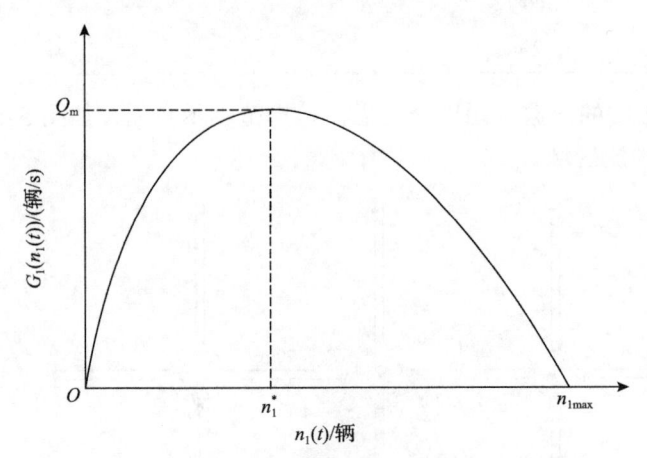

图 5-14 交通子区内车辆数与行程完成流的关系曲线

图 5-14 中，$n_1(t)$ 表示交通子区内车辆总数，$G_1(n_1(t))$ 表示行程完成流，即完成自己行程的车辆数。MFD 建立了一个该区域的输出流量（包括驶离该区域的流量和目标本身在区域内到达目的地的流量）与子区内车辆总数之间的关系。函数 $G_1(n_1(t))$ 的图像是一个连续、非负、单峰的曲线，它符合 MFD 的基本形式。

图 5-15 表示交通子区内各流量的关系，交通子区内车辆总数 $n_1(t)$ 分为两部分，$n_{11}(t)$ 表示 t 时刻目标在子区内的车辆数；$n_{12}(t)$ 表示 t 时刻目标在子区外的车辆数；$n_1(t) = n_{11}(t) + n_{12}(t)$ 表示 t 时刻子区内车辆总数。

结合图 5-14 与图 5-15 进行分析，在 t 时刻，行程完成流分为两部分：一部分是目的地在子区外部，当前处于子区内的车流，即 t 时刻经过边界离开该子区的流量，这一部分车流所占的比例为 $\dfrac{n_{12}(t)}{n_1(t)}$，流量为 $\dfrac{n_{12}(t)}{n_1(t)} G_1(n_1(t))$；另一部分为目的地在子区内，当前也处于子区内的车辆，即 t 时刻停在子区内部的车流量，这

5.3 交通溢流预测方法

一部分车辆所占的比例为 $\dfrac{n_{11}(t)}{n_1(t)}$，流量为 $\dfrac{n_{11}(t)}{n_1(t)} G_1(n_1(t))$。

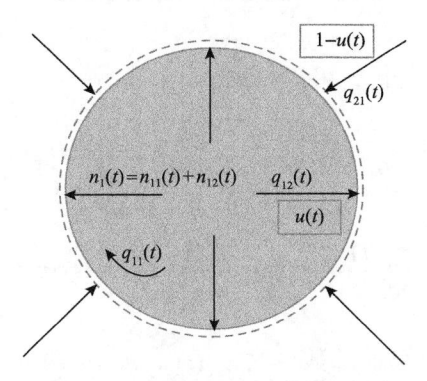

图 5-15 交通子区内各流量关系图

以上情况只考虑了子区内部车流情况，现根据图 5-15 考虑外部车流进入子区的情况，做如下定义。

$q_{11}(t)$ 表示 t 时刻车辆在子区内，车辆目的地也在子区内的车辆流量。

$q_{12}(t)$ 表示 t 时刻车辆在子区内，但是车辆目的地在子区外的车辆流量，属于该子区的过境车辆。

$q_{21}(t)$ 表示 t 时刻车辆在子区外，但是车辆在去往目的地的过程中必须要经过该子区，可以理解为该部分流量的临时目的地在子区内。

表 5-2 能更直观地表示各流量。

表 5-2 流量表示

车辆当前位置	车辆目的地	流量表示
子区内 (in)	子区内 (in)	$q_{11}(t)$
子区内 (in)	子区外 (out)	$q_{12}(t)$
子区外 (out)	子区内 (in)	$q_{21}(t)$
子区外 (out)	子区外 (out)	不考虑该情况

定义一个控制量 $u(t)$ 表示 t 时刻经过子区的边界从子区内部离开子区的车辆占 t 时刻经过边界车辆总数的比值，$1-u(t)$ 表示 t 时刻从子区外经过子区边界进入到子区的车辆数占经过边界车辆总数的比值，称 $u(t)$ 为车辆流出比，$1-u(t)$ 为车辆流入比。由于子区内部的车流是无法被控制的，交通子区边界车辆的流入流出比，使子区的车辆数达到最优，从而使通过子区的延误时间最小，以达到减少交通拥堵、避免产生交通溢流的目的。

定义如下前提成立。

(1) 子区的 MFD 是连续、非负和单峰值的,它符合 MFD 的要求。

(2) 交通子区边界流入流出的流量可以通过检测器得到,并且可以通过控制器限制车辆的驶入和离开。

结合图 5-15 及上述分析,可以得到

$$\frac{\mathrm{d}n_{11}(t)}{\mathrm{d}t} = q_{11}(t) + (1-u(t))q_{21}(t) - \frac{n_{11}(t)}{n_1(t)}G_1(n_1(t)) \tag{5-15}$$

$$\frac{\mathrm{d}n_{12}(t)}{\mathrm{d}t} = q_{12}(t) - \frac{n_{12}(t)}{n_1(t)}G_1(n_1(t))u(t) \tag{5-16}$$

其中,在 t 时刻,区域内车辆总数分为 $n_{11}(t)$、$n_{12}(t)$ 两部分。$n_{11}(t)$ 部分在 t 时刻的流量为 $\frac{\mathrm{d}n_{11}(t)}{\mathrm{d}t}$,它由三部分组成:第一部分 $q_{11}(t)$ 表示 t 时刻车辆在子区内,车辆目的地也在子区内的车辆流量;第二部分 $(1-u(t))q_{21}(t)$ 表示由于增加车辆进出控制,只有 $(1-u(t))$ 控制的流量 $q_{21}(t)$ 能够进入到子区内部;第三部分为 t 时刻在区域内到达目的地的流量 $\frac{n_{11}(t)}{n_1(t)}G_1(n_1(t))$,这一部分在 t 时刻完成了自己的行程,所以为负值。$n_{12}(t)$ 部分在 t 时刻的流量为 $\frac{\mathrm{d}n_{12}(t)}{\mathrm{d}t}$,它由两部分组成:第一部分 $q_{12}(t)$ 表示 t 时刻车辆在子区内,车辆目的地在子区外的车辆流量;第二部分 $\frac{n_{12}(t)}{n_1(t)}G_1(n_1(t))u(t)$ 表示 t 时刻目的地在子区外,并且完成了自身行程的车流,这部分车流由于受到 $u(t)$ 的限制,所以只有 $\frac{n_{12}(t)}{n_1(t)}G_1(n_1(t))u(t)$ 完成了自己的行程。

结合 $n_1(t) = n_{11}(t) + n_{12}(t)$,将式(5-15)和式(5-16)相加,并将 $n_{11}(t) = n_1(t) - n_{12}(t)$ 代入可得

$$\begin{aligned}\frac{\mathrm{d}n_1(t)}{\mathrm{d}t} &= q_{11}(t) + q_{12}(t) + q_{21}(t) - \frac{n_1(t) - n_{12}(t)}{n_1(t)}G_1(n_1(t)) \\ &\quad - \left(q_{21}(t) + \frac{n_{12}(t)}{n_1(t)}G_1(n_1(t))\right)u(t)\end{aligned} \tag{5-17}$$

式(5-17)建立了子区内车辆数 $n_1(t)$ 与边界控制量 $u(t)$ 之间的关系,由 MFD 可知,当 $\frac{\mathrm{d}n_1(t)}{\mathrm{d}t} = 0$ 时,该子区的输出流量最大。假设 $\frac{\mathrm{d}n_1(t)}{\mathrm{d}t} = 0$ 所对应的 $n_1(t) = n_1^*$,

5.3 交通溢流预测方法

此时对应的 $u(t) = u_{ss}(t)$，可得

$$u_{ss}(t) = \frac{q_{11}(t) + q_{12}(t) + q_{21}(t) - \dfrac{n_1^* - n_{12}(t)}{n_1^*} G_1(n_1^*)}{q_{21}(t) + \dfrac{n_{12}(t)}{n_1^*} G_1(n_1^*)} \tag{5-18}$$

式中变量较多，不利于分析计算。现进行如下简化：在一个交通子区中，假设只有少量的车会停在该子区，即绝大多数的车辆都属于过境车辆，这样的假设也符合实际道路情况。这样公式中的 $q_{11}(t)$ 是一个较小值，可以忽略不计，同样 $n_{11}(t)$ 也是一个较小值，可以忽略，那么 $n_{12}(t) = n_1(t)$，最终得到

$$u_{ss}(t) = \frac{q_{12}(t) + q_{21}(t) - \dfrac{n_1^* - n_1(t)}{n_1^*} G_1(n_1^*)}{q_{21}(t) + \dfrac{n_1(t)}{n_1^*} G_1(n_1^*)} = g(n_1(t)) \tag{5-19}$$

其中，$q_{12}(t)$、$q_{21}(t)$ 都属于经过边界的流量，可以通过设置的边界检测器得到，n_1^* 与 $G_1(n_1^*)$ 在 MFD 已知的条件下为一个确定的值，这样就建立了在 t 时刻最佳的车辆进出比 $u_{ss}(t)$ 和子区内车辆总数 n_1 之间的关系式。由于内部的车流是不可控制的，最终可以通过控制车辆进出比来实现对子区内车流量的控制。

2. 区域总量协调控制技术

城市中心区域容易出现车流过饱和现象从而导致交通拥堵，对于这一现象，可以采取"反馈门"的控制策略在关键路口通过限制车辆的进出来防止区域交通流出现过饱和现象，从而预防交通拥堵而导致的交通溢流。

针对需要控制的子区，进行如下操作。

第一步，在交通子区上游的一个或多个交叉口设置交通限流控制装置。

第二步，结合历史数据或者采取仿真手段，得到该子区的 MFD。在上一部分中，已经得到了子区车辆总数与经过边界车辆数之间的关系曲线，如图 5-16 所示，利用以下关系制定控制策略。

由图 5-16 可知，交通子区车辆总数在达到最大之前，子区的交通流量是随着子区内车辆总数的增加而不断增加的，子区车辆总数达到 3300 辆左右时，经过边界的车流量达到最大，此时区域网络达到最佳状态。而随着子区车辆总数的增加，车流量减小，如果达到阻塞密度，车流量为零，此时发生交通格锁并且进一步扩散为交通溢流，整个子区无法通行。

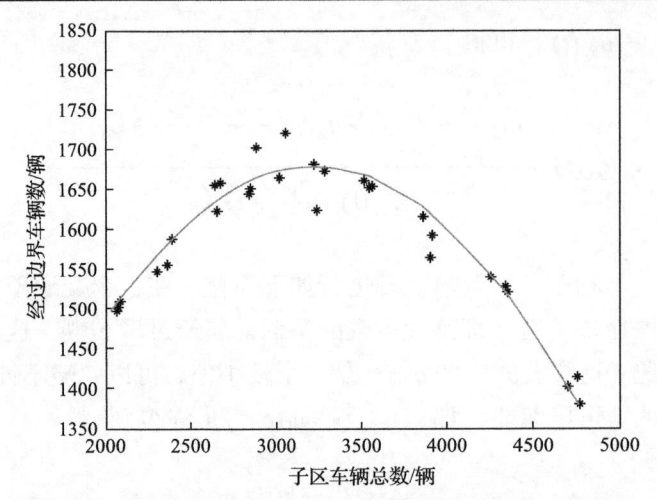

图 5-16 子区车辆总数与经过边界车辆数之间的关系曲线

由上一部分的拟合可以得到子区车辆总数与经过边界车辆数之间的关系接近二次函数关系式：

$$n_b(t) = -1.25 \times 10^{-4} n_1(t)^2 + 0.81 n_1(t) + 375.6 = f(n_1(t)) \quad (5\text{-}20)$$

该函数图像为一个二次函数图像，符合 MFD 的要求。因此，设定子区车辆总数和经过边界车辆数之间的关系符合 $f(x) = ax^2 + bx + c$ 的形式。

第三步，交通子区边界设置检测器检测交叉口的流量。常用的流量检测手段有地感线圈、视频检测等。随着视频检测技术的发展，该技术越来越多地被应用到交通领域。可以通过交叉口的监控视频，计算出每个交叉口的内部车流量，从而实现对内部流量的监控。

第四步，控制系统设计。边界反馈控制系统原理图如图 5-17 所示。

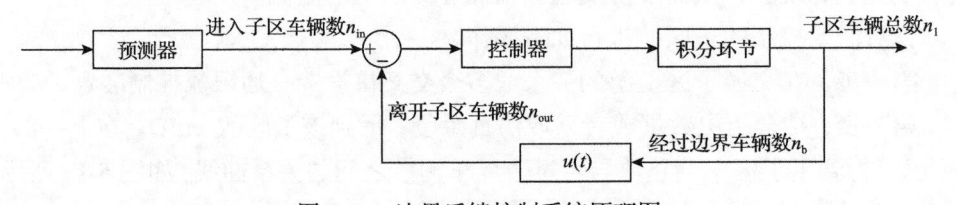

图 5-17 边界反馈控制系统原理图

考虑一个控制周期 $[0, t]$ 内系统输入输出情况，进行如下分析。

系统输入：$\Delta n(t) = n_{in}(t) - n_{out}(t)$，其中 $n_{in}(t)$ 表示经过边界进入子区车辆数，$n_{out}(t)$ 表示经过边界离开子区车辆数。

系统输出：交通子区车辆总数 $n_1(t)$。

反馈环节：$n_{out} = n_b(t)u(t)$，其中 $n_b(t)$ 表示经过边界车辆总数，它与子区车

5.3 交通溢流预测方法

辆总数 $n_1(t)$ 之间满足

$$n_b(t) = f(n_1(t)) = -1.25 \times 10^{-4} n_1^2(t) + 0.81 n_1(t) + 375.6 \qquad (5-21)$$

积分环节：输入车辆数对时间的积分，用来改善控制系统稳态性能。

$u(t)$ 用来表示 t 时刻经过子区的边界从子区内部离开子区的车辆数占 t 时刻经过边界车辆总数的比值，这里用 $u(t)$ 控制车辆的离开，最终维持交通子区内车辆总数在最佳状态。

系统在最优处满足以下条件：

$$\begin{cases} \Delta n = 0 \\ u(t) = u_{ss}(t) \end{cases}$$

3. 实验仿真验证

如图 5-18 所示，采用以下路网进行仿真实验，实验一为在各个进道口输入 500 辆车时不采取边界控制策略，实验二同样是在各个进道口输入 500 辆车，并且采取相应的边界控制策略，将子区内车辆总数维持在 3000 辆左右，实验一、实验二仿真时间均为 3600s，对 10 个检测点的最大延误时间进行对比，结果如表 5-3 所示。

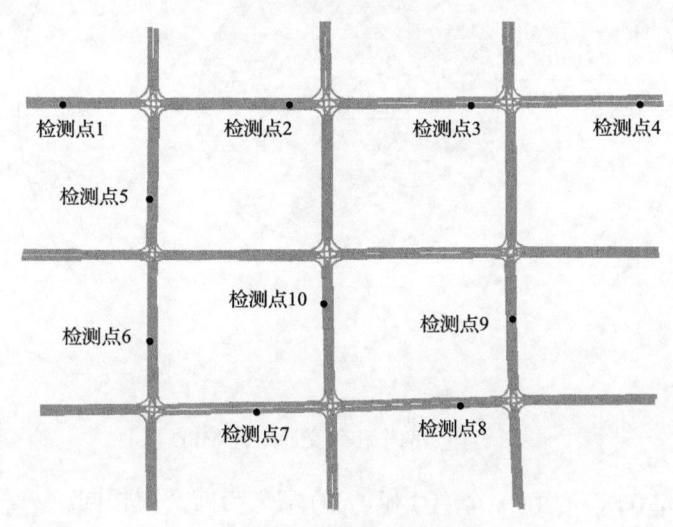

图 5-18 实验仿真用图

表 5-3 各个检测点调控前后延误时间

检测点	1	2	3	4	5	6	7	8	9	10
调控前延误时间/s	59.9	781	896	770	943	1389	1456	1007	1034	824
调控后延误时间/s	57.2	509	714	796	853	808	1300	612	648	663
优化程度/%	4.5	34.8	20.3	−3.4	9.5	41.8	10.7	39.2	37.3	19.5

通过实验对比发现，加入边界控制策略之后，大部分检测点的延误时间都有所缩短，而且部分检测点的效果十分明显。但是，数据中也出现了延误增加的现象，如检测点 4，为了避免出现延误增加，考虑了相邻两个子区的交互情况，避免发生拥堵转移。

5.3.2 相邻子区协调控制

1. 相邻子区 MFD 模型

图 5-19 表示两个相邻交通子区 MFD，其中 $n_1(t)$、$n_2(t)$ 分别表示 t 时刻交通子区 1 和交通子区 2 内的车辆数，$G_1(n_1(t))$ 和 $G_2(n_2(t))$ 分别表示它们的行程完成流。

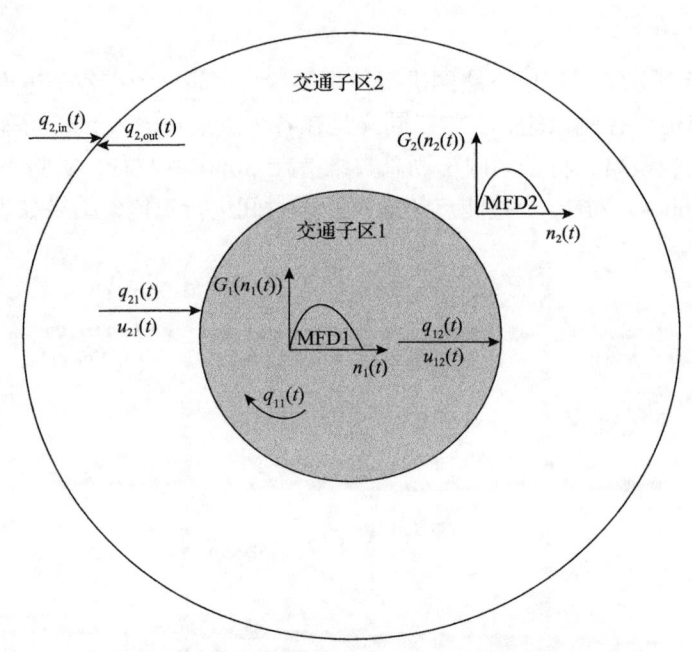

图 5-19 两个相邻交通子区 MFD

$n_{11}(t)$、$n_{12}(t)$、$q_{11}(t)$、$q_{12}(t)$ 和 $q_{21}(t)$ 定义与前文中相同；$q_{2,\text{in}}(t)$ 表示交通子区 2 外围进入交通子区 2 的流量，$q_{2,\text{out}}(t)$ 表示经过外围离开交通子区 2 的流量；$n_{22}(t)$ 表示 t 时刻，车辆在子区 2 内，目的地也在子区 2 内的车辆数；$n_{21}(t)$ 表示 t 时刻，车辆在子区 2 内，目的地在子区 1 内的车辆数；$u_{12}(t)$ 表示 t 时刻交通子区 1 到交通子区 2 的驶入率，同样 $u_{21}(t)$ 表示 t 时刻交通子区 2 到交通子区 1 的驶入率。最终通过控制车辆在两个子区之间的驶入率来实现两个子区流量的最优。

对交通子区 1 进行分析，可以得到

5.3 交通溢流预测方法

$$\frac{\mathrm{d}n_{11}(t)}{\mathrm{d}t} = q_{11}(t) + u_{21}(t)q_{21}(t) - \frac{n_{11}(t)}{n_1(t)}G_1(n_1(t)) \tag{5-22}$$

$$\frac{\mathrm{d}n_{12}(t)}{\mathrm{d}t} = q_{12}(t) - u_{12}(t)q_{12}(t) \tag{5-23}$$

令 $\alpha_1 = \dfrac{n_{11}(t)}{n_1(t)}$，并且将以上两公式相加可得

$$\frac{\mathrm{d}n_1(t)}{\mathrm{d}t} = q_{11}(t) + q_{12}(t) + u_{21}(t)q_{21}(t) - u_{12}(t)q_{12}(t) - \alpha_1 G_1(n_1(t)) \tag{5-24}$$

同样对交通子区 2 进行分析，交通子区 2 与交通子区 1 的区别为在交通子区 2 的边界有与外界车辆的交互，参考对交通子区 1 的分析，可得

$$\frac{\mathrm{d}n_{22}(t)}{\mathrm{d}t} = q_{22}(t) + q_{2,\mathrm{in}}(t) + u_{12}(t)q_{12}(t) - \frac{n_{22}(t)}{n_2(t)}G_2(n_2(t)) \tag{5-25}$$

$$\frac{\mathrm{d}n_{21}(t)}{\mathrm{d}t} = q_{21}(t) - q_{2,\mathrm{out}}(t) - u_{21}(t)q_{21}(t) \tag{5-26}$$

令 $\alpha_2 = \dfrac{n_{22}(t)}{n_2(t)}$，考虑在稳定状态下，交通子区 2 的输入和输出应该相等，即 $q_{2,\mathrm{in}}(t) = q_{2,\mathrm{out}}(t)$，将以上两式相加可得

$$\frac{\mathrm{d}n_2(t)}{\mathrm{d}t} = q_{22}(t) + q_{21}(t) + u_{12}(t)q_{12}(t) - u_{21}(t)q_{21}(t) - \alpha_2(n_2(t)) \tag{5-27}$$

2. 控制系统状态方程

之前已经提到，MFD 是道路的固有属性，它不会受到边界控制的影响。边界控制策略会对道路中交通流量的分布造成影响，可能会影响路口关联度的计算，造成交通子区边界的转移。为方便起见，不考虑交通子区边界的重新划分问题。

根据 MFD，确定一个交通子区内最优车辆数 n^*，同时存在一个 u^* 与之相对应。设 $\Delta n(t)$ 表示 $n(t)$ 与最优值 n^* 之间的偏差，$\Delta u(t)$ 表示 $u(t)$ 与 u^* 之间的偏差，根据式(5-24)~式(5-27)可得

$$\frac{\mathrm{d}\Delta n_1(t)}{\mathrm{d}t} = q_{21}(t)\Delta u_{21}(t) - q_{12}(t)\Delta u_{12}(t) - \alpha_1 G_1'(n_1(t))\Delta n_1(t) \tag{5-28}$$

$$\frac{\mathrm{d}\Delta n_2(t)}{\mathrm{d}t} = q_{12}(t)\Delta u_{12}(t) - q_{21}(t)\Delta u_{21}(t) - \alpha_2 G_2'(n_2(t))\Delta n_2(t) \tag{5-29}$$

令 $\Delta n_1(t) = x_1$，$\Delta n_2(t) = x_2$，可以得到控制系统的空间状态方程如下：

$$\begin{bmatrix} \dot{x}_1 \\ \dot{x}_2 \end{bmatrix} = \begin{bmatrix} -\alpha_1 G_1'(n_1(t)) & 0 \\ 0 & -\alpha_2 G_2'(n_2(t)) \end{bmatrix} \begin{bmatrix} x_1 \\ x_2 \end{bmatrix} + \begin{bmatrix} -q_{12}(t) & q_{21}(t) \\ q_{12}(t) & -q_{21}(t) \end{bmatrix} \begin{bmatrix} \Delta u_{12}(t) \\ \Delta u_{21}(t) \end{bmatrix} \quad (5\text{-}30)$$

3. 控制系统的限制条件

(1) 考虑 $u_{12}(t)$、$u_{21}(t)$ 的取值，显然需要满足 $u_{12}(t) \in [0,1]$，$u_{21}(t) \in [0,1]$。

(2) 考虑交通子区车辆总数情况，假设控制系统开始运行时间为 t_0，初始状态定义为 $x(t_0)$，系统结束运行时间为 t_f，终端状态定义为 $x(t_f)$，那么整个控制系统运行时间内交通子区车辆总数都不应大于交通子区最大容纳的车辆数，即 $x_i(t_0) \leqslant N_{i,\max}$ $(i=1,2)$，$x_i(t_f) < N_{i,\max}$ $(i=1,2)$。扩展到整个系统运行时间内，可以得到 $x_i(t_0 + k\Delta t) \leqslant N_{i,\max}$ $(i=1,2)$。

根据以上叙述，可以得到控制系统的限制条件为

$$\begin{cases} 0 \leqslant u_{ij}(t) \leqslant 1, & i,j = 1,2 \text{ 且 } i \neq j \\ x_i(t_0 + k\Delta t) \leqslant N_{i,\max}, & i = 1,2 \end{cases}$$

4. 控制系统的目标函数

人们在日常出行中，更关心能否及时到达目的地，因此希望 $G(n(t))$ 处于最大状态，这样车辆延误时间最短。将两个子区作为一个整体考虑，使两个子区完成率之和达到最优，建立如下目标函数：

$$J = \int_{t_0}^{t_f} \sum_{i=1}^{2} G_i(n_i(t)) \mathrm{d}t \quad (5\text{-}31)$$

其中，J 是控制系统的目标函数，最终只要计算得到 J 的最大值即可。

5. 仿真实验验证

采用以下路网进行仿真实验，如图 5-20 所示，圆圈内表示交通子区 1，框内除去圆圈的范围表示交通子区 2，检测点 2、5、9、10 位于交通子区 1 内，检测点 1、3、4、6、7、8 位于交通子区 2 内。下面对各检测点的延误时间进行仿真实验。

实验数据如表 5-4 所示。

通过实验对比发现，对两个子区进行协调控制，可以减少系统的整体延误时间，而且对检测点 4 来说，也减少了延误。因此，对相邻交通子区的协调控制，能有效减少系统的延误，并且不会造成拥堵的转移，效果要优于单子区控制。

5.4 交通溢流控制策略

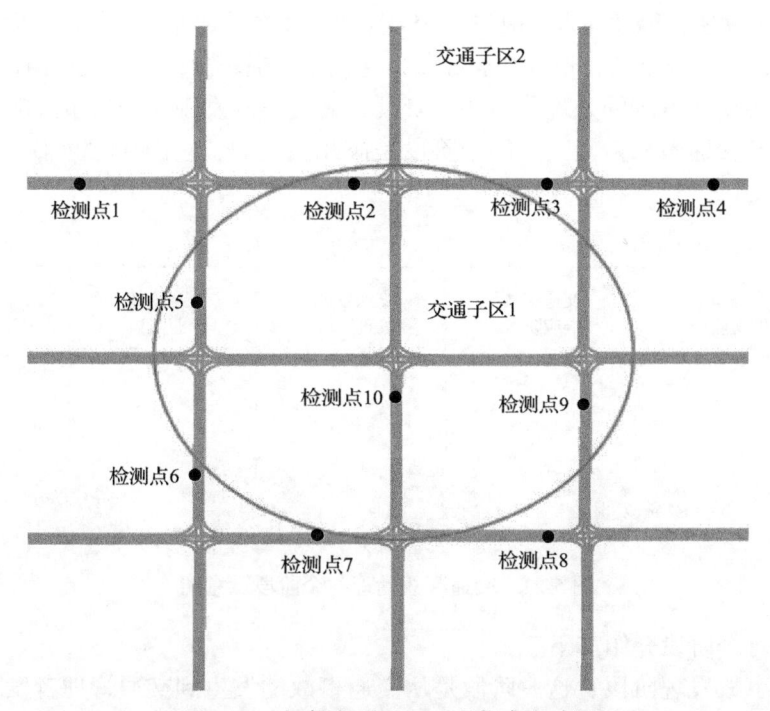

图 5-20 相邻交通子区延误仿真实验图

表 5-4 各个检测点调控前后延误时间

检测点	1	2	3	4	5	6	7	8	9	10
调控前延误时间/s	59.9	781	896	770	943	1389	1456	1007	1034	824
单子区实验延误时间/s	57.2	509	714	796	853	808	1300	612	648	663
相邻子区实验延误时间/s	53.7	552	705	732	850	821	1256	539	657	621
单优化程度/%	4.5	34.8	20.3	−3.4	9.5	41.8	10.7	39.2	37.3	19.5
交互子区优化程度/%	10.4	29.3	21.3	4.9	9.9	40.9	13.7	46.5	36.5	24.6

5.4 交通溢流控制策略

5.4.1 交通事故的发生及处理

交通事故的发生具有不可预知性，而且一旦出现交通事故，势必会导致路段的通行能力受损。研究表明，对于一条单向三车道的道路，当一个车道因突发原因受阻时，该方向的通行能力减少 50%。发生交通事故产生的直接影响就是某一个或几个车道被占用，造成交通流的瓶颈效应，间接影响是驾驶员为了避开事故车辆或者让行于救援车辆而采取减速慢行或者让行措施，一旦下游车辆减速甚至停车，上游车辆还在继续涌入事故发生相关路段，就会造成车辆的排队，而随着排队的加剧，最终造成格锁，形成交通溢流，这就是交通事故引起的交通溢流。

通常将交通事故的处理分为四个阶段：交通事故发现、交通事故响应、交通事故处理和交通事故恢复。这四个阶段是彼此独立的，它们在时间轴上的关系如图 5-21 所示。

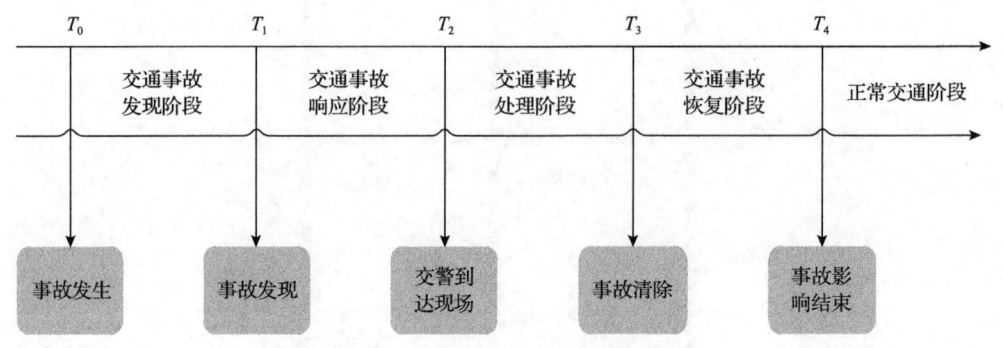

图 5-21　交通事故处理各个阶段示意图

具体每个阶段介绍如下。

交通事故发现阶段：这一阶段是从交通事故的发生到交通管理者发现交通事故的时间。这一阶段主要是通过视频监控或者其他信息平台等得到消息，并且对其真实性进行判断的一个过程。

交通事故响应阶段：从交通事故被确认到交警或者救援车辆到达现场的时间。

交通事故处理阶段：这一阶段主要是交警到达现场，临时封锁车道，救援队伍到达现场救助伤者，直至移除事故车辆后离开现场。

交通事故恢复阶段：事故车辆被移除之后，之前排队的车辆开始慢慢消散直至消除，恢复正常的状态。

如图 5-21 所示，假设在 T_0 时刻发生交通事故，事故在 T_1 时刻被发现，交警到达现场时刻为 T_2，事故完全被清除时刻为 T_3，事故影响结束的时刻为 T_4。

5.4.2　交通溢流车辆排队模型应用

1. 交通事故发现阶段车辆排队长度预测

在 $T_0 \sim T_1$ 时间段内，由于交通事故没有被确认，该时间段内上游车辆不知道下游已发生交通事故，还在按照原有路线继续向下游行驶，此时离事故点较近的上游车辆由于受到事故的影响，开始排队。根据 5.2.2 节中的预测模型：

$$l(t + \Delta t) = l(t) + v_w \Delta t \tag{5-32}$$

其中

5.4 交通溢流控制策略

$$v_{w1} = -v_f \eta_1 = -v_f \frac{k_1}{k_j} \tag{5-33}$$

各参数的确定与 5.2.2 节中相同，计算过程也与上面车辆排队长度预测模型相同。

设道路长度为 L，上一步已确定车辆的停车波波速 v_{w1}，在时间 T_1-T_0 内，车辆的排队长度为 $|v_{w1}|(T_1-T_0)$。

(1) $|v_{w1}|(T_1-T_0) < L$，表示车辆的排队没有到达上游交叉口。

(2) $|v_{w1}|(T_1-T_0) \geq L$，表示车辆的排队已经蔓延到了上游交叉口，并造成了上游交叉口的格锁，此时 T_1-T_0 可分为 t_1+t_2 两部分：t_1 为排队传到上游交叉口的时间 $\left(t_1 = \dfrac{L}{|v_{w1}|}\right)$，$t_2$ 为剩余时间 $(t_2 = T_1-T_0-t_1)$。在剩余时间 t_2 内，交通溢流已经扩散至上游交叉口并且向四周开始扩散。

(3) 以 t_2 为预测时间，以当前交叉口为中心，重复以上步骤，直至 t_n 时间内车辆排队不会再扩散至上游交叉口。

如图 5-22 所示，图中灰色区域即为交通事故发现阶段溢流的扩散范围。

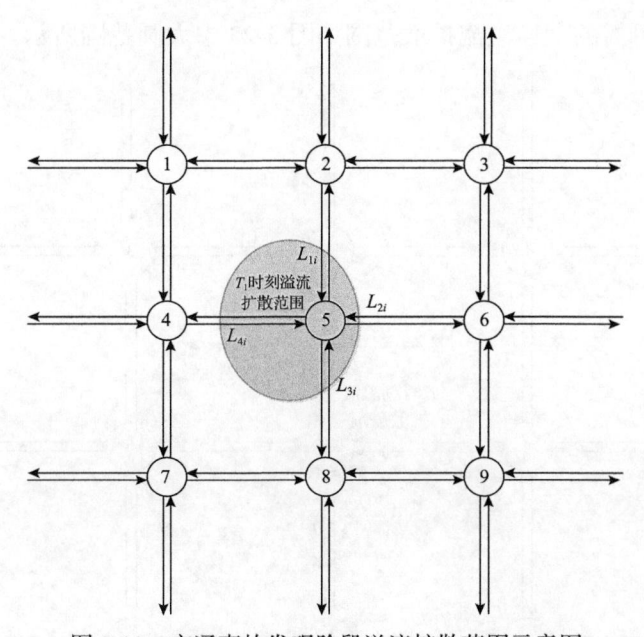

图 5-22 交通事故发现阶段溢流扩散范围示意图

2. 交通事故响应阶段车辆排队长度预测

在 T_1 时刻，事故得到了确认，此时可以采取相应的措施来控制交通溢流范围的扩大。交通管理者应及时发布交通事故的相关信息，提醒出行者尽量避开事故路段，同时结合第一步中确定的排队范围，在该范围的外围信号灯设置为禁行状态，尽量减少事故路段车辆的涌入，避免交通溢流的进一步扩大。

在 T_2-T_1 时间段内，虽然已采取信号灯调控等措施，然而信号灯控制的滞后导致之前已有部分车辆驶入排队路段，会进一步扩大排队范围。由于此时的车流密度 k 发生了变化，重新计算此时的排队波波速：

$$v_{w2}=-v_f\eta_1=-v_f\frac{k_2}{k_j} \tag{5-34}$$

结合上一步中计算出的车辆排队长度，进行计算。假设上一步中车辆已排到 L_i 位置。

(1) $|v_{w2}|(T_2-T_1)<L-L_i$，表示车辆的排队没有到达上游交叉口，此时排队结束，队尾离上游路口仍有少许距离。

(2) $|v_{w2}|(T_2-T_1)>L-L_i$，表示由于信号灯的限流作用，此时外部车辆已无法进入该区域，因此取 $|v_{w2}|(T_2-T_1)=L-L_i$，此时排队车辆恰好排到上游红绿灯位置停止。

最终整个可控的交通溢流扩散范围如图 5-23 中大圆范围所示。

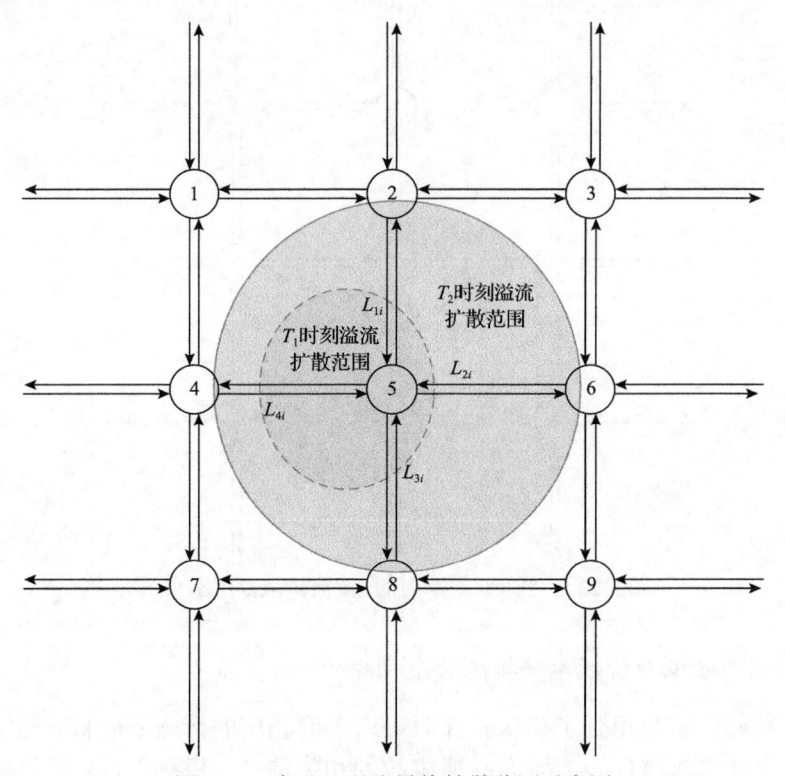

图 5-23 交叉口溢流最终扩散范围示意图

5.4.3 交通溢流子区的溢流消散控制

当采取相应的控制手段，将交通溢流的范围圈定在一个可控范围之内时，应采取与之对应的控制策略，尽量减少该区域内的车辆数。此处仍采用 5.3 节介绍的边界控制策略，$u(t)$ 用来表示 t 时刻经过子区的边界从子区内部离开子区的车辆占 t 时刻经过边界车辆总数的比值，$1-u(t)$ 表示 t 时刻从子区外经过子区边界进入子区的车辆数占经过边界车辆总数的比值。定义 $u(t)$ 为车辆流出比，$1-u(t)$ 为车辆流入比。在已经将交通溢流控制在合理范围内之后，令 $u(t)=1$，$1-u(t)=0$，即车辆的流出比为 1，流入比为 0，此时车辆只能从该子区驶离而不能从外界进入到该子区，这样就能有效控制交通溢流的扩散。当该子区内的车辆数恢复到可控数量时，再适当调整 $u(t)$ 的取值，一直到 T_4 时刻恢复正常通行之后，再采用 5.3 节中介绍的区域总量控制中 $u(t)$ 的取值，保证该子区的正常通行效率。

5.5 交通溢流条件下的路径诱导算法

5.5.1 常用的路径选择算法介绍

车辆的路径选择算法很多，Dijkstra 算法是进行路径规划的经典算法，早期的路径规划算法多采用此算法，并在此算法的基础上进行各种改进。Dijkstra 算法从一个节点出发，寻找路网中该节点到其他所有节点的最短路径。算法从初始节点逐层向外搜索，直至搜索到目标节点，该算法可以确定最短路径的最优解，但它遍历计算的节点很多，部分节点重复遍历多次，所以效率低。在发生交通溢流的过程中，需要及时地做出路径规划来规避交通溢流的影响，因此采用的算法需要较高的运算效率以便及时得出结果。本节中，路径规划采用 A*算法，A*算法多用于计算两点之间的最短路径问题。A*算法的搜索效率主要依赖其所选取的两节点间最短距离的下界，该下界越接近真实值，则 A*算法的搜索效率越高。

A*算法是一种典型的启发式搜索算法，它在搜索过程中引入估价函数，对每一个节点进行评估，得到每个节点的估价函数，从这些估价函数中选取较好的节点，再从这个节点进行搜索，直至搜索到目标。这样就省略了大量的无用搜索路径，提高了搜索效率。A*算法的估价函数定义为

$$f(n) = g(n) + h(n) \tag{5-35}$$

其中，$f(n)$ 是节点 n 的估价值；$g(n)$ 是从初始节点到 n 的最短路径值；$h(n)$ 是从节点 n 到目标节点的最短路径估计代价。

A*算法的关键在于估价函数的选取，当估价函数 $h(n)$ 小于实际值时，算法搜索范围广，A*算法能得到最优解，此时的估价函数称为可接纳的；当估价函数 $h(n)$ 大于实际值时，算法搜索节点数减少，搜索效率提高，但是不能保证得到最优解。

路网的定义如下：定义城市交通路网 $G = (V, E, H)$，其中 $V = (V_1, V_2, \cdots, V_n)$ 为 G 的点集，代表城市交通道路中的各个道路交叉口；$E_{ij} \subseteq V \times V$，表示连接点 V_i 和点 V_j 的弧段，代表连接各个路口之间的城市交通道路；H_{ij} 为 E_{ij} 的权重，表示各个道路的行驶费用，在本节中即道路长度。

对图 G 中给定的两点 s 和 t，定义它们之间的一条路径 $P(s,t)$ 为一组首尾相连的序列：$(s, i_1), (i_1, i_2), \cdots, (i_k, t)$，则路径 P 的长度路径 $P(s,t)$ 定义为该路径上所有连边的权重的累加，即

$$H_{(s,t)} = \sum_{i,j \in P(s,t)} H_{ij} \tag{5-36}$$

定义 (s,t) 之间的最短路径为 $H^*_{(s,t)}$，则

$$H^*_{(s,t)} = \min H_{(s,t)} = \min \sum_{i,j \in P(s,t)} H_{ij} \tag{5-37}$$

A*算法执行步骤如下。

(1) 初始化。

① 初始点设置为：$i = s$，$g(i) = 0$，$P(i)$ 为空；

② 所有其他点：$g(j) = \infty$，$j \neq i$；

③ 候选节点集：$Q = \{i\}$。

(2) 节点选择。从集合 Q 中选取一个节点 i 并将其从 Q 中移除。

(3) 节点松弛。对以节点 i 为起始点的所有连边 $E = (i, j)$ 执行松弛操作，判断不等式 $g(s,i) + H_{ij} + h(j,t) < f(j)$ 是否成立，如果成立，则更新当前存储的节点 j 的路径长度 $g(s, j) = g(s, i) + H_{ij}$，更新节点 j 的估价函数 $f(j) = g(s, i) + H_{ij} + h(j, t)$，更新节点 j 的前一节点 $P(j) = i$，并将节点 j 加入候选集合 Q 中。

(4) 终止规则。如果集合 Q 为空，则算法完成，退出搜索；否则，继续执行步骤(2)。

5.5.2 交通溢流状态下的路径优化

1. 无控制交通溢流状态下车辆路径的选择

上述算法中，根据路程的长度进行计算，在现实生活中，人们通常要做的是

5.5 交通溢流条件下的路径诱导算法

在规定的时间内到达某一指定地点，因此定义车辆在道路上的时间为自由行驶时间与延误时间的和。

假设 k_i 表示车辆通过路口 i 时的延误时间，则车辆在无溢流状态下从出发节点 s 到目标节点 t 的最短行驶时间为

$$T = \frac{H^*_{(s,t)}}{v_{ij}} + \sum_{i=s}^{t} k_i \tag{5-38}$$

其中，v_{ij} 表示车辆在道路 E_{ij} 上的行驶速度，由于道路状况的不同，v_{ij} 有不同的取值；k_i 表示车辆经过路口 i 时的延误时间，车辆经过的路口越多，需要等待红灯的时间越长，延误时间就越多。

假设以下前提成立。

(1) 在路网中溢流发生点为 A，去掉溢流点 A 及其相连路段之后，路网 G 仍然连通。

(2) 最短路径上任何一点到其终点（即目的地）都是最短的。集合 P 中任意一点到 t 的最短距离所经过的点一定是 P 的子集，即满足

$$H^*_{(s,t)} = H^*_{(s,j)} + H^*_{(j,t)} \tag{5-39}$$

其中，j 为路径上的一点，且 $j \in P(s,t)$。

定义以下概念。

(1) 溢流截断点：溢流扩散后与已规划好的路径的相交节点，该点是判断是否需要重新规划路径的重要依据。

(2) N 级溢流节点：与发生溢流的节点直接相连的为 1 级溢流点，与 1 级溢流点相连的为 2 级溢流点，依次类推。此概念在前面已经有所介绍。

在已规划好的路径中，随着溢流的扩散，一定会与已规划好的路径产生交点，这个点就是溢流截断点。溢流截断点将最优路径分成了两段，通过计算车辆到达溢流截断点的时间和溢流传播到该点的时间差，判断车辆能否顺利通过该点，如果能，则不需要重新进行路径的规划，否则需要重新规划路径。该计算过程适用于交通溢流没有采取任何控制策略的情况或者交通事故发生处理时间点 T_2 之前。具体计算过程如下。

(1) 已知起始地点与目标地之后，通过 A*算法计算最佳路径，并计算出车辆在路上消耗的时间。如图 5-24 所示，图中曲线表示一条采用 A*算法规划好的路径，该路径满足式(5-38)。

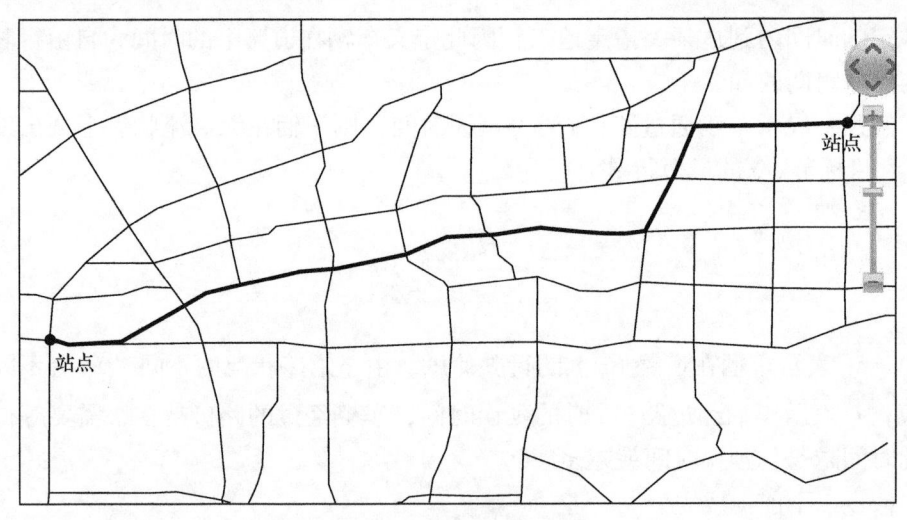

图 5-24 初始选择路径

(2) 车辆按照该最短路径在行驶过程中,通过交叉口的视频检测,当检测到该最短路径所经过的路口或与之连通的某一交叉口发生溢流时,查询道路属性表,如表 5-5 所示,得到该道路方向的长度和停车波波速,计算停车波传播到各个交叉口的时间。

表 5-5　部分道路属性表

路口 ID	长度/km	上游路口 ID	平均车速/(km/h)
60	0.7	59	27
37	1.4	47	32
49	0.7	50	32
57	1.3	60	30
58	1.1	45	30
56	0.9	55	28
54	1.1	53	30

在表 5-5 中,路口 ID 为地理信息系统(geographical information system, GIS)地图中交叉口编号,每个编号代表一个交叉口;长度为该路口与上游路口之间的道路长度;上游路口 ID 为与该路口相连的上游路口编号;平均车速是指车辆在该路段行驶的速度。

判断发生溢流的点是否在已规划好的路径上,如果发生溢流的点恰好出现在规划好的路径中,如图 5-25 所示,那么将发生溢流的点从路网中剔除,重新进行路径规划。

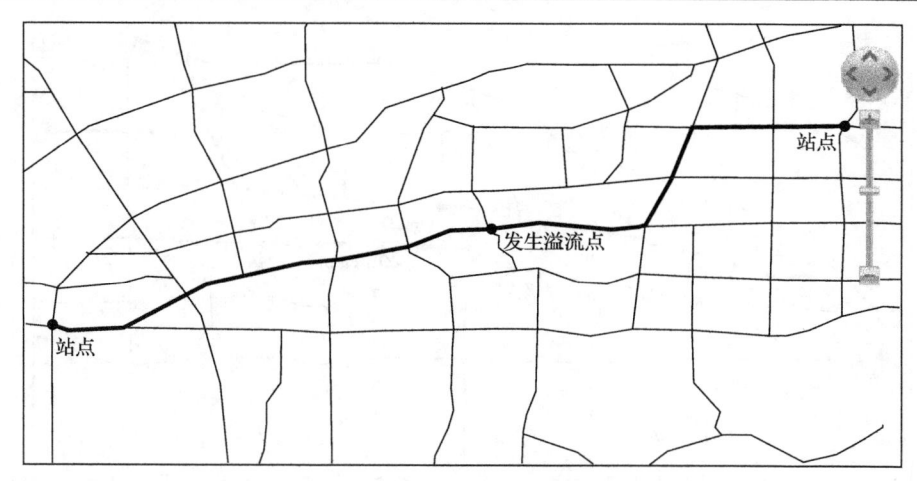

5.5 交通溢流条件下的路径诱导算法

图 5-25 路径中发生交通溢流

图 5-26 为一条重新规划好的路径。

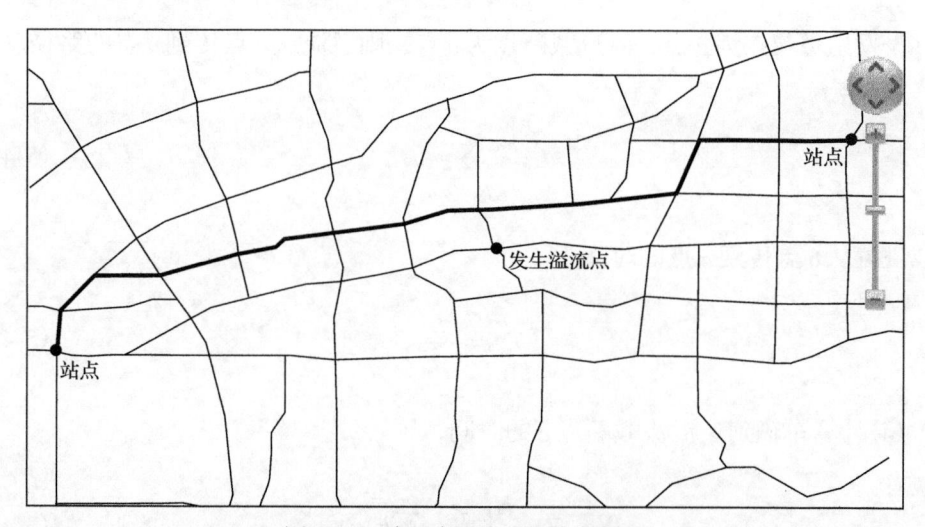

图 5-26 路径中没有发生交通溢流

(3) 上一步中如果交通溢流发生点不在规划好的道路中,如图 5-26 所示,在路径中查找溢流截断点,并分析该点的溢流等级,如图 5-27 所示,计算溢流传播到该点的时间。

根据公式 $v_w = v_f[1-(\eta_1+1)] = -v_f\eta_1$(其中负号表示传播方向与车辆行驶方向相反),有

$$T_1 = \left|\frac{L}{v_w}\right| = \left|\frac{L}{-v_f\eta_1}\right| = \frac{L}{v_f\eta_1} \tag{5-40}$$

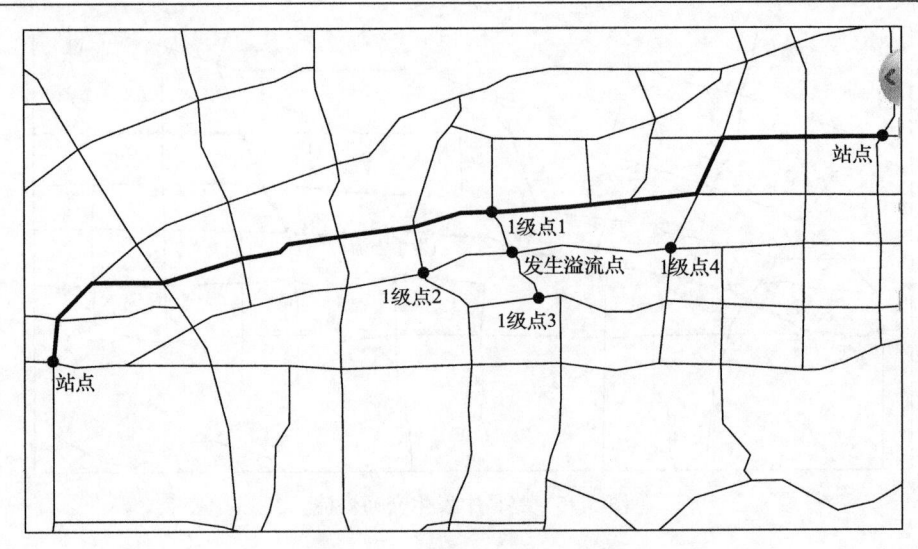

figure 5-27 交通溢流扩散示意图

设发生溢流点为 c 点，溢流截断点为 a 点，则溢流从 c 点传到 a 点的路径总长度为

$$L = \sum_{i,j \in P(c,a)} H_{ij} \tag{5-41}$$

溢流从 c 点传到 a 点的时间为

$$T_w = \frac{L}{v_f \eta_1} \tag{5-42}$$

(4) 计算车辆到达溢流截断点 a 的时间，则

$$T = \frac{H^*_{(s,a)}}{v_{ij}} + \sum_{i=s}^{a} k_i \tag{5-43}$$

(5) 计算 Δt，判断车辆能否顺利通过：

$$\Delta t = T - T_w = \frac{H^*_{(s,a)}}{v_{ij}} + \sum_{i=s}^{a} k_i - \frac{L}{v_f \eta_1} \tag{5-44}$$

其中，$v_f = v_{ij}$；$\eta_1 = \dfrac{\rho_1}{\rho_j}$。

故式 (5-44) 可整理为

$$\Delta t = T - T_{\mathrm{w}} = \frac{H^*_{(s,a)}}{v_{ij}} + \sum_{i=s}^{a} k_i - \frac{\sum_{i,j \in P(c,a)} H_{ij}}{v_{ij} \frac{\rho_1}{\rho_j}} \tag{5-45}$$

下面对 Δt 进行分析：

（1）$\Delta t > 0$ 表示车辆到达该路口的时间大于溢流传播到该路口的时间，当车辆到达该点时，该路口已不能通行，此时需要重新进行路径规划，将该点从路网中去掉后，重新规划路径。

（2）$\Delta t = 0$ 表示车辆到达该点时溢流恰好也传播到该点，由于道路情况的不确定性，车辆在路上稍有延误就会导致不能顺利通过该路口，该情况下不能通过的风险很高，故将其等同于第一种不能通过的情况。

（3）$\Delta t < 0$ 表示车辆到达该路口时间小于溢流到达该路口的时间，车辆到达时，溢流并没有传播到该路口，车辆可顺利通过该路口，不需要重新规划路径，车辆可按照既定路径行驶。

整个算法流程如图 5-28 所示。

2. 控制策略下的车辆路径选择方法

如 5.4.2 节所述，如果措施采取及时，可以将交通溢流控制在一个区域内并且不再向外扩散，在对外围车辆进行路径规划的过程中，只需要将溢流区域的交叉口从路网中剔除，将这些点设为障碍点，重新进行路径规划即可。具体方法与采用 A*算法在一个静态路网中寻找最优路径相同，此处不再赘述。

5.5.3 交通流诱导子区路径选择

1. 交通诱导子区划分的意义

研究发现，不是所有的车辆都需要进行路径的诱导。简单地说，距离溢流区域较近的车辆必须进行诱导，而那些距离溢流区域较远的，当它达到事故范围的外围区域时，有可能已恢复通行，这一部分车辆就不再需要进行诱导，这样就需要划定一个诱导范围，在该范围内的车辆实行诱导绕行策略，其他车辆可按照原路线行驶。

交通诱导子区的划分是从路网的角度进行分析的，它结合划分好的交通溢流子区，遵循"内部疏散，外部诱导"的基本原则，对交通溢流外围实行分流策略，从而避免交通溢流的进一步扩散，使路网的交通流分布更加合理均衡。路径诱导一定是在交通管理者可以向出行者发布道路信息，并且出行者可以接收到该信息的前提下，即出行者也可以实时掌握道路状况，并且根据道路状况做出相应的调整，避免盲目依靠驾驶员的经验而造成拥堵的转移。

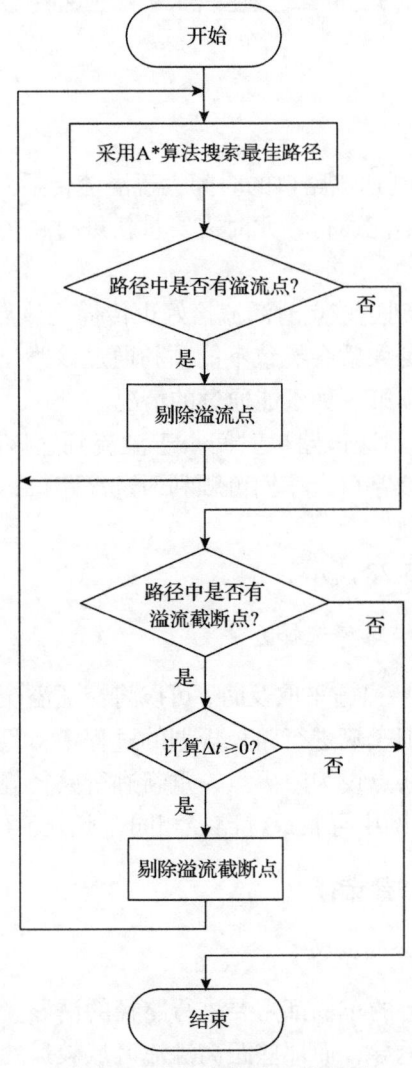

图 5-28　路径选择算法流程图

诱导子区的划分首先要选择合适的目标函数，因为其目的就是结合相应的路径诱导策略和控制策略，使区域内的交通效益达到最大。通常的评价标准有车辆的行驶路径最短、车辆在行驶过程中的延误时间最短、车辆的行驶时间最短、出行费用最低、出行的舒适度最高等几种。对于出行者来说，日常中更多的是在"赶时间"，即在规定的时间内到达指定的地点。随着科技的发展，距离的影响变得越来越不明显，在生活中为了节省 3km 的距离选择一条拥堵的道路浪费的时间要远远大于绕行多个 3km 的成本。另外，其他的影响因素几乎都与出行时间有关，例

5.5 交通溢流条件下的路径诱导算法

如，在路上的等待时间越长，人们心理上的烦躁情绪越厉害，出行的舒适度也就越低。因此，选择车辆的行驶时间最短作为评价标准。

2. 交通诱导子区范围的确定

对于上游距离溢流区域较远的车辆，当车辆行驶到溢流区域附近时，交通事故可能已经处理完成，即到达时有可能处于 $T_3 \sim T_4$ 阶段，此时如果车辆再选择诱导绕行，损失的时间甚至要大于等待交通恢复的时间。因此，需要划定一个区域，对区域内的车辆采取诱导绕行，区域外的车辆则可以按照事先规划好的路线行驶。

以图 5-29 中的网络为例进行分析。

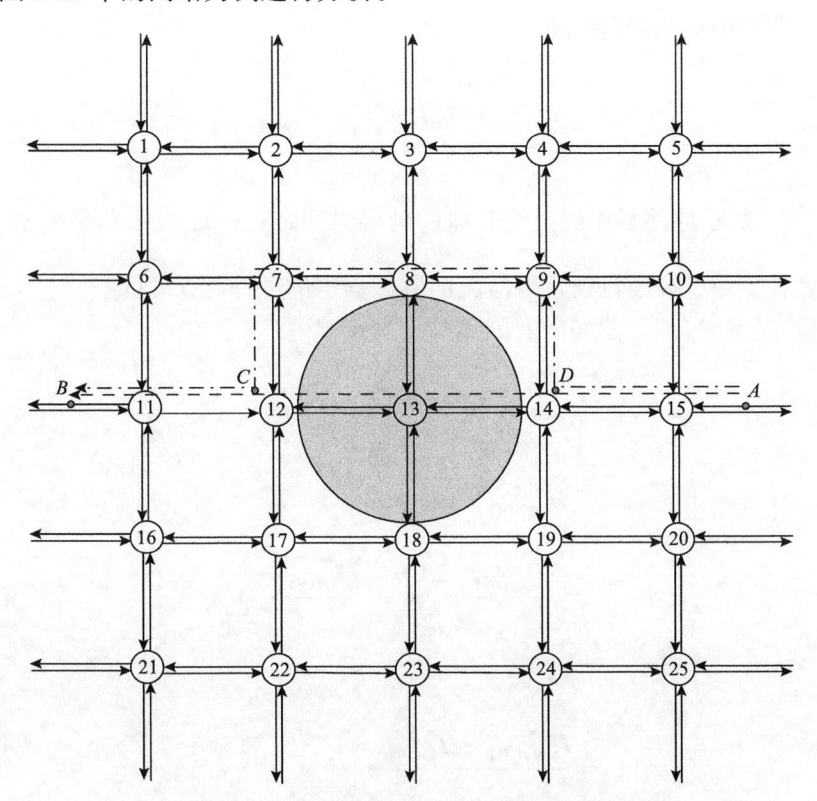

图 5-29 交通溢流状态下路径重新选择示意图

假设事故发生在 T_0 时刻，恢复正常通行的时刻为 T_4，从事故处理到恢复正常通车需要的时间为 t，其中 $t = T_4 - T_0$，T_0 时刻车辆在 A 点，车辆的目的地在 B 点，未发生交通溢流之前车辆的行驶路径如图 5-29 中虚线所示。

在图 5-29 中，假设车辆在整个路网中行驶速度变化不大，可设为一相同定值，原有路径中的交叉口 12、14 由于交通溢流的扩散已不能通行，采用 A*算法在 AB

之间重新规划一条合理的路径，如图中点画线所示，行驶总时间为

$$t_g = \frac{H1^*_{(A,B)}}{v_{ij}} + \sum_{i=A}^{B} k_i \tag{5-46}$$

其中，$H1^*_{(A,B)}$ 表示点画线规划的路径长度；v_{ij} 表示车辆的行驶速度；$\sum_{i=A}^{B} k_i$ 表示点画线路径中从 A 到 B 经过的交叉口的延误时间之和，这样就得到了新的路径的行驶时间 t_g。

用 $H^*_{(A,B)}$ 表示从 A 点到 B 点的原规划路径长度，即虚线表示的路径。计算车辆按照原路径行驶的时间成本，即

$$t_r = \frac{H^*_{(A,B)}}{v_{ij}} + \sum_{i=A'}^{B'} k_i + t_w \tag{5-47}$$

其中，$\sum_{i=A'}^{B'} k_i$ 表示原路径中经过交叉口的延误时间之和；t_w 表示车辆在 D 点停车等待或者在 $D \to C$ 缓慢行驶直至溢流消散过程中的额外延误时间。

假设车辆经过两条路径的时间相等，即满足 $t_g = t_r$，有

$$\frac{H1^*_{(A,B)}}{v_{ij}} + \sum_{i=A}^{B} k_i = \frac{H^*_{(A,B)}}{v_{ij}} + \sum_{i=A'}^{B'} k_i + t_w \tag{5-48}$$

这样可以计算得出

$$t_w = \frac{H1^*_{(A,B)}}{v_{ij}} + \sum_{i=A}^{B} k_i - \frac{H^*_{(A,B)}}{v_{ij}} - \sum_{i=A'}^{B'} k_i \tag{5-49}$$

整理得

$$t_w = \frac{H1^*_{(A,B)} - H^*_{(A,B)}}{v_{ij}} + \left(\sum_{i=A}^{B} k_i - \sum_{i=A'}^{B'} k_i \right) \tag{5-50}$$

延误时间 t_w 可以通过交通事故处理过程计算得出，车辆在 AD 段行驶时，没有受到交通溢流的影响而产生延误，这段的行驶时间 $t_{AD} = \frac{L_{AD}}{v_{ij}}$，因此有

$$t_w = t - t_{AD} = t - \frac{L_{AD}}{v_{ij}} \tag{5-51}$$

5.5 交通溢流条件下的路径诱导算法

其中，$t = T_4 - T_0$。

将式(5-51)代入式(5-50)中可以得到

$$\frac{H1^*_{(A,B)} - H^*_{(A,B)}}{v_{ij}} + \left(\sum_{i=A}^{B} k_i - \sum_{i=A'}^{B'} k_i\right) = t - \frac{L_{AD}}{v_{ij}} \tag{5-52}$$

最终求得

$$L_{AD} = v_{ij}t + H^*_{(A,B)} - H1^*_{(A,B)} + \left(\sum_{i=A'}^{B'} k_i - \sum_{i=A}^{B} k_i\right) v_{ij} \tag{5-53}$$

由式(5-53)得到 AD 段的长度 L_{AD}，根据计算出的长度，划定交通溢流诱导子区范围，如图 5-30 所示。

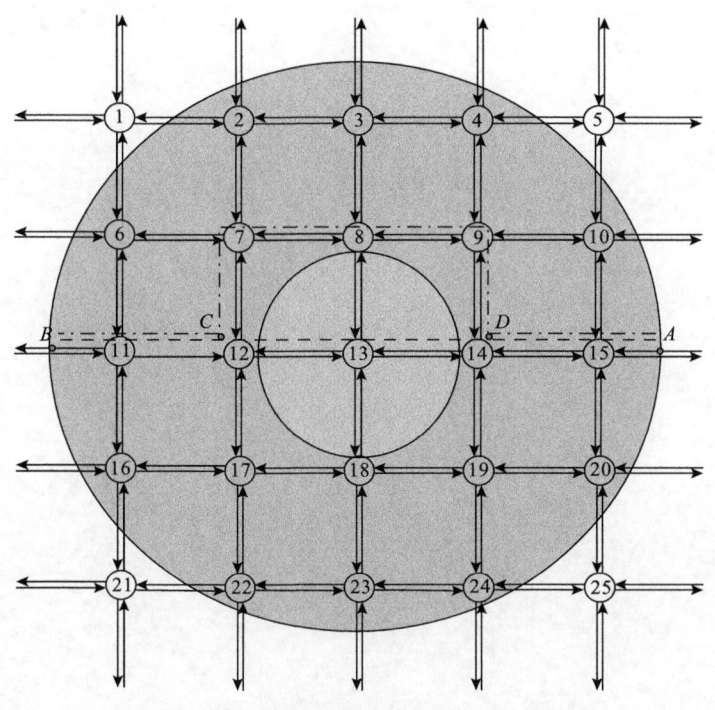

图 5-30　交通溢流诱导子区范围示意图

图 5-30 中，中间的小圆部分表示溢流区域，外部的大圆部分表示交通诱导子区，即处于交通诱导子区的车辆。如果原规划好的路径经过溢流区域，需要重新进行路径规划，对于交通诱导子区外围的车辆；如果该次交通事故引发的交通溢流对其几乎没有影响，可以按照既定的路线行驶。

5.6 本章小结

本章利用交通流理论，建立了车辆排队模型，利用车辆排队模型预测交通溢流的扩散范围，根据 MFD 的相关内容，建立了交通溢流的预防模型，并通过仿真实验验证了其可行性。同时针对发生交通溢流状态下的车辆路径问题进行了详细分析，为外围车辆提供了合理的路径诱导方案。

参 考 文 献

[1] Nakatsuyama M, Nagahashi H, Nishizuka N. Fuzzy logic phase controller for traffic junctions in the one-way arterial road[J]. IFAC Proceedings Volumes, 1984, 17(2): 2865-2870.

[2] 陈森发, 毛岚. 城市交通信号灯模糊线控制及其仿真[J]. 系统仿真学报, 2000, 12(6): 668-670.

[3] 刘智勇. 智能交通控制理论及其应用[M]. 北京: 科学出版社, 2003.

[4] 杨兆升, 谷远利. 实时动态交通流预测模型研究[J]. 公路交通科技, 1998, 15(3): 4-7.

[5] 王炜, 石小法. 预测型动态交通网络配流模型[J]. 系统工程学报, 2001, 16(1): 13-16.

[6] Daganzo C F. The cell transmission model: A dynamic representation of highway traffic consistent with the hydrodynamic theory[J]. Transportation Research Part B: Methodological, 1994, 28(4): 269-287.

[7] Daganzo C F. The cell transmission model, part II: Network traffic[J]. Transportation Research Part B: Methodological, 1995, 29(2): 79-93.

[8] Munoz L, Sun X, Sun D, et al. Methodological calibration of the cell transmission model[C]// Proceedings of the 2004 American Control Conference, Boston, 2004: 798-803.

[9] Daganzo C F. Urban gridlock: Macroscopic modeling and mitigation approaches[J]. Transportation Research Part B: Methodological, 2007, 41(1): 49-62.

[10] Kerner B S. Physics of traffic gridlock in a city[J]. Physical Review E, 2011, 84(4): 045102.

[11] Mendes G A, da Silva L R, Herrmann H J. Traffic gridlock on complex networks[J]. Physica A: Statistical Mechanics and its Applications, 2012, 391(1-2): 362-370.

[12] Lo H K. A novel traffic signal control formulation[J]. Transportation Research Part A: Policy and Practice, 1999, 33(6): 433-448.

[13] Lo H K, Chang E, Chan Y C. Dynamic network traffic control[J]. Transportation Research Part A: Policy and Practice, 2001, 35(8): 721-744.

[14] Huang D W, Huang W N. Biham-Middleton-Levine model with four-directional traffic[J]. Physica A: Statistical Mechanics and its Applications, 2006, 370(2): 747-755.

[15] 张勇, 白玉, 杨晓光. 城市道路交通网络死锁控制策略[J]. 中国公路学报, 2010, 23(6): 96-102.

[16] Long J C, Gao Z Y, Zhao X M, et al. Urban traffic jam simulation based on the cell transmission model[J]. Networks and Spatial Economics, 2011, 11(1): 43-64.

[17] 仕小伟, 朱文兴, 王青燕, 等. 城市主干路交通溢流发生机理建模及其仿真[J]. 山东大学学报(工学版), 2013, 43(3): 43-48.

[18] 王青燕, 朱文兴, 仕小伟, 等. 城市主干路交通溢流控制建模及仿真[J]. 山东大学学报(工学版), 2013, 43(4): 57-61.

[19] 马因韬, 刘启汉, 雷国强. 机动车排放模型的应用及其适用性比较[J]. 北京大学学报(自然科学版), 2008, 44(2): 308-316.

[20] Borge R, de Miguel I, de la Paz D, et al. Comparison of road traffic emission models in Madrid (Spain)[J]. Atmospheric Environment, 2012, 62: 461-471.

[21] Zhang K, Batterman S. Near-road air pollutant concentrations of CO and $PM_{2.5}$: A comparison of MOBILE6.2/CALINE4 and generalized additive models[J]. Atmospheric Environment, 2010, 44(14): 1740-1748.

[22] Wallace H W, Jobson B T, Erickson M H, et al. Comparison of wintertime CO to NO_x ratios to MOVES and MOBILE6.2 on-road emissions inventories[J]. Atmospheric Environment, 2012, 63: 289-297.

[23] Int Panis L, Beckx C, Broekx S, et al. PM, NO_x and CO_2 emission reductions from speed management policies in Europe[J]. Transport Policy, 2011, 18(1): 32-37.

[24] Ong H C, Mahlia T M I, Masjuki H H. A review on emissions and mitigation strategies for road transport in Malaysia[J]. Renewable and Sustainable Energy Reviews, 2011, 15(8): 3516-3522.

[25] Lang J L, Cheng S Y, Wei W, et al. A study on the trends of vehicular emissions in the Beijing–Tianjin–Hebei(BTH)region, China[J]. Atmospheric Environment, 2012, 62: 605-614.

[26] 雷伟. 城市道路交通排放的仿真优化研究[D]. 武汉: 武汉理工大学, 2011.

[27] 张嫣红. 基于微观交通仿真模型的排放测算适用性研究[D]. 北京: 北京交通大学, 2011.

[28] 胥耀方. 面向交通网络排放测算的机动车运行模式分布模型[D]. 北京: 北京交通大学, 2012.

[29] 徐龙. 面向排放测算的车辆跟驰模型对比分析与优化[D]. 北京: 北京交通大学, 2012.

[30] 孙凤. 面向交通排放测算的轻重型车比功率分布特性与模型研究[D]. 北京: 北京交通大学, 2012.

[31] 李铁柱. 城市交通大气环境影响评价及预测技术研究[D]. 南京: 东南大学, 2001.

[32] Zhou X S, Tanvir S, Lei H, et al. Integrating a simplified emission estimation model and mesoscopic dynamic traffic simulator to efficiently evaluate emission impacts of traffic management strategies[J]. Transportation Research Part D: Transport and Environment, 2015, 37: 123-136.

[33] Bauer C S. Some energy considerations in traffic signal timing[J]. Traffic Engineering, 1975, 45(2): 19-25.

[34] Robertson D I. Coordinating traffic signals to reduce fuel consumption[J]. Proceedings of the Royal Society of London Series A: Mathematical Physical and Engineering Sciences, 1983, 387(1792): 1-19.

[35] Tzeng G H, Chen C H. Multiobjective decision making for traffic assignment[J]. IEEE Transactions on Engineering Management, 1993, 40(2): 180-187.

[36] Hallmark S L, Fomunung I, Guensler R, et al. Assessing impacts of improved signal timing as a transportation control measure using an activity-specific modeling approach[J]. Transportation Research Record: Journal of the Transportation Research Board, 2000, 1738(1): 49-55.

[37] Reynolds A W, Broderick B M. Development of an emissions inventory model for mobile sources[J]. Transportation Research Part D: Transport and Environment, 2000, 5(2): 77-101.

[38] Zito P. Influence of coordinated traffic lights parameters on roadside pollutant concentrations[J]. Transportation Research Part D: Transport and Environment, 2009, 14(8): 604-609.

[39] Li C, Shimamoto S. An open traffic light control model for reducing vehicles' CO_2 emissions based on ETC vehicles[J]. IEEE Transactions on Vehicular Technology, 2012, 61(1): 97-110.

[40] De Coensel B D, Can A, Degraeuwe B, et al. Effects of traffic signal coordination on noise and air pollutant emissions[J]. Environmental Modelling & Software, 2012, 35(7): 74-83.

[41] Lv J P, Zhang Y L. Effect of signal coordination on traffic emission[J]. Transportation Research Part D: Transport and Environment, 2012, 17(2): 149-153.

[42] 张好智, 高自友, 张贝. 环境目标下城市交通综合网络设计的优化模型及求解算法[J]. 土木工程学报, 2006, 39(11): 114-119.

[43] 李世武, 王云鹏, 付建萍, 等. 基于车辆排放的城市道路交叉口信号配时优化仿真[J]. 吉林大学学报(工学版), 2007, 37(6): 1268-1272.

[44] 余柳, 于雷, 万涛, 等. 综合环境因素及延误的信号配时优化仿真研究[J]. 系统仿真学报, 2008, 20(11): 3016-3019, 3031.

[45] 张滢滢, 陈旭梅, 张潇, 等. 交通信号控制策略对机动车尾气排放影响的评价[J]. 交通运输系统工程与信息, 2009, 9(1): 150-155.

[46] 周申培. 考虑排放因素的城市交叉口交通信号控制策略的研究[D]. 武汉: 武汉理工大学, 2009.

[47] 李世武, 王琳虹, 郭栋, 等. 基于机动车排放的自适应信号控制模型[J]. 华南理工大学学报(自然科学版), 2011, 39(3): 101-106.

[48] Zhang L H, Yin Y F, Chen S G. Robust signal timing optimization with environmental concerns[J]. Transportation Research Part C: Emerging Technologies, 2013, 29(4): 55-71.

[49] 高云峰, 胡华. 基于比功率法的信号控制交叉口排队车辆尾气排放估计[J]. 中国公路学报, 2015, 28(4): 101-108.

[50] 姚荣涵, 王筱雨, 赵胜川, 等. 基于机动车比功率的单点信号配时优化模型[J]. 交通运输系统工程与信息, 2015, 15(5): 89-95.

[51] 王华, 王建军. 交通堵塞导致的额外能源消耗及污染物排放量的研究[C]//2010 全国能源与热工学术年会论, 厦门, 2010: 228-231.

[52] Zhu W X. Analysis of CO_2 emission in traffic flow and numerical tests[J]. Physica A: Statistical Mechanics and its Applications, 2013, 392(20): 4787-4792.

[53] Zhu W X, Zhang C H. Analysis of energy dissipation in traffic flow with a variable slope[J]. Physica A: Statistical Mechanics and its Applications, 2013, 392(16): 3301-3307.

[54] Zhu W X, Zhang L D. An original traffic flow model with signal effect for energy dissipation[J]. International Journal of Modern Physics C, 2014, 25(7): 1450018.

[55] Zhang L D, Zhu W X. Delay-feedback control strategy for reducing CO_2 emission of traffic flow system[J]. Physica A: Statistical Mechanics and its Applications, 2015, 428: 481-492.

[56] Zhu W X, Zhang J Y. An original traffic additional emission model and numerical simulation on a signalized road[J]. Physica A: Statistical Mechanics and its Applications, 2017, 467: 107-119.

[57] Song Z R, Zang L L, Zhu W X. Study on minimum emission control strategy on arterial road based on improved simulated annealing genetic algorithm[J]. Physica A: Statistical Mechanics and its Applications, 2020, 537: 122691.

[58] 赵鹏, 朱祎兰. 大数据技术综述与发展展望[J]. 宇航总体技术, 2022, 6(1): 55-60.

[59] Chen J H, Shao J. Nearest neighbor imputation for survey data[J]. Journal of Official Statistics, 2000, 16(2): 113-132.

[60] Li L, Li Y B, Li Z H. Efficient missing data imputing for traffic flow by considering temporal and spatial dependence[J]. Transportation Research Part C: Emerging Technologies, 2013, 34: 108-120.

[61] Tang J J, Zhang G H, Wang Y H, et al. A hybrid approach to integrate fuzzy C-means based imputation method with genetic algorithm for missing traffic volume data estimation[J]. Transportation Research Part C: Emerging Technologies, 2015, 51: 29-40.

[62] Rodrigues F, Henrickson K, Pereira F C. Multi-output Gaussian processes for crowdsourced traffic data imputation[J]. IEEE Transactions on Intelligent Transportation Systems, 2019, 20(2): 594-603.

[63] Li H P, Li M, Lin X, et al. A spatiotemporal approach for traffic data imputation with complicated missing patterns[J]. Transportation Research Part C: Emerging Technologies, 2020, 119: 102730.

[64] Tucker L R. Some mathematical notes on three-mode factor analysis[J]. Psychometrika, 1966, 31(3): 279-311.

[65] Schifanella C, Candan K S, Sapino M L. Multiresolution tensor decompositions with mode hierarchies[J]. ACM Transactions on Knowledge Discovery from Data, 2014, 8(2): 1-38.

[66] Acar E, Dunlavy D M, Kolda T G, et al. Scalable tensor factorizations for incomplete data[J]. Chemometrics and Intelligent Laboratory Systems, 2011, 106(1): 41-56.

[67] Zhao Q B, Zhang L Q, Cichocki A. Bayesian CP factorization of incomplete tensors with automatic rank determination[J]. IEEE Transactions on Pattern Analysis and Machine Intelligence, 2015, 37(9): 1751-1763.

[68] Asif M T, Mitrovic N, Dauwels J, et al. Matrix and tensor based methods for missing data estimation in large traffic networks[J]. IEEE Transactions on Intelligent Transportation Systems, 2016, 17(7): 1816-1825.

[69] de Morais Goulart J H, Kibangou A Y, Favier G. Traffic data imputation via tensor completion based on soft thresholding of Tucker core[J]. Transportation Research Part C: Emerging Technologies, 2017, 85: 348-362.

[70] Tan H C, Feng G D, Feng J S, et al. A tensor-based method for missing traffic data completion[J]. Transportation Research Part C: Emerging Technologies, 2013, 28: 15-27.

[71] Wang Y L, Zheng Y, Xue Y X. Travel time estimation of a path using sparse trajectories[C]// Proceedings of the 20th ACM SIGKDD International Conference on Knowledge Discovery and Data Mining, New York, 2014: 25-34.

[72] Ran B, Tan H C, Wu Y K, et al. Tensor based missing traffic data completion with spatial-temporal correlation[J]. Physica A: Statistical Mechanics and its Applications, 2016, 446: 54-63.

[73] Wang Y, Zhang Y, Piao X L, et al. Traffic data reconstruction via adaptive spatial-temporal correlations[J]. IEEE Transactions on Intelligent Transportation Systems, 2019, 20(4): 1531-1543.

[74] Chen X Y, He Z C, Wang J W. Spatial-temporal traffic speed patterns discovery and incomplete data recovery via SVD-combined tensor decomposition[J]. Transportation Research Part C: Emerging Technologies, 2018, 86: 59-77.

[75] Zhang Z C, Li M, Lin X, et al. Network-wide traffic flow estimation with insufficient volume detection and crowdsourcing data[J]. Transportation Research Part C: Emerging Technologies, 2020, 121: 102870.

[76] Al-Helali B, Chen Q, Xue B, et al. A new imputation method based on genetic programming and weighted KNN for symbolic regression with incomplete data[J]. Soft Computing, 2021, 25(8): 5993-6012.

[77] Turabieh H, Abu Salem A, Abu-El-Rub N. Dynamic L-RNN recovery of missing data in IoMT applications[J]. Future Generation Computer Systems, 2018, 89: 575-583.

[78] Zhuang Y F, Ke R M, Wang Y H. Innovative method for traffic data imputation based on convolutional neural network[J]. IET Intelligent Transport Systems, 2019, 13(4): 605-613.

[79] Che Z P, Purushotham S, Cho K, et al. Recurrent neural networks for multivariate time series with missing values[J]. Scientific Reports, 2018, 8: 6085.

[80] Cao W, Wang D, Li J, et al. BRITS: Bidirectional recurrent imputation for time series[C]// Proceedings of the 32nd International Conference on Neural Information Processing Systems, Montréal, 2018: 6776-6786.

[81] Cui Z Y, Lin L F, Pu Z Y, et al. Graph Markov network for traffic forecasting with missing data[J]. Transportation Research Part C: Emerging Technologies, 2020, 117: 102671.

[82] 刘静, 关伟. 交通流预测方法综述[J]. 公路交通科技, 2004, 21(3): 82-85.

[83] Lv Y S, Duan Y J, Kang W W, et al. Traffic flow prediction with big data: A deep learning approach[J]. IEEE Transactions on Intelligent Transportation Systems, 2015, 16(2): 865-873.

[84] Leshem G, Ritov Y. Traffic flow prediction using adaboost algorithm with random forests as a weak learner[J]. International Journal of Mathematical and Computational Sciences, 2007, 1(1): 1-6.

[85] Diao Z L, Zhang D F, Wang X, et al. A hybrid model for short-term traffic volume prediction in massive transportation systems[J]. IEEE Transactions on Intelligent Transportation Systems, 2019, 20(3): 935-946.

[86] Salinas D, Bohlke-Schneider M, Callot L, et al. High-dimensional multivariate forecasting with low-rank Gaussian copula processes[C]//Proceedings of the 33rd Conference on Neural Information Processing Systems, Vancouver, 2019, 32: 6824-6834.

[87] Duan P B, Mao G Q, Liang W F, et al. A unified spatio-temporal model for short-term traffic flow prediction[J]. IEEE Transactions on Intelligent Transportation Systems, 2019, 20(9): 3212-3223.

[88] Sadeghi-Niaraki A, Mirshafiei P, Shakeri M, et al. Short-term traffic flow prediction using the modified elman recurrent neural network optimized through a genetic algorithm[J]. IEEE Access, 2020, 8: 217526-217540.

[89] Poonia P, Jain V K. Short-term traffic flow prediction: Using LSTM[C]//2020 International Conference on Emerging Trends in Communication, Control and Computing, Lakshmangarh, 2020: 1-4.

[90] Gehring J, Auli M, Grangier D, et al. Convolutional sequence to sequence learning[C]//Proceedings of the 34th International Conference on Machine Learning, New York, 2017: 1243-1252.

[91] Ma X L, Dai Z, He Z B, et al. Learning traffic as images: A deep convolutional neural network for large-scale transportation network speed prediction[J]. Sensors, 2017, 17(4): 818.

[92] Lu B, Gan X Y, Jin H M, et al. Spatiotemporal adaptive gated graph convolution network for urban traffic flow forecasting[C]//Proceedings of the 29th ACM International Conference on Information & Knowledge Management, New York, 2020: 1025-1034.

[93] Guo S N, Lin Y F, Feng N, et al. Attention based spatial-temporal graph convolutional networks for traffic flow forecasting[J]. Proceedings of the AAAI Conference on Artificial Intelligence, 2019, 33(1): 922-929.

[94] 殷辰堃, 方茹, 李拓. 基于交通流时间序列相似性的NCut城市路网分区算法[J]. 交通运输工程学报, 2021, 21(5): 238-250.

[95] Majumdar S, Subhani M M, Roullier B, et al. Congestion prediction for smart sustainable cities using IoT and machine learning approaches[J]. Sustainable Cities and Society, 2021, 64: 102500.

[96] Neelakandan S, Berlin M A, Tripathi S, et al. IoT-based traffic prediction and traffic signal control system for smart city[J]. Soft Computing, 2021, 25(18): 12241-12248.

[97] Hochreiter S, Schmidhuber J. Long short-term memory[J]. Neural Computation, 1997, 9(8): 1735-1780.

[98] Smith L N. Cyclical learning rates for training neural networks[C]//2017 IEEE Winter Conference on Applications of Computer Vision, Santa Rosa, 2017: 464-472.

[99] 焦廉溪. 基于 CNN 和 LSTM 的交通流预测[J]. 通讯世界, 2018, (10): 265-266.

[100] 李磊, 张青苗, 赵军辉, 等. 基于改进 CNN-LSTM 组合模型的分时段短时交通流预测[J]. 应用科学学报, 2021, 39(2): 185-198.

[101] Niu K, Cheng C, Chang J L, et al. Real-time taxi-passenger prediction with L-CNN[J]. IEEE Transactions on Vehicular Technology, 2019, 68(5): 4122-4129.

[102] Zhang J, Liu J Z, Wang Z Z. Convolutional neural network for crowd counting on metro platforms[J]. Symmetry, 2021, 13(4): 703.

[103] Ranjan N, Bhandari S, Zhao H P, et al. City-wide traffic congestion prediction based on CNN, LSTM and transpose CNN[J]. IEEE Access, 2020, 8: 81606-81620.

[104] Zhang W, Yu Y B, Qi Y H, et al. Short-term traffic flow prediction based on spatio-temporal analysis and CNN deep learning[J]. Transportmetrica A: Transport Science, 2019, 15(2): 1688-1711.

[105] Yin X Y, Wu G Z, Wei J Z, et al. Multi-stage attention spatial-temporal graph networks for traffic prediction[J]. Neurocomputing, 2021, 428: 42-53.

[106] Bai L, Yao L N, Li C, et al. Adaptive graph convolutional recurrent network for traffic forecasting[C]//Proceedings of the 34th International Conference on Neural Information Processing Systems, Vancouver, 2020: 17804-17815.

[107] Alhogail A, Alsabih A. Applying machine learning and natural language processing to detect phishing email[J]. Computers & Security, 2021, 110: 102414.

[108] Liu K, Sun X Y, Jia L, et al. Chemi-Net: A molecular graph convolutional network for accurate drug property prediction[J]. International Journal of Molecular Sciences, 2019, 20(14): 3389.

[109] Ying R, He R N, Chen K F, et al. Graph convolutional neural networks for web-scale recommender systems[C]//Proceedings of the 24th ACM SIGKDD International Conference on Knowledge Discovery & Data Mining, London, 2018: 974-983.

[110] Cui Z Y, Henrickson K, Ke R M, et al. Traffic graph convolutional recurrent neural network: A deep learning framework for network-scale traffic learning and forecasting[J]. IEEE Transactions on Intelligent Transportation Systems, 2020, 21(11): 4883-4894.

[111] 谷振宇, 陈聪, 郑家佳, 等. 基于时空图卷积循环神经网络的交通流预测[J]. 控制与决策, 2022, 37(3): 645-653.

[112] 刘华, 林立春, 杨丽萍, 等. 基于时空图神经网络的交通拥堵预测技术[J]. 西部交通科技, 2021, (7): 147-150.

[113] Li Y G, Yu R, Shahabi C, et al. Diffusion convolutional recurrent neural network: Data-driven traffic forecasting[C]//International Conference on Learning Representations, Vancouver, 2018: 1-16.

[114] Teng S H. Scalable algorithms for data and network analysis[J]. Foundations and Trends® in Theoretical Computer Science, 2016, 12(1-2): 1-274.

[115] Vaswani A, Shazeer N, Parmar N, et al. Attention is all you need[C]//Proceedings of the 31st International Conference on Neural Information Processing Systems, Long Beach, 2017: 6000-6010.

[116] Williams B M, Hoel L A. Modeling and forecasting vehicular traffic flow as a seasonal ARIMA process: Theoretical basis and empirical results[J]. Journal of Transportation Engineering, 2003, 129(6): 664-672.

[117] Zivot E, Wang J H. Modeling Financial Time Series with S-PLUS®[M]. New York: Springer, 2006.

[118] Hamilton J D. Time Series Analysis[M]. Princeton: Princeton University Press, 1994.

[119] Zhang W, Du T, Wang J. Deep learning over multi-field categorical data[C]//European Conference on Information Retrieval, Cham, 2016: 45-57.

[120] Shi X J, Chen Z R, Wang H, et al. Convolutional LSTM network: A machine learning approach for precipitation nowcasting[C]//Proceedings of the 29th International Conference on Neural Information Processing Systems, Montreal, 2015: 1-12.

[121] Yu B, Yin H T, Zhu Z X. Spatio-temporal graph convolutional networks: A deep learning framework for traffic forecasting[C]//Proceedings of the Twenty-Seventh International Joint Conference on Artificial Intelligence, Stockholm, 2018: 3634-3640.

[122] Guo S N, Lin Y F, Li S J, et al. Deep spatial-temporal 3D convolutional neural networks for traffic data forecasting[J]. IEEE Transactions on Intelligent Transportation Systems, 2019, 20(10): 3913-3926.

[123] Dai X Y, Fu R, Lin Y L, et al. DeepTrend: A deep hierarchical neural network for traffic flow prediction[J]. arXiv preprint arXiv:1707.03213, 2017.

[124] Wu Z H, Pan S R, Long G D, et al. Graph wavenet for deep spatial-temporal graph modeling[J]. arXiv preprint arXiv:1906.00121, 2019.

[125] Reuschel A. Fahrzeugbewegungen in der Kolonne[J]. Oesterreichisches Ingenieurarchir, 1950, 4: 193-215.

[126] Pipes L A. An operational analysis of traffic dynamics[J]. Journal of Applied Physics, 1953, 24(3): 274-281.

[127] Bando M, Hasebe K, Nakayama A, et al. Dynamical model of traffic congestion and numerical simulation[J]. Physical Review E, 1995, 51(2): 1035-1042.

[128] Nagatani T. Stabilization and enhancement of traffic flow by the next-nearest-neighbor interaction[J]. Physical Review E, 1999, 60(6): 6395-6401.

[129] Helbing D, Tilch B. Generalized force model of traffic dynamics[J]. Physical Review E, 1998, 58(1): 133-138.

[130] Jiang R, Wu Q S, Zhu Z J. Full velocity difference model for a car-following theory[J]. Physical Review E, 2001, 64(1): 017101.

[131] 张立东, 贾磊, 朱文兴. 弯道交通流跟驰建模与稳定性分析[J]. 物理学报, 2012, 61(7): 246-251.

[132] Zhu W X, Liu Y C. A total generalized optimal velocity model and its numerical tests[J]. Journal of Shanghai Jiaotong University(Science), 2008, 13(2): 166-170.

[133] Zhu W X, Yu R L. Solitary density waves for improved traffic flow model with variable brake distances[J]. Communications in Theoretical Physics, 2012, 57(2): 301-307.

[134] 张立东, 贾磊, 朱文兴. 改进的 OVM 交通流模型及数值模拟研究[J]. 计算机工程, 2012, 38(16): 161-163,166.

[135] Tang T Q, Huang H J, Shang H Y. An extended macro traffic flow model accounting for the driver's bounded rationality and numerical tests[J]. Physica A: Statistical Mechanics and its Applications, 2017, 468: 322-333.

[136] Xin Q, Yang N, Fu R, et al. Impacts analysis of car following models considering variable vehicular gap policies[J]. Physica A: Statistical Mechanics and its Applications, 2018, 501: 338-355.

[137] Yu S W, Fu R, Guo Y S, et al. Consensus and optimal speed advisory model for mixed traffic at an isolated signalized intersection[J]. Physica A: Statistical Mechanics and its Applications, 2019, 531: 121789.

[138] Wu X, Zhao X M, Song H S, et al. Effects of the prevision relative velocity on traffic dynamics in the ACC strategy[J]. Physica A: Statistical Mechanics and its Applications, 2019, 515: 192-198.

[139] 安树科, 徐良杰, 陈国俊, 等. 基于车路协同技术的信号交叉口改进车辆跟驰模型[J]. 东南大学学报(自然科学版), 2020, 50(1): 169-174.

[140] Zhu W X, Jia L. Nonlinear analysis of a synthesized optimal velocity model for traffic flow[J]. Communications in Theoretical Physics, 2008, 50(2): 505-510.

[141] Zhu W X, Zhang L D. A speed feedback control strategy for car-following model[J]. Physica A: Statistical Mechanics and its Applications, 2014, 413: 343-351.

[142] Sun Y Q, Ge H X, Cheng R J. An extended car-following model considering driver's memory and average speed of preceding vehicles with control strategy[J]. Physica A: Statistical Mechanics and its Applications, 2019, 521: 752-761.

[143] Cheng R J, Ge H X, Wang J F. The nonlinear analysis for a new continuum model considering anticipation and traffic jerk effect[J]. Applied Mathematics and Computation, 2018, 332: 493-505.

[144] Cheng R J, Wang Y N. An extended lattice hydrodynamic model considering the delayed feedback control on a curved road[J]. Physica A: Statistical Mechanics and its Applications, 2019, 513: 510-517.

[145] Jiang C T, Cheng R J, Ge H X. Mean-field flow difference model with consideration of on-ramp and off-ramp[J]. Physica A: Statistical Mechanics and its Applications, 2019, 513: 465-476.

[146] Zegeye S K, de Schutter B, Hellendoorn H, et al. Model-based traffic control for balanced reduction of fuel consumption, emissions, and travel time[J]. IFAC Proceedings Volumes, 2009, 42(15): 149-154.

[147] Chen K, Yu L. Microscopic traffic-emission simulation and case study for evaluation of traffic control strategies[J]. Journal of Transportation Systems Engineering and Information Technology, 2007, 7(1): 93-99.

[148] Smit R, Casas Vilaró J, Torday A. Simulating fuel consumption and vehicle emissions in an Australian context[C]//Australian Transport Research Forum, Brisbane, 2013: 1-12.

[149] Stevanovic A, Stevanovic J, Zhang K, et al. Optimizing traffic control to reduce fuel consumption and vehicular emissions[J]. Journal of the Transportation Research Record, 2009, 2128(1): 105-113.

[150] Ghafghazi G, Hatzopoulou M. Simulating the environmental effects of isolated and area-wide traffic calming schemes using traffic simulation and microscopic emission modeling[J]. Transportation, 2014, 41(3): 633-649.

[151] Samaras C, Tsokolis D, Toffolo S, et al. Improving fuel consumption and CO_2 emissions calculations in urban areas by coupling a dynamic micro traffic model with an instantaneous emissions model[J]. Transportation Research Part D: Transport and Environment, 2018, 65: 772-783.

[152] Li X H, Yang T, Liu J A, et al. Effects of vehicle gap changes on fuel economy and emission performance of the traffic flow in the ACC strategy[J]. PLoS One, 2018, 13(7): e0200110.

[153] 唐旭南. 基于减少机动车尾气排放的城市道路交叉口信号配时优化研究[D]. 北京: 北京交通大学, 2014.

[154] 费文鹏, 宋国华, 于雷. 车辆跟驰模型的VSP和加速度分布对比分析[J]. 系统仿真学报, 2014, 26(11): 2757-2764.

[155] 刘莹, 宋国华, 何巍楠, 等. 基于工况分布的轻型车速度排放修正因子的建立方法[J]. 交通运输系统工程与信息, 2017, 17(4): 214-220.

[156] 胥耀方, 于雷, 宋国华. 面向路段排放测算的车辆运行模式模型[J]. 交通运输系统工程与信息, 2016, 16(6): 160-168,188.

[157] 周溪溪, 宋国华, 于雷. 面向排放量化的低速区间机动车比功率分布特性与模型[J]. 环境科学学报, 2014, 34(2): 336-344.

[158] 赵琦, 于雷, 宋国华. 轻型车与重型车高速公路比功率分布特征研究[J]. 交通运输系统工程与信息, 2015, 15(3): 196-203.

[159] 翟志强. 面向路段交通排放评价的机动车比功率分布不确定性分析[D]. 北京: 北京交通大学, 2019.

[160] 耿中波. 面向排放测算的 Wiedemann 和 Fritzsche 跟驰模型优化研究[D]. 北京: 北京交通大学, 2014.

[161] Cariou P, Cheaitou A, Larbi R, et al. Liner shipping network design with emission control areas: A genetic algorithm-based approach[J]. Transportation Research Part D: Transport and Environment, 2018, 63: 604-621.

[162] Nesmachnow S, Massobrio R, Arreche E, et al. Traffic lights synchronization for bus rapid transit using a parallel evolutionary algorithm[J]. International Journal of Transportation Science and Technology, 2019, 8(1): 53-67.

[163] Guo D, Wang J, Zhao J B, et al. A vehicle path planning method based on a dynamic traffic network that considers fuel consumption and emissions[J]. Science of the Total Environment, 2019, 663: 935-943.

[164] Lee J, Abdulhai B, Shalaby A, et al. Real-time optimization for adaptive traffic signal control using genetic algorithms[J]. Journal of Intelligent Transportation Systems, 2005, 9(3): 111-122.

[165] 龚辉波. 考虑多车型排放特性的交叉口信号控制多目标优化模型[D]. 北京: 北京交通大学, 2014.

[166] 杨兆升, 曲鑫, 林赐云, 等. 考虑低排放低延误的交通信号优化方法[J]. 华南理工大学学报(自然科学版), 2015, 43(10): 29-34, 41.

[167] 贺玫璐, 罗杰. 基于模拟退火机制的精英协同进化算法[J]. 计算机技术与发展, 2015, 25(1): 91-95.

[168] 刘权富, 陆百川, 马庆禄, 等. 平面交叉口信号控制多目标优化研究[J]. 交通科技与经济, 2014, 16(1): 47-50.

[169] Nagatani T. Clustering and maximal flow in vehicular traffic through a sequence of traffic lights[J]. Physica A: Statistical Mechanics and its Applications, 2007, 377(2): 651-660.

[170] Nagatani T. Effect of irregularity on vehicular traffic through a sequence of traffic lights[J]. Physica A: Statistical Mechanics and its Applications, 2008, 387(7): 1637-1647.

[171] Nagatani T. Traffic states and fundamental diagram in cellular automaton model of vehicular traffic controlled by signals[J]. Physica A: Statistical Mechanics and its Applications, 2009, 388(8): 1673-1681.

[172] Jiménez-Palacios J L. Understanding and quantifying motor vehicle emissions with vehicle specific power and TILDAS remote sensing[D]. Cambridge: Massachusetts Institute of Technology, 1999.

[173] Frey H, Unal A, Chen J, et al. Methodology for developing modal emission rates for EPA's multi-scale motor vehicle & equipment emission system[R]. Ann Arbor: US Environmental Protection Agency, 2002.

[174] 张潇. 交通信号控制策略对机动车尾气排放的影响评价[D]. 北京: 北京交通大学, 2007.

[175] 刘娟娟. 基于 VSP 分布的油耗和排放的速度修正模型研究[D]. 北京: 北京交通大学, 2010.

[176] 唐培嘉. 交叉口机动车不同驾驶行为对排放的影响研究[D]. 北京: 北京交通大学, 2013.

[177] Zhu W X, Zhang J Y, Song Z R. Study on braking process of vehicles at the signalized intersection based on car-following theory[J]. Physica A: Statistical Mechanics and its Applications, 2019, 523: 1306-1314.

[178] Smeed R J. Road capacity of city centers[J]. Traffic Engineering and Control, 1966, 8(7): 455-458.

[179] Thomson J M. Speeds and flows of traffic in central London: Speed-flow relations[J]. Traffic Engineering and Control, 1967, 8: 721-725.

[180] Godfrey J W. The mechanism of a road network[J]. Traffic Engineering and Control, 1969, 11(7): 323-327.

[181] Geroliminis N, Daganzo C F. Macroscopic modeling of traffic in cities[C]//The 86th Annual Meeting Transportation Research Board, Washington D.C., 2007: 4-13.

[182] Geroliminis N, Daganzo C F. Existence of urban-scale macroscopic fundamental diagrams: Some experimental findings[J]. Transportation Research Part B: Methodological, 2008, 42(9): 759-770.

[183] Daganzo C F, Gayah V V, Gonzales E J. Macroscopic relations of urban traffic variables: Bifurcations, multivaluedness and instability[J]. Transportation Research Part B: Methodological, 2011, 45(1): 278-288.

[184] Du J H, Rakha H, Gayah V V. Deriving macroscopic fundamental diagrams from probe data: Issues and proposed solutions[J]. Transportation Research Part C: Emerging Technologies, 2016, 66: 136-149.

[185] Zockaie A, Saberi M, Saedi R. A resource allocation problem to estimate network fundamental diagram in heterogeneous networks: Optimal locating of fixed measurement points and

sampling of probe trajectories[J]. Transportation Research Part C: Emerging Technologies, 2018, 86: 245-262.

[186] Knoop V L, van Lint H, Hoogendoorn S P. Traffic dynamics: Its impact on the macroscopic fundamental diagram[J]. Physica A: Statistical Mechanics and its Applications, 2015, 438: 236-250.

[187] Laval J A, Castrillón F. Stochastic approximations for the macroscopic fundamental diagram of urban networks[J]. Transportation Research Procedia, 2015, 7: 615-630.

[188] Buisson C, Ladier C. Exploring the impact of homogeneity of traffic measurements on the existence of macroscopic fundamental diagrams[J]. Transportation Research Record: Journal of the Transportation Research Board, 2009, 2124(1): 127-136.

[189] Cassidy M J, Jang K, Daganzo C F. Macroscopic fundamental diagrams for freeway networks: Theory and observation[J]. Transportation Research Record: Journal of the Transportation Research Board, 2011, 2260(1): 8-15.

[190] Zhang L L, Garoni T M, de Gier J. A comparative study of macroscopic fundamental diagrams of arterial road networks governed by adaptive traffic signal systems[J]. Transportation Research Part B: Methodological, 2013, 49: 1-23.

[191] Geroliminis N, Sun J. Properties of a well-defined macroscopic fundamental diagram for urban traffic[J]. Transportation Research Part B: Methodological, 2011, 45(3): 605-617.

[192] Ji Y, Jiang R, Chung E, et al. The impact of incidents on macroscopic fundamental diagrams[J]. Proceedings of the Institution of Civil Engineers: Transport, 2015, 168(5): 396-405.

[193] Gayah V V, Gao X, Nagle A S. On the impacts of locally adaptive signal control on urban network stability and the macroscopic fundamental diagram[J]. Transportation Research Part B: Methodological, 2014, 70: 255-268.

[194] Alonso B, Ibeas Á, Musolino G, et al. Effects of traffic control regulation on network macroscopic fundamental diagram: A statistical analysis of real data[J]. Transportation Research Part A: Policy and Practice, 2019, 126: 136-151.

[195] Walinchus R J. Real-time network decomposition and sub-network interfacing[J]. Highway Research Record, 1971, 366: 20-28.

[196] Merchant D K, Nemhauser G L. A Model and an algorithm for the dynamic traffic assignment problems[J]. Transportation Science, 1978, 12(3): 183-199.

[197] Ji Y X, Geroliminis N. On the spatial partitioning of urban transportation networks[J]. Transportation Research Part B: Methodological, 2012, 46(10): 1639-1656.

[198] Ji Y X, Geroliminis N. Exploring spatial characteristics of urban transportation networks[C]// The 14th International IEEE Conference on Intelligent Transportations system, Washington D.C., 2011: 716-721.

[199] Xia D W, Wang B F, Li Y T, et al. An efficient mapreduce-based parallel clustering algorithm for distributed traffic subarea division[J]. Discrete Dynamics in Nature and Society, 2015, 2015: 1-18.

[200] Shen G J, Yang Y Y. A dynamic signal coordination control method for urban arterial roads and its application[J]. Frontiers of Information Technology & Electronic Engineering, 2016, 17(9): 907-918.

[201] Zheng L L, Liu H, Ding T Q, et al. Mining method for road traffic network synchronization control area[C]//International Conference on Green Intelligent Transportation Systems and Safety, Singapore, 2018: 949-959.

[202] Dong W L, Wang Y P, Yu H Y. An identification model of urban critical links with macroscopic fundamental diagram theory[J]. Frontiers of Computer Science, 2017, 11(1): 27-37.

[203] Tian X J, Liang C Y, Feng T J. Dynamic control subarea division based on node importance evaluating[J]. Mathematical Problems in Engineering, 2021, 2021: 1-11.

[204] 马旭辉, 滑亚飞, 何忠贺. 基于路网可达性的交通受控子区划分方法研究[J]. 计算机工程与应用, 2017, 53(17): 224-228.

[205] 徐建闽, 鄢小文, 荆彬彬, 等. 考虑交叉口不同饱和度的路网动态分区方法[J]. 交通运输系统工程与信息, 2017, 17(4): 145-152.

[206] Geroliminis N, Boyacı B. The effect of variability of urban systems characteristics in the network capacity[J]. Transportation Research Part B: Methodological, 2012, 46(10): 1607-1623.

[207] Haddad J, Shraiber A. Robust perimeter control design for an urban region[J]. Transportation Research Part B: Methodological, 2014, 68: 315-332.

[208] Haddad J, Mirkin B. Coordinated distributed adaptive perimeter control for large-scale urban road networks[J]. Transportation Research Part C: Emerging Technologies, 2017, 77: 495-515.

[209] Keyvan-Ekbatani M, Kouvelas A, Papamichail I, et al. Exploiting the fundamental diagram of urban networks for feedback-based gating[J]. Transportation Research Part B: Methodological, 2012, 46(10): 1393-1403.

[210] Keyvan-Ekbatani M, Papageorgiou M, Papamichail I. Perimeter traffic control via remote feedback gating[J]. Procedia: Social and Behavioral Sciences, 2014, 111: 645-653.

[211] Ramezani M, Haddad J, Geroliminis N. Dynamics of heterogeneity in urban networks: Aggregated traffic modeling and hierarchical control[J]. Transportation Research Part B: Methodological, 2015, 74: 1-19.

[212] Hajiahmadi M, Haddad J, de Schutter B, et al. Optimal hybrid perimeter and switching plans control for urban traffic networks[J]. IEEE Transactions on Control Systems Technology, 2015, 23(2): 464-478.

[213] Aalipour A, Kebriaei H, Ramezani M. Analytical optimal solution of perimeter traffic flow control based on MFD dynamics: A Pontryagin's maximum principle approach[J]. IEEE Transactions on Intelligent Transportation Systems, 2019, 20(9): 3224-3234.

[214] Fu H, Liu N, Hu G. Hierarchical perimeter control with guaranteed stability for dynamically coupled heterogeneous urban traffic[J]. Transportation Research Part C: Emerging Technologies, 2017, 83: 18-38.

[215] Mohajerpoor R, Saberi M, Vu H L, et al. H_∞ robust perimeter flow control in urban networks with partial information feedback[J]. Transportation Research Part B: Methodological, 2020, 137: 47-73.

[216] Bichiou Y, Elouni M, Abdelghaffar H M, et al. Sliding mode network perimeter control[J]. IEEE Transactions on Intelligent Transportation Systems, 2021, 22(5): 2933-2942.

[217] Elouni M, Abdelghaffar H M, Rakha H A. Adaptive traffic signal control: Game-theoretic decentralized vs. centralized perimeter control[J]. Sensors, 2021, 21(1): 274.

[218] 丁恒, 杨涛, 郑小燕, 等. 交通拥堵区边界入口可拓提升控制[J]. 东南大学学报(自然科学版), 2019, 49(4): 781-787.

[219] 丁恒, 郑小燕, 张雨, 等. 宏观交通网络拥堵区边界最优控制[J]. 中国公路学报, 2017, 30(1): 111-120.

[220] 刘澜, 李新. 基于MFD的路网可扩展边界控制策略[J]. 公路交通科技, 2018, 35(9): 85-91.

[221] 李轶舜, 徐建闽, 王琳虹. 过饱和交通网络的多层边界主动控制方法[J]. 华南理工大学学报(自然科学版), 2012, 40(7): 27-32.

[222] 赵靖, 马万经, 汪涛, 等. 基于宏观基本图的相邻子区协调控制方法[J]. 交通运输系统工程与信息, 2016, 16(1): 78-84.

[223] 闫飞, 田福礼, 史忠科. 城市交通信号的迭代学习控制及其对路网宏观基本图的影响[J]. 控制理论与应用, 2016, 33(5): 645-652.

[224] 张逊逊, 许宏科, 闫茂德. 基于MFD的城市区域路网多子区协调控制策略[J]. 交通运输系统工程与信息, 2017, 17(1): 98-105.

[225] 丁恒, 朱良元, 蒋程镔, 等. MFD子区交通状态转移风险决策边界控制模型[J]. 交通运输系统工程与信息, 2017, 17(5): 104-111.

[226] Zhu W X, Li S. Study on discrete boundary-feedback-control strategy for traffic flow based on macroscopic fundamental diagram[J]. Physica A: Statistical Mechanics and its Applications, 2019, 523: 1237-1247.

[227] Guo Y J, Yang L C, Hao S X, et al. Perimeter traffic control for single urban congested region with macroscopic fundamental diagram and boundary conditions[J]. Physica A: Statistical Mechanics and its Applications, 2021, 562: 125401.

[228] 美国运输部联邦公路局. 交通控制系统手册[M]. 李海渊, 秦吉玛, 王彦卿, 译. 北京: 人民交通出版社, 1987.

[229] 高云峰. 动态交叉口群协调控制基础问题研究[D]. 上海: 同济大学, 2007.

[230] Geroliminis N. Dynamics of peak hour and effect of parking for congested cities[C]//Transportation Research 88th Board Annual Meeting, Washington D.C., 2009: 1-17.

[231] 美国交通研究委员会. 道路通行能力手册[M]. 任福田, 刘小明, 荣建, 等译. 北京: 人民交通出版社, 2007.

[232] 张立东. 城市交通溢流智能协调控制算法研究[D]. 济南: 山东大学, 2012.

[233] 李宁. 城市主干路交通溢流协调控制及其仿真研究[D]. 济南: 山东大学, 2014.

[234] Gazis D C. Optimum control of a system of oversaturated intersections[J]. Operations Research, 1964, 12(6): 815-831.

[235] Payne H J. Model of freeway traffic and control[J]. Mathematical Models of Public Systems, 1971, 28: 51-61.

[236] Helbing D. Improved fluid-dynamic model for vehicular traffic[J]. Physical Review E, 1995, 51(4): 3164-3169.

[237] Kurtze D A, Hong D C. Traffic jams, granular flow, and soliton selection[J]. Physical Review E, 1995, 52(1): 218-221.

[238] Daganzo C F. Queue spillovers in transportation networks with a route choice[J]. Transportation Science, 1998, 32(1): 3-11.

[239] Daganzo C F. The nature of freeway gridlock and how to prevent it[C]//Proceeding of 13th International Symposium on Transportation and Traffic Theory, Lyon, 1996: 629-646.

[240] Daganzo C F. Improving city mobility through gridlock control: An approach and some ideas[R]. Berkeley: Institute of Transportation Studies, University of California, Berkeley, 2005.

[241] Geroliminis N, Skabardonis A. Queue spillovers in city street networks with signal-controlled intersections[C]//Transportation Research Board 2010 Annual Meeting, Washington D.C., 2010: 10-34.

[242] Lighthill M J, Whitham G B. On kinematic waves I. Flood movement in long rivers[J]. Proceedings of the Royal Society of London. Series A: Mathematical and Physical Sciences, 1955, 229(1178): 281-316.

[243] Lighthill M J, Whitham G B. On kinematic waves II. A theory of traffic flow on long crowded roads[J]. Proceedings of the Royal Society of London. Series A: Mathematical and Physical Sciences, 1955, 229(1178): 317-345.

[244] Richards P I. Shock waves on the highway[J]. Operations Research, 1956, 4(1): 42-51.

[245] Wu X K, Liu H X. A shockwave profile model for traffic flow on congested urban arterials[J]. Transportation Research Part B: Methodological, 2011, 45(10): 1768-1786.

参 考 文 献

[246] 刘小明, 郑淑晖, 钟剑, 等. 交通瓶颈下相序设置对路口交通状况影响分析[J]. 公路交通科技, 2008, 25(7): 122-127.

[247] 李曙光, 许宏科. 具有物理排队的多模式动态网络加载问题研究[J]. 交通运输系统工程与信息, 2009, 9(1): 56-61.

[248] 仕小伟. 城市主干路交通溢流建模及其仿真研究[D]. 济南: 山东大学, 2013.

[249] Haddad J, Ioslovich I. Optimal feedback control for a perimeter traffic flow at an urban region[C]//Proceedings of the 11th International Conference on Informatics in Control, Automation and Robotics, Vienna, 2014: 14-20.

[250] Song X M, Tao P F, Chen L G, et al. Offset optimization based on queue length constraint for saturated arterial intersections[J]. Discrete Dynamics in Nature and Society, 2012, 2012: 1-13.

[251] 俞斌, 陆建, 陶小伢. 道路交通事故的影响范围算法[J]. 城市交通, 2008, 6(3): 82-86.

[252] 朱文兴, 贾磊, 杨立才. "大路口"交通信号的优化控制[J]. 控制理论与应用, 2006, 23(3): 491-494.

[253] 高自友, 龙建成, 李新刚. 城市交通拥堵传播规律与消散控制策略研究[J]. 上海理工大学学报, 2011, 33(6): 701-708, 508.

[254] 杜怡曼, 吴建平, 贾宇涵, 等. 基于宏观基本图的区域交通总量动态调控技术[J]. 交通运输系统工程与信息, 2014, 14(3): 162-167.

[255] Dijkstra E W. A note on two problems in connexion with graphs[J]. Numerische Mathematik, 1959, 1(1): 269-271.

[256] McFadden D, Reid F. Aggregate travel demand forecasting from disaggregated behavioral models[J]. Transportation Research Record: Travel Behavior and Values, 1975, 534: 24-37.

[257] Kaufman D E, Smith R L, Wunderlich K E. User-equilibrium properties of fixed points in dynamic traffic assignment[J]. Transportation Research Part C: Emerging Technologies, 1998, 6(1-2): 1-16.

[258] Huang H J, Lam W H K. A multi-class dynamic user equilibrium model for queuing networks with advanced traveler information systems[J]. Journal of Mathematical Modelling and Algorithms, 2003, 2(4): 349-377.

[259] 陆化普, 史其信, 殷亚峰. 动态交通分配理论的回顾与展望[J]. 公路交通科技, 1996, 13(2): 34-43.

[260] 黄海军. 动态平衡运量配流问题及其稳态伴随解算法[J]. 自动化学报, 1994, 20(6): 668-677.

[261] 周荷芳, 周贤伟. 考虑溢流费用的路径选择模型的条件研究[J]. 西南交通大学学报, 2000, 35(3): 332-334.

[262] 张杨. 不确定环境下城市交通中车辆路径选择研究[D]. 成都: 西南交通大学, 2006.

[263] 王越, 叶秋冬. 蚁群算法在求解最短路径问题上的改进策略[J]. 计算机工程与应用, 2012,

48(13): 35-38.

[264] 邹亮, 徐建闽, 朱玲湘. A*算法改进及其在动态最短路径问题中的应用[J]. 深圳大学学报(理工版), 2007, 24(1): 32-36.

[265] 李慧敏. 基于 GIS 的城市交通路网格锁传播建模及其动态表达研究[D]. 济南: 山东大学, 2015.

[266] 徐吉谦. 交通工程总论[M]. 北京: 人民交通出版社, 1991.

[267] 王殿海. 交通流理论[M]. 北京: 人民交通出版社, 2002.

《交通与数据科学丛书》书目

1. 超越引力定律——空间交互和出行分布预测理论与方法　闫小勇　著　2019 年 3 月
2. 时间序列混合智能辨识、建模与预测　刘　辉　著　2020 年 3 月
3. 城市快速路交通流理论与运行管理　孙　剑　著　2020 年 6 月
4. 数据驱动的高速列车晚点传播与恢复　文　超　等著　2022 年 6 月
5. 基于手机大数据的交通规划方法　刘志远　付　晓　著　2022 年 9 月
6. 控制理论在交通流建模中的应用　朱文兴　著　2022 年 12 月
7. 高速铁路行车调度智能化关键理论　文　超　等著　2024 年 3 月
8. 城市交通精细化建模与控制　朱文兴　著　2024 年 3 月